U0417006

基于 ISO 9001:2015 质量管理体系的过程管理实战

新版

戴维新 编著

本书针对组织在转型升级中由传统生产方式转向数字化制造的管理需求，结合工业4.0的实例对质量管理体系中的过程管理进行阐述，包括：项目管理过程、产品和服务实现策划过程、产品和服务的设计开发过程、技术状态管理过程、产品和服务的生命周期过程管理，以及产品和服务质量特性的过程管理等。介绍如何运用过程方法建立质量管理体系过程文件化信息的方法、单一流概念、产品和服务一致性和质量一致性保证等。为组织转换管理观念，提升质量管理体系的有效性和效率，为规避高端组织低端管理的现象提供帮助，助力企业高质量发展。

本书主要为质量管理人员、工程技术人员、咨询人员和二方审核人员提供参考。

图书在版编目（CIP）数据

基于ISO9001:2015新版质量管理体系的过程管理实战/戴维新编著.—北京：机械工业出版社，2019.1（2023.7重印）

ISBN 978-7-111-61547-7

Ⅰ.①基…　Ⅱ.①戴…　Ⅲ.①质量管理体系-国际标准-研究　Ⅳ.①F273.2-65

中国版本图书馆CIP数据核字（2018）第279379号

机械工业出版社（北京市百万庄大街22号　邮政编码100037）

策划编辑：贺　怡　李万宇　责任编辑：贺　怡

责任校对：李　杉　封面设计：马精明

责任印制：邓　博

北京盛通商印快线网络科技有限公司印刷

2023年7月第1版第5次印刷
169mm×239mm · 14印张 · 1插页 · 235千字
标准书号：ISBN 978-7-111-61547-7
定价：55.00元

凡购本书，如有缺页、倒页、脱页，由本社发行部调换

电话服务　网络服务

服务咨询热线：010-88361066　机 工 官 网：www.cmpbook.com

读者购书热线：010-68326294　机 工 官 博：weibo.com/cmp1952

010-88379203　金 书 网：www.golden-book.com

封面无防伪标均为盗版　教育服务网：www.cmpedu.com

自　序

Preface

在我国高质量发展的大环境中，应用了 ISO 9001:2015 质量管理体系标准的组织，其质量管理意识得到提升，高质量发展的质量管理基础得以加强。

高质量发展组织的高质量管理，其核心内容是技术管理，包括产品和服务技术路线的解决方案，以及实现产品和服务的解决方案。高质量技术管理在于对具有能力的人员的有效管理，以此形成组织的核心竞争力。并通过组织的基础教育和专业再教育，确保向顾客提供高质量、短交期、低成本和低风险的产品和服务，实现组织经济效益的持续增长。

作者在咨询和培训过程中发现，由于组织的管理基础不同和前期咨询导入质量管理内容的差异，使得组织实际情况与质量管理体系要求脱节的两层皮现象依旧得不到改进，仍面临着质量管理体系的完善和提升问题。

例如，组织在进行基于 ISO 9001:2015 版质量管理体系标准转换时，未能按标准要求基于本组织过程进行质量体系过程确认和文件化过程的完善，而是仅进行了一次内审员培训。使得本组织的质量管理体系仍处于2008 版质量管理体系标准（或要素模式）的状态。

组织的管理者和质量管理人员缺乏对 ISO 9001:2015 质量管理体系标准的认知，不是从诊断本组织质量管理体系的差异入手提升质量管理，而是仅针对应付第三方审核提出的不符合项的关闭进行培训，以此延续认证证书的使用。

在依据相关质量管理体系标准建立本组织质量管理体系时，组织管理者只关注低报价，不注重咨询导入内容的差异，造成先天不足，使组织质量管理体系处于低成熟度状态，与高质量发展战略不一致。

组织的管理者和质量管理人员对本组织质量管理体系成熟度和数字化制造技术所处的状态不清楚，导入相关质量管理和技术规范的培训流于形式。

本书阐述的质量管理体系过程方法，是依据 ISO 9001:2015 质量管理体系标准建立和完善组织质量管理体系的基本内容。本书结合数字化制造介绍质量管理体系过程管理要点、方法和风险管理等实例，是组织质量管理体系过程有效实施的基础，并得到了组织管理者和质量管理人员的认可和好评。

为回馈读者，对有需求的组织，作者可提供过程管理相关的电子版应用示例。可搜索 QQ 群号：952435764，加入群后获取资料。

为满足读者的需求，再次印刷时，依据已发布的基于 ISO 9001:2015 质量管理体系标准的规范和技术手册，进行相关内容的修订。

戴维新

前　言

Foreword

我国已经迈进第十三个五年计划，实施“中国制造 2025”的战略。无论是增值组织还是非增值组织，都将面临世界范围的经济和政治因素的变化，国内经济和产业结构调整的环境变化，以及创新带来的挑战。增值组织的数字化制造、互联网和物联网等技术的应用和创新，会促使组织由大规模生产方式向大规模定制生产方式转型。产品和服务的方式向顾客需求和获得途径的转换，促进了组织经营管理融合数字管理模式的快速发展。

质量管理体系标准经过 30 年的发展，对组织及其客户以及整个社会的影响显著。自 1987 年 ISO 9001 标准发布以来，促进了 60 多个管理体系标准的发展，并提升了世界各个行业的标准。ISO 9000:2015 标准开启了后 ISO 9001 时代，为组织转型升级的需求提供了前瞻性的管理原则和方法。

基于 ISO 9001:2015 新版质量管理体系的标准应用，要改变按“要素”和“章节”建立质量管理体系的做法，要融合本组织的业务过程，还需要选用适用的相关标准进行过程确认和过程管理。例如，汽车行业供应链中的外部供货方要获得 ISO 9001:2015 标准证书，其质量管理体系还要满足 IATF 16949：2016 标准的要求。组织面对的是多重标准应用和二方审核回归的局面，质量管理人员、二方审核和咨询人员正面临着如何选择路径的局面。

本书基于 ISO 9001:2015 质量管理体系的质量管理概念和要求，应用过程方法，结合实例对如何确定质量管理体系过程及过程管理进行了阐述。基于风险思维，给出了质量管理体系策划阶段和产品实现阶段的风险和机会管理方法及示例。对于组织管理提升和数字化制造的转型需求，本书结合德国工业 4.0 数字化制造[3]对质量管理体系的过程管理进行了阐述。本书为组织有效地完善基于 ISO 9001:2015 标准质量管理体系的换版工作、夯实数字化制造环境下质量管理体系的过程管理基础，以及实现并获得持续成功的绩效提供了帮助。

ISO 9001:2015 标准强调运用过程方法，结合 PDCA 和基于风险的思考，融合本组织业务过程建立质量管理体系及其过程，是组织有效地实施质量管理和转型升级的关键。然而，在我国有效运用过程方法，融合本组织业务过程建立和保持质量管理体系的组织，估计占已认证组织总数的 30% 左右，“两层皮”现象多现。组织的质量管理体系存在不同程度的不足或缺失的情况较为普遍，具体体现在以下几方面：

1）对质量管理体系过程方法的理解和引用不全面，侧重 PDCA 循环、错误地用“因果图”替代“乌龟图”或用乌龟图代替体系过程文件化信息。

2）无产品设计开发责任的组织，在其质量管理体系中删除（或确定为不适用）设计开发条款要求，可能使组织设计开发中的制造过程得不到有效控制，存在潜在产品和服务的质量风险。

3）产品实现策划过程和产品实现过程界限不清，例如用产品实现策划过程代替设计开发过程。

4）组织的产品和服务实现过程及支持过程未针对该过程活动域进行风险识别并制定措施。

5）经营管理与质量管理体系脱节，偏重基础设施资源投入。

6）未融合本组织业务过程，仅依据质量管理体系的“条款”和“章节”要求建立质量管理体系过程。

由于历史原因，组织内技术管理和工程技术人员存在断层。当前组织的技术管理出现了多种技术标准应用的情景，技术应用出现生搬硬套的问题，甚至出现高端组织低端管理的现象。

“物有本末，事有终始，知所先后，则近道矣”。作者结合多年从事 ISO 9001 标准、IATF 16949:2016 标准、VDA 标准和 ISO/TS 22163:2017 标准等认证审核咨询经历和质量管理工作实践经验，基于新版质量管理体系标准的要求，出于提升组织质量管理体系有效性的目的而编著本书，希望能给读者提供点滴的帮助。

戴维新

目 录

Contents

第一章　新版标准中产品和服务的质量及质量管理

第一节　产品和服务的质量

一、质量的概念

质量是关注质量的组织所倡导的企业文化，**“其结果导致其行为、态度、活动和过程，它们通过满足顾客和其他有关的相关方的需求和期望创造价值。组织的产品和服务质量取决于满足顾客的能力以及对有关的相关方预期或非预期的影响。产品和服务的质量不仅包括其预期的功能和性能，而且还涉及顾客对其价值和利益的感知。”**（引自 ISO 9000:2015）

产品和服务的质量的概念是对最终顾客的感受而言的。在生产过程中与交付给使用者之前称为产品，其后或在整个生命周期中应称为产品和服务。其质量的概念是随着人们生活、生产、社会活动和科技开发而逐渐发展起来的，不是固化的和一成不变的，是人们对产品和服务过程的阶段性认知结果及延续，并随着人们对资源占有和利用的结果而不同。

社会和生产环境下的生产能力水平决定了人们的生产方式，人们对新资源的占有和利用及对其制造出的产品的使用都会产生两个方面的认知，即产品的品质及与产品相关的服务的品质。使用者对二者感受的好、坏即形成了品质的等级，进而形成了产品和服务的质量的概念。

社会文明的重要阶段都是由资源占有和对其有效利用的结果来划分的，如陶器时代、青铜器时代和铁器时代。资源占有和对其有效利用的结果构筑了我们的世界，并通过更新资源占有和对其有效利用的结果来改善人们的生活。不同社会阶段的生存环境和科技应用决定了生产力的水平，存在相应的质量观念，不以人们的意志为转移。

自人类开始使用工具以来就有了质量的概念。原始质量是以“可用”为原则的，是最低的质量需求。即对“客体”（可感知或可想象到的任何事物）的固有质量特性（本身存在）的认知感受。使用环境条件和使用过程的用途需求，称为对物品（产品）的要求。物品（特性）满足要求的差异，称为程度或等级。由此构成质量概念的三个重要组成的要素，即质量特性、要求和满足要求的程度。

对任何产品和服务（客体）的质量的获得或取得突破，首要的是获得必要的新资源并能对其有效利用。例如火的使用彻底改变了人类进化的进程。人们通过火冶炼铜、锡合金造就了青铜器时代。几千年前精美的青铜器令人叹为观止。虽然没有文献记载青铜器的质量等级，但是不同社会地位的人使用的青铜器也有等级区别。例如，越王勾践使用的剑与一般兵器决不在一个质量等级上。青铜器的礼器“鼎”用于祭祀活动的过程，是以产品为载体用于服务活动的例证。服务伴随着对产品的应用就已经产生了。

能称之为“服务”（产品）必须是为了某种目的至少活动了一次（或多次）的活动，并具备三个基本条件：一是这个活动必须具备规范（服务规范），例如活动顺序、动作要领、语言约束和着装的定制；二是必须具备资源提供（服务提供规范）能力，例如场所、用具、人员、时间和氛围；三是对活动结果的承认、验证、检查和评估（服务检查规范），例如对求雨祭祀活动的验证是否会下雨。但大量的服务用于产品的修复活动和人们生活所需的物流和交换（销售）活动，在从古至今的服务活动中，产品和服务要保持一致性，并以用于活动为目的。

从对物质资源的获取和利用拓展到对知识资源和支持性服务资源的获取和利用，是资源获取和利用的发展史，是人运用技术手段来实现的。资源的获取和利用一直为人们所重视，为获取资源人们不惜发动战争。人们从战争中的资源利用和武器发展中获得质量和质量管理的方法，这个行为至今仍在继续，从军用质量标准转化为民用质量标准就是例证。

不断开发和有效地使用新资源（如新材料）的能力，是衡量国家、组织技术水平和科技进步的重要标准。知名学者指出，对新资源的使用（如新材料）主导着工业发展和科技创新。产品设计开发的创新包括不可分割的两个方面，一是产品和服务的设计创新，二是产品和服务制造过程的创新以及二者的完美结合。

数字化制造发展的计算机辅助设计制造、工艺的模拟计算、制造过程的模拟计算、技术数据交换和3D打印等重要技术的研发与应用，仍离不开有效地利用和使用新资源（如新材料）这一主导工业发展和科技创新的基础。然而，要想有效地利用和使用新资源（如新材料）需解决产品和服务的两个基本问题：一是如何降低成本，二是如何批量生产和提供。

人们对产品和服务质量不仅只关注其本身（客体）固有的质量（符合性质量），还关注其成本和交付（服务）的质量，形成与质量管理相关的质量概念的拓展。

在第二次世界大战以后，人们对产品和服务的质量及其质量特性逐步形成了一致的认知。ISO 9000:2015 标准将“质量”定义为：**客体的一组固有特性满足要求的程度。**

二、制造过程的质量概念与发展

从陶器时代到青铜器时代，人们不仅追求产品质量，并已经形成了从冶炼到铸造成型的制造工艺即制造过程。青铜器的材料成分和器型已有初步的产品设计和工艺设计，二者即形成了“技术管理”的雏形。例如，对青铜器的规格、数量和品质有严格的规定，形成了产品实现从策划到管理的技术管理活动。

产品（和过程）的设计过程、制造过程和监督检验过程，只有这三部分得到了控制才能实现有效地交付，因而，产品实现策划、产品实现过程（设计和制造过程）控制和保证交付质量是质量管理的基本内容。

进入到全球化大生产的环境后，人们意识到仅仅关注产品的诞生过程仍达不到产品和服务质量管理的目的，必须关注在产品和服务的整个生命周期中产品和过程的质量一致性，以及产品和服务的一致性状态。

数字化制造的质量管理概念是满足顾客的大规模定制需求，使产品多样性和个性化大规模定制生产方式成为可能，产品多样性和个性化定制的需求与批量生产的需求相比创造了无尽需求。其产品和服务的质量管理是将顾客的需求转化为对其数字化特性的管理，通过数字化制造在产品生命周期中得以实现，包括：在概念阶段（产品定义）确定产品多样性和个性化定制的顾客需求，在产品和服务的整个生命周期中的顾客需求以产品定义质量特性，做到最大限度满足顾客需求。通过数字化制造来满足顾客需求不是传统意义上的满足质量要求，而只是满足顾客对产品和服务的使用价值和让渡价值的需求，是价值的体现。

第二节　产品和服务的质量管理

“质量管理的概念和原则，可帮助组织获得应对最近数十年深刻变化的环境所提出的挑战的能力”[2]。产品和服务的质量观念的提升是社会进步、生产规模和科技发展在质量管理方面的综合体现。

一、质量管理

人们通常将质量管理理解为对产品质量的保证活动。标准要求的质量管理是PDCA 循环（戴明环），即：质量策划（P 策划）、质量控制（D 实施）、质量保证（C 检查，质量绩效与目标比较）和质量改进（A 处置）。质量管理随生产规模和方式的发展不断深化其内涵。

ISO 9000:2015 标准给出 7 项质量管理原则。在此基础上定义质量管理，其目的在于有效性和效率。在质量保证和质量改进的前提下，才能实现客体的产品、过程和体系的有效性，只有实施质量改进才能实现或追求效率，如图 1-1 所示。

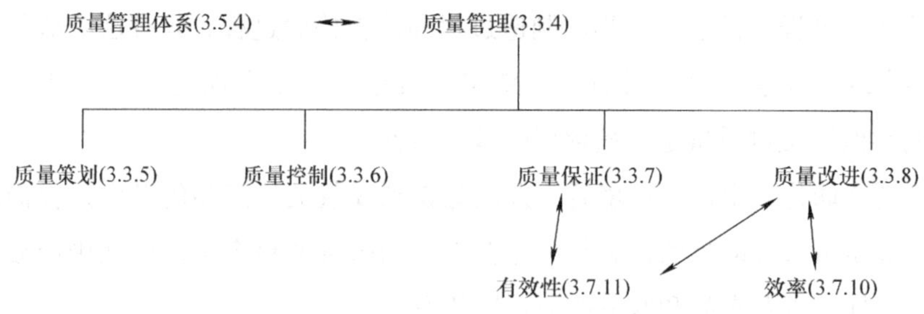

图 1-1　质量管理概念（ISO 9000:2015）

（一）质量管理的概念

1. 质量策划

ISO 9000:2015 标准给出了**质量策划**的定义：**质量管理的一部分，致力于制定质量目标（3.7.2）并规定必要的运行过程（3.4.1）和相关资源以实现质量目标。**（注：编制质量计划是质量策划的一部分）。

在第二次世界大战期间，美国军方为适应战线延长的军用产品供应链拓展和管理，创建了质量管理的美国军用标准 MIL - Q 9858A《质量大纲要求》，由此衍生了一系列的质量管理标准，如 ISO 10005《质量计划实施指南》和 ISO 9001:2015 标准中 8.1 条款要求等，包括 20 世纪 90 年代末完善的《技术状态管理指南》（ISO 10007）标准和适用于数字化制造的 MIL - HDBK - 61A 国际通用的构型管理规范等。

《质量计划》为工业国家或地区的组织，提供了对供应商的采购和控制的管理先例，实际上是合同条件下的外部供方评价准则，其影响深远。随后在英国用于民用的 BS 质量管理标准，并在世界工业发达国家内展开了质量管理标准的创建，成为国际标准化组织（ISO）建立的 ISO 9001 质量管理标准中的产品实现策划部分。《质量计划》在组织内部是作为对特定产品的实现进行策划管理的文件化信息，是质量管理体系中质量策划（或经营管理）活动的重要组成部分，是项目管理过程的质量管理与产品实现过程接口的文件化信息，是质量策划活动的证实性证据。

人们往往偏重关注质量控制、质量保证和质量改进，即产品和服务的质量检验、过程控制（SPC）和不合格产品的纠正措施，忽视质量策划的重要性和充分性，有的组织不能提供有效的《质量计划》。

基于 ISO 9001:2015 新版质量管理体系过程的质量策划，通过以下过程予以实施，包括：过程转移或外包的策划、投标管理、项目管理（项目采购管理）、技术状态管理和变更管理策划等活动。（详见 ISO/TS 22163:2017 标准 8.1 条款的要求）

2. 质量控制

ISO 9000:2015 标准给出了**质量控制**的定义：**它是质量管理的一部分，致力于满足质量要求。**

后续检验和验证的质量控制方式，并不能达到理想的控制结果。在 20 世纪 30 年代，由于生产规模的扩大和流水线生产模式的产生，统计学家运用统计技术分析产品在生产过程中的形成变化及分布。在 1924 年，休哈特提出控制图方法对过程质量进行监视和测量，以确保过程输出产品的批次质量。在 20 世纪 70 年代，田口玄一博士提出质量损失概念。生产规模和供应链管理的拓展，形成了产品生命周期质量管理的全过程质量控制概念。

基于 ISO 9001:2015 新版质量管理体系过程的质量控制活动，包括：顾客要求确定（包括顾客特性要求和相关方要求）、质量特性管理、设计开发管理（设计开发策划、输入、控制、输出和设计变更）、生产过程管理、交付和交付后活动管理直至报废处置的全过程管理中的控制及方法的有效实施。其中包括，工程变更和工程临时变更的控制管理。（详见IATF16949：2016标准第8章相关条款要求）

3. 质量保证

ISO 9000:2015标准给出了**质量保证**的定义：**它是质量管理的一部分，致力于提供质量要求会得到满足的信任**。质量保证是通过有效的质量策划和质量控制来实现的。在20世纪60年代，美国质量专家菲利浦·克劳斯比提出的零缺陷管理原则，是质量管理体系过程和产品的接收准则。

ISO 9000:2015标准将产品和服务的缺陷定义为“与预期或规定用途有关的不合格”。其提供者需承担法律包含的质量责任（有责任赔付和无责任赔付）。在20世纪30年代，形成了产品责任的概念，在美国纽约成立了最早的消费者联盟；1967～1973年美国、法国等国家相继颁布法律，如《关于产品责任适用法律的公约》（海牙公约）等国际重要的产品责任法。我国1993年2月22日第七届全国人民代表大会常务委员会第三十次会议通过的《中华人民共和国产品质量法》（2000年7月修订、2000年8月予以修正，2000年9月1日实施）颁布了质量责任的赔付法律规定。

质量保证在于提供产品和服务的组织能确保产品和服务的符合性，组织质量管理体系的有效性，并具备质量能力（详见第六章）；在于提供产品和服务的组织应能够证实其具备满足顾客要求和法律法规要求的能力。顾客（个体）是没有方法来证实所需的产品和服务的符合性的，需要通过有资质的第三方机构对组织提供的产品和服务、过程和质量管理体系进行验证和确认。质量保证是指产品和服务的质量一致性保证，是组织管理者的承诺。组织应确保产品和过程的质量一致性，达到顾客、法律和监督管理的要求（详见IATF 16949:2016标准）。

基于ISO 9001:2015标准质量管理体系过程的质量保证活动，包括提供有效的与产品和过程一致的工艺流程图、潜在失效模式及后果分析（FMEA）、控制计划（样件、试生产和量产控制计划。日本的部分制造业组织用《QC工程图》替代）等文件化信息，实施质量一致性保证的检验、验证活动并取得相关证据，证实达到该产品和服务的质量一致性目标的结果（持续评价时不包括负向趋势），且满足法规要求。建立和有效实施产品安全管理过程。

4. 质量改进

ISO 9000:2015 标准给出了**质量改进**的定义：**它是质量管理的一部分，致力于增强满足质量要求的能力**。（质量要求可以是有关任何方面的，如有效性、效率或可追溯性）。

质量改进是组织始终追求的目标，是组织改进机制的有效活动结果，关注增强满足质量要求的能力，其目的是达到质量管理的有效性、追求效率。组织的改进机制，包括组织绩效目标和指标层面、组织内部审核分析和评价、组织管理评审的有效实施、日常工作检查及改进，以及组织专项资源提供和过程改进等。

ISO 9001:2015 标准 10.1 条款给出的改进要求：质量改进通过质量保证活动识别风险和改进的机会，在风险和机会识别的基础上，对不合格产品和服务进行纠正。质量改进的结果在于有效解决问题，提高质量管理体系过程的有效性和效率。

基于 ISO 9001:2015 新版质量管理体系过程的质量改进活动，包括：从策划阶段识别潜在不合格并制定预防措施，到对产品和服务放行的不合格输出的控制（8.7 条款），再到分析与评价产品和服务的符合性（9.1.3 a 条款），实施不合格纠正措施（10.2 条款），形成管理文件逐步深化的质量改进过程。

（二）数字化制造的质量管理

数字化制造质量管理的产品和制造过程质量一致性，是通过质量策划中先期质量策划的数字化制造解决方案实现的，包括数字化制造体系或计算机应用平台和应用软件（如西门子 Teamcenter、NX，产品成本管理 Perfect Costing，机电一体化仿真 LMC，零件、装配工艺规划与仿真 Tecnomatix，以及质量规划 Vistagy 等）；网络物流平台（见图 1-2 和图 1-3）；有能力的人员；技术管理和知识管理等实现产品和机器、机器与机器、人与机器的交互，并通过组织内部和外部的水平集成和垂直集成实现质量管理的有效性和效率。其质量控制和质量保证在根本上改变了传统生产过程中进行质量管理的方式，是在需求管理阶段确保功能性、逻辑性和物理性结构与单一需求输入源的连接，包括需求变更后对设计、仿真、制造和试验的影响分析（见图 1-4）。

数字化制造的产品（实物件）实现质量保证，是通过产品全生命周期管理中设计质量和制造质量的同步工程中的关键过程来完成，并以产品尺寸质量的闭环管理为基础来达成质量指标，包括：产品性能、稳定性、可靠性及外观质量等。依托于

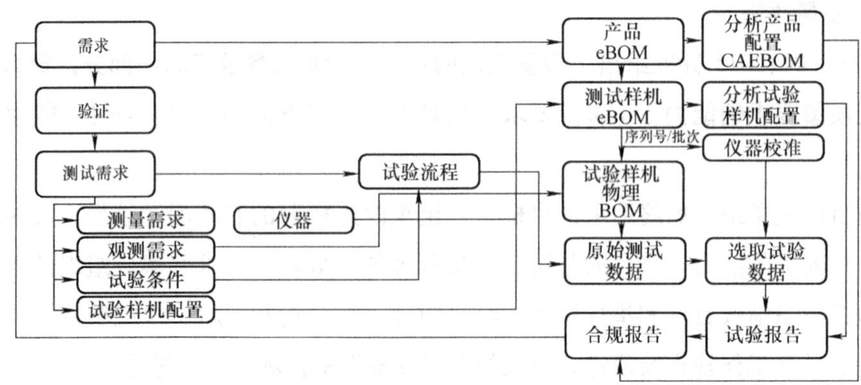

图1-2 需求管理阶段的质量策划[3]

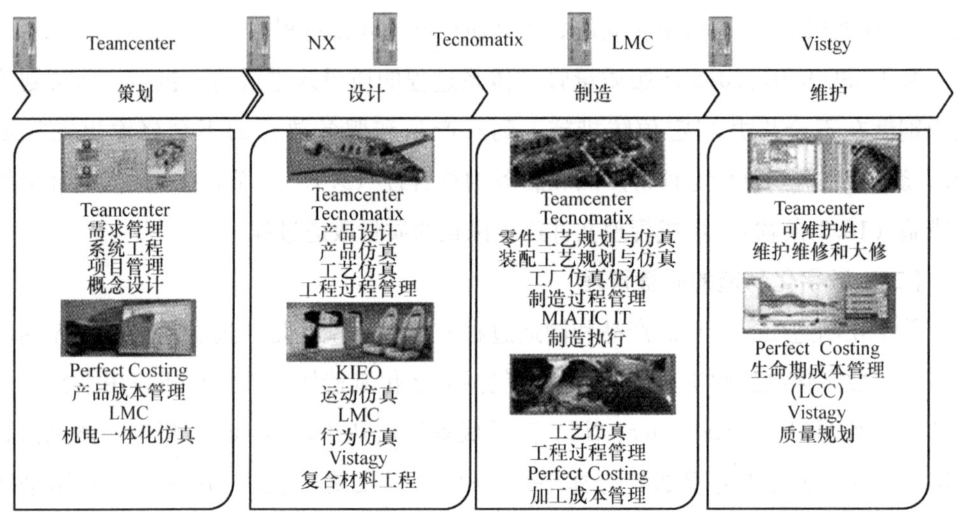

图1-3 数字化制造的质量管理[3]

信息化支撑的单一信息源和连续载体的尺寸质量闭环管理是数字化制造质量管理的核心，其实践意义在于对贯穿于产品设计、工艺设计、产品制造和装配过程、测量规划、检验试验和缺陷分析、质量反馈等过程进行优化，以实现预防缺陷、控制变差和减少浪费的目的。彻底改变了传统生产方式靠工艺、设备、过程控制和返工管理来保证产品的尺寸精度和零件的互换性；改变了传统生产过程中的设计信息因跨部门输出传递的差异性，而造成生产环节中出现质量缺陷无法实现质量追溯的现象，从而实现了产品质量保证和质量改进。

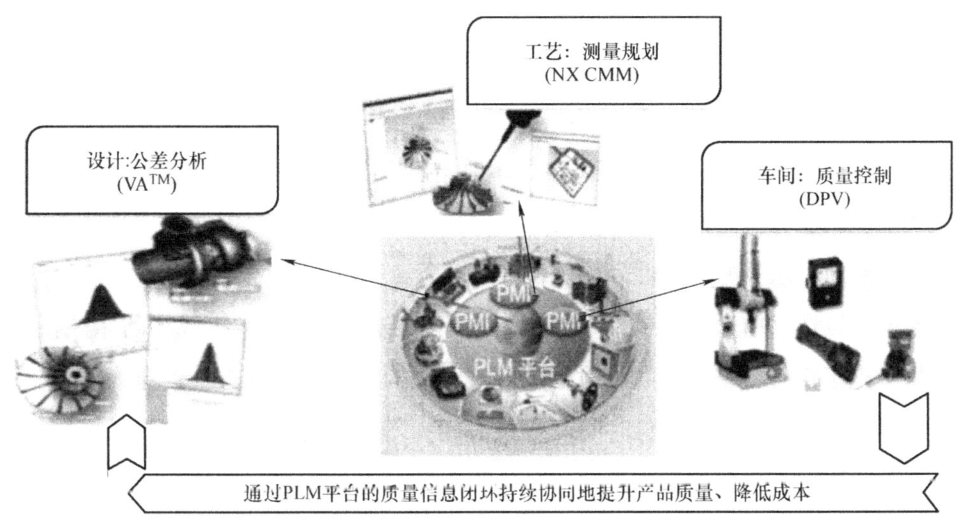

图 1-4　数字化制造的质量管理的解决方案[3]

数字化制造的质量管理，包括仿真数据管理、仿真生命周期管理、闭环的产品验证、仿真构型管理、仿真结构自动化、仿真过程管理和仿真可视化等。

数字化制造及其转型实践是以技术创新为推动力的。组织在质量管理过程中重塑商业模式、重塑管理体系和业务融合过程、重塑作业方式，依托于数字信息化、互联网等的组织、消费者、产品和服务高度互联和智能化大规模定制的生态环境和规范、标准，提高有效性和效率，创造价值。如梅特卡特夫定律代表的网络效应，该定律表述了互联网的价值随着用户数量的增长而呈二次方程式增长的规律。

质量改进达到的效率是价值的体现，是投入和产出比的变化，而不是目标值的提高或降低。目标值达成的有效性程度是保持质量管理体系的绩效，而效率提升是增进质量管理体系的绩效。

二、产品和服务质量一致性的保证

（一）产品和服务质量一致性的概念

产品和服务质量一致性的前提是产品和过程的符合性（见 IATF 16949:2016 标准的 4.4.1.1）。产品和过程的符合性是指组织满足顾客、法律法规和监管的要求责任，包括供应链管理中外部供方提供的产品和外包过程的一致性保证责任。产品和服务一致性是随着人们对产品及应用（市场）需求不断进化的。

自开始有生活和生产活动以来产品就是为了使用（或观赏）而出现的，是人的生理功能和需求功能的延伸和具体实践的产物。对人们不适用（使用、观赏和体验）的产品就会被淘汰。人们需求量的增加导致生产规模扩大，包括产品的运输、交换和维护的服务。产品和服务的质量一致性是在其整个生命周期内的功能和特性保持在一定质量水平的一致性表现。

服务是以产品的形式提供的，可以分为有实物载体和无实物载体的服务活动，例如品牌汽车销售服务以商品车为载体，政府机构服务以法规文件信息为载体。服务同样具有质量、成本和交付时间（等待时间）等质量特性。人们在产品使用、观赏和体验的同时就伴随着服务活动，产品和服务二者是不可分割的，随社会的发展和社会分工的逐步细化，服务的社会规模已成为标志社会现代化程度的尺度。

纯粹的服务活动是不存在的，只不过是服务的载体不同而已。例如，汽车产品除本身固有的外形、尺寸、颜色，以及使用时的可靠性、安全性、维修性和可用性等质量特性外，其销售活动和维修服务活动已成为顾客选择某款产品必须考虑的重要因素之一。服务活动的质量可充分展示和体现产品的品质和品牌市场定位，给顾客增值体验。例如，奥迪汽车提供给顾客的是“尊贵”体验，是通过汽车产品的销售和维修服务来实现的，与奥迪汽车（固有质量）的中高档品牌的市场定位相一致。又例如，宾馆和电影院的服务是以资源提供为载体的，包括房间设施、软件、活动场所和环境氛围。

ISO 9002:1994 标准给出了服务的指南，其中提出了三大规范：即“服务规范”“服务提供规范”和“服务检查规范”。服务规范是指着装、用语和规范行为等；服务提供规范是指基础设施、环境和服务流程（或技术规范）支持性活动；服务检查规范是指对上述内容是否达到规定要求的检查（或测量）。服务是属于制造过程的设计输出，以满足产品质量一致性要求。

美国市场营销协会对服务给出如下的定义：**可被区分界定，主要为不可感知，却可使欲望（期望）得到满足的活动，而这种活动不需要与其他产品或服务的出售联系在一起。生产服务时不一定需要利用实物，而且即使需要借助某些实物协助生产服务，这些实物的所有权将不涉及转移的问题。**

服务的质量固有特性如下：

1）无形性。向顾客提供有价值的活动，是无形的、抽象的。顾客只能从服务的基础设施和支持性活动中，包括资料、人员、价格、交谈和名誉等，对服务活动的结果评价判断，如优、劣。

2）差异性。同类型服务活动没有统一的（或固定的）标准，具有较大的差异。消费者的知识和经验、忠诚和动机影响服务的生产力。差异性使顾客对组织提供的服务产生混乱，如同样取得法定维修资质的汽车服务组织之间的差异，在于能否获得服务对象的品牌汽车厂家的技术支持。汽车厂家供应链（服务）渠道外的组织只能从公开渠道获得相关汽车产品的技术信息，不能获得服务对象的品牌汽车受知识产权保护的、及时更新的技术信息进行服务。特别是对事故车的维修服务而言，如果不能获得这辆汽车的质量一致性数据（如该汽车的《质量一致性保证书》的出厂检验数据），将使顾客维修车辆存在潜在的安全风险和隐患。

3）不可分离性。服务是在生产和消费活动中同时进行的，顾客参与服务过程之中，最少是一次的、直接或间接的接触。换言之，没有顾客参与的“服务”是不成立的，这种参与可能是直接地（面对面）或者是间接地通过媒体或其他方式，如网购等。

4）不可储存性。服务不能被储存。服务在可利用的时间内没有被消费者利用，对服务的感知就会消失。可提供的影像，如录音和录像资料可视为记录信息，不能通过录音和录像感受服务体验和实施服务交付。服务的不可储存性，不等于服务不可测量，服务是可测量的活动。测量是在服务过程中同时进行的。因此，不能将服务过程视为“特殊过程”。

产品和服务一致性的质量等级，应包括产品特性和服务特性等级的综合评价。产品和服务的一致性能够确定人们对质量的综合感受，即包括对产品和服务的符合性质量、交付质量和成本（LCC 产品生命周期成本）的综合考虑。人们在购买产品时不仅关注产品质量，还考虑其保修期、维护的便利性和更换（包括废弃）的合规性。品牌汽车的完整构成（总价值）= 品牌产品价值部分 + 品牌服务价值部分，如图 1-5 所示。

随着科技进步产品和服务一致性更为紧密，工业 4.0 带来服务的另一种情景：利用网络技术和软件开发提供的平台，利用数字化产品开发解决方案和综合数字化

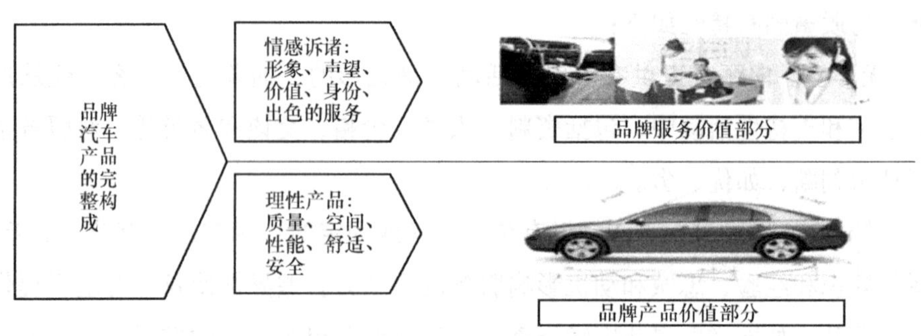

图 1-5　产品价值和服务价值的一致性

制造解决方案系统，实现变量配置管理、运行管理、工作系统管理、多方案管理、流水线控制管理、报表生产和管理、维护管理等。形成了质量杠杆的支点（交付）效应，如阿里巴巴等电商平台中数字化支付和交付（组织内部和外部）的迅速发展。

除服务固有的质量特性外，其附加特性主要体现在交付（如交付及时性）和成本。其价值体现给顾客带来产品价值以外的附加价值。产品和服务一致性的质量认知已成为人们的生活方式之一。丰田汽车将组织的忠诚顾客与产品和服务生命周期价值链的关系如图 1-6 所示。

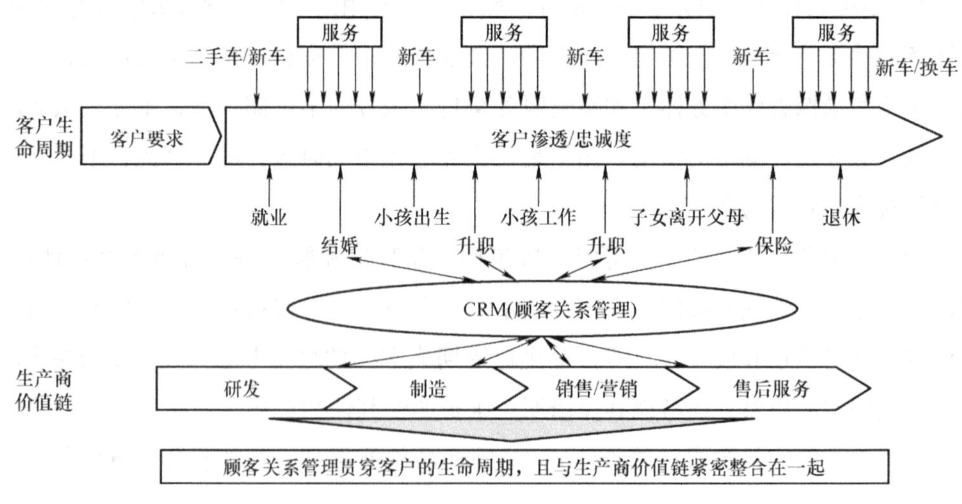

图 1-6　忠诚顾客与产品和服务生命周期价值链的关系

人们为生产生活需要而生产的产品和服务，首先考虑的是用途（功能、材料）

和形态（形状、大小和颜色等）。在实物产品和服务产生之前，人们是在以往的生产和生活中积累的经验和知识的基础上而形成产品和服务的概念，考虑使用和废弃对环境的影响，从产品和服务概念的确立到废弃的整个过程，即产生了产品和服务生命周期的概念（见本书第四章第二节）。

（二）产品和服务质量一致性的保证

在生产实践中发现，样件产品的质量水平不能在批量生产过程中得到质量一致性的保持。特别是在生产场地发生转移或变更（工程变更）、生产量增加和紧急供货的情况下，会出现产品质量下降的现象，因而保证产品质量一致性的问题一直是质量管理的重要课题。影响质量的因素都与质量特性管理不充分有关（质量特性包括产品特性和过程特性），如对初始质量特性识别不清楚、对顾客要求的确定不准确、未实施质量特性管理及其过程管理（即由产品特性展开到制造过程特性，并进行重要度分级）等。质量特性是质量控制的对象，建立质量特性管理过程，实施质量控制是保证质量一致性的有效途径，如图 1-7 所示。

图 1-7　数字化制造中产品和服务一致性的过程[3]

（三）产品和服务质量一致性保证的过程

建立质量特性管理过程是十分必要的。组织应成立多功能小组，运用多方论证的方法进行特性管理。

1）由设计部门对产品及其零部件进行重要度分级，分为关键零部件、重要零部件和一般零部件。在此基础上，运用潜在失效模式及后果分析（FMEA）方法，按零部件的潜在（可能出现或发生，但不一定出现或发生）失效模式（故障或缺陷）的严重度和频度形成二维矩阵表（详见第五章）。

2）设计部门在产品设计中的产品样件阶段，编制“产品初始流程”（或质量地图）、“产品设计失效模式及后果分析”（DFMEA）和“样件控制计划”。

3）工艺部门按产品初始流程编制工艺流程，包括检验工序和搬运工序等。将产品特性展开到工艺流程各工序中的过程特性，规定质量特性控制方法和等级标识。编制对应工艺流程的潜在失效模式过程。

4）按工艺流程编制试生产和量产的“控制计划”。将确定的质量特性的等级标识对应的产品特性和过程特性值进行标注。控制计划中的反应计划应是经过验证的，确保在出现异常时能够进行快速反应以控制变差和缺陷产品。

5）组织应建立关键工序的过程能力研究，确保生产过程处于受控（统计过程控制）状态，防止不合格过程的发生，以减少变差。进行制造过程审核和产品审核，评价质量能力是否达到规定水平。

6）质量部门以最终检验和试验结果验证产品是否满足设计开发的要求，证实产品质量一致性结果。

在特性管理的基础上，进行有效的变更控制管理以确保质量的一致性。组织在实施该过程中，要实现产品和服务的质量一致性，必须建立技术状态管理过程，满足质量管理体系的要求。

（四）传统（2D）产品和服务质量一致性保证的实现

传统（2D）产品和服务质量一致性的保证，是基于顾客的需求转换为对产品的要求，组织通过顾客（包括指定的）特殊特性管理，在项目管理过程、设计开发过程和制造过程中进行控制，以后续验证手段保证交付的产品质量和设计目标的达成，证实产品和服务质量一致性的保证。如汽车产品向顾客提供的“质量一致性保证书”，其内容应满足 GB 7258—2017《机动车运行安全技术条件》的要求。产品和服务质量一致性保证的核心内容体现在产品设计的特性管理以及相关设计文件化信息中的标注和控制上，如由初始流程（流程框图或质量地图）、设计输出的“过程失效模式及后果分析”（PFMEA 见表 1-1）和“控制计划”（见表 1-2），以实现产品特性和过程特性的质量控制和质量一致性保证。以初始流程（或质量地图）作为制造过程的设计输入，形成“×××工艺流程图”（见图 1-8）与“潜在失效模式及

表 1-1　汽车变速器轴类产品对应工艺流程的 PFMEA（部分）

过程功能 / 要求	潜在失效模式	潜在失效后果	严重度S	级别	潜在失效起因/机理	频度O	现行过程控制预防	现行过程控制探测	不可探测度D	风险顺序数RPN	建议措施	责任及完成日期	措施的效果				
													采取的措施	S	O	D	风险顺序数RPN
20 序：磨	外径超差	磨后无余量或余量过大	6	B	砂轮进给不当	2		千分表 100% 检测	3	36	无						
	径跳超差	精车时外圆跳动大	6		1）机床两顶尖同轴度超差 2）工件两中心孔同轴度超差 3）中心孔不清洁	2	1）清洁工件中心孔 2）检查机床顶尖是否损坏	偏摆仪 1/50 件检测	3	36	无						
25 序：精车	外径超差	后序磨量大或后序加工无磨量	8	A	1）刀具磨损 2）检测不准确 3）程序有误	3	采用进口刀具	综合检具 1/10 件检测	3	72	无						
	轴向尺寸超差	后序磨量大或后序加工无磨量	7		1）刀具磨损 2）检测不准确 3）程序有误	3	采用进口刀具	综合检具 1/10 件检测	3	63	无						

表 1-2　汽车变速器轴类产品对应工艺流程的控制计划（部分）

控制计划												
零件/过程编号	过程名称/操作描述	生产设备	特性			特殊特性分类	方法					反应计划
			编号	产品	过程		产品/过程规范/公差/mm	评价测量技术	样本		控制方法	
									范围	频率		
	收货		1		摆放		摆放整齐	目测	100%	连续	全数检查	重新摆放
15J	进货检验		1		检验规范		符合产品图要求		按要求	每批	检验记录单	拒收
20	磨	MB1632	1	外径			ϕ23.3 ±0.05	外径千分尺	100%	连续	检验并记录	隔离，调整砂轮进刀量
			2	深度			ϕ19.2 ±0.2	深度尺	1 件	每 50 件	检验并记录	隔离，调整砂轮位置
			3	跳动			↗0.01	偏摆仪	1 件	每 50 件	检验并记录	隔离，检查机床顶尖和工件中心孔
25	精车	CK7815	1	外径			ϕ17.20 ±0.05	综合检具 L45－4310	1 件	每 10 件	检验并记录	隔离，检查刀片（刀尖是否烧伤），调整刀补

后果分析”（PFMEA）和“控制计划”保持一致，特性质量定级标识和控制方法必须一致。

按工艺流程进行潜在失效模式及后果分析，标注关键质量特性（SC、HIC）等，形成一致性的“控制计划”。

工艺流程图										表格号:OO/QR-××××-×××	
流程图编号:×××-OOO-×××										制定人/日期:××× ×××	
工件图号:×××T-×××-AC							工件名称：z轴			修改人/日期:	
工序编号	加工 ◇	搬运 ○	存储 △	检验 □	返工 ⬠	报废隔离 ⬭	操作描述	重要度等级	产品重要特性(输出)	重要度等级	过程重要特性(输入)
			△				收货:毛坯				
15j				□			进货检验				
		○				⬭	退货				
20	◇						粗磨外圆及端面		跳动		目测中心孔
									外径		
25	◇						精车		跳动		检查顶尖,刀具是否磨损
									长度		
									外径		
30	◇						搓花键B(两处)		径向圆跳动Fr		调整夹具,测量M值
								HIC	M值		
									Fp		
35	◇						搓花键A	HIC	径向圆跳动F_r		调整夹具,测量M值
								HIC	M值		
									Fp		
40	◇						搓花键C及螺纹	HIC	径向圆跳动F_r		调整夹具,测量M值
								HIC	M值		
									Fp		
45	◇						粗车卡环槽		长度		检查顶尖、刀具是否磨损
									外径		
50	◇						清洗				防止磕碰
55	◇						热处理				
60	◇						磨外圆		外径		清洁中心孔
									外圆跳动		
65	◇						精车卡环槽及端面	SC	长度		检查顶尖,刀具是否磨损
								HIC	外径		
70	◇						磨外圆	SC	外径		检查顶尖,刀具是否磨损
								HIC	长度		
								HIC	表面粗糙度		
								HIC	外圆跳动		
								HIC	轴向圆跳动		检查顶尖,刀具是否磨损
75	◇						磨外圆	SC	外径		
								HIC	表面粗糙度		
								HIC	外圆跳动		
80j				□			终检				
			△				成品包装入库、存储		涂防锈油		

图 1-8　汽车变速器轴类产品的工艺流程图

注：日本 JIS 标准用 QC 工程图替代工艺流程图

在工程实践中，将三个技术文件输出编制成一个对照格式的技术文件，能更好地表述质量一致性的要求，见表 1-3。在实际产品设计开发的过程中，由于部门和职能的分割，上述三个技术文件不能保证一致性的表述或传递，需按产品先期质量策划（APQP）的要求，运用多方论证的方法予以协调，确保产品和服务质量一致性的保证。

（五）数字化制造中实现产品和服务质量一致性的保证

在产品和服务的制造过程与设计开发同步工程中，通过仿真设计平台和集成工

表 1-3　某汽车产品工艺流程图、FMEA 及控制计划（局部）

过程流程图及控制计划

供应商名称：××××精密机械有限公司　　零件名称：D31033-014

供应商工程批准：　　客户名称：　　客户批准：

步骤	生产	搬运	库存	检验	返工	报废	退货	过程名称/操作描述	控制文件编号	特性 编号	特性 产品	特性 过程	特殊特性分类	客户抱怨标识	潜在失效模式及后果分析 潜在失效模式	潜在失效后果	失效起因及机理	风险评估 严重度S	频度O	不可探测度D	风险顺序系数RPN	方法 产品/过程规范/公差	评价/测量技术	样本 容量	样本 频率	控制方法	反应计划
								原材料进厂		1	规格	SPCC-SD(2.0*130*30)			不良材料流入	产品无法使用	1.原材料表面氧化、压伤 2.料宽、料厚超差	4	2	4	32	SPCC-SD(2.0*130*30)	卡尺	1米/卷/10卷	每批	进货检验记录	退货，要求供应商，制定纠正和预防措施，三次以上取消合格
											化学成分	进货检验指导书			不良材料流入	产品无法使用	材料不合格	4	2	4	32	GB/T 5231—2012标准	验证	1次	每批		
											机械性能	进货检验指导书										技术协议					
											包装	检验合格			包装破损	不能很好保护原材料	运输造成	4	2	4	32	外包装完好程度	目视				
								储存		2	摆放	整齐码放			原材料码放区域混乱	领料时产生不便，领错料	作业人员管理不善	4	2	4	32	整齐码放	核对区域标识5S	100%		工序检查记录(抽查) 5S	要求库房改进
											标识	贴物料标识			标识混乱			4	2	4	32	标识正确	核对物料标识	100%			
								冲压		3	110t	步距	30±1mm		调整不正确	产品不合格	作业人员工作错误	4	2	4	32	步距30±1mm	目测	1次	加工开始	日报表	隔离不合格品，不合格品返工或报废，再检查
												转速	60±10r/min		转速高于标准	可能会造成机床的损坏	作业人员工作错误	4	2	4	32	转速60±10 r/m		1次			
												周转数量	3000件/箱		周转数量不规范	产品压变形	作业人员工作错误	4	2	4	32	周转数量3000件/箱		1次	每箱	跟踪单	

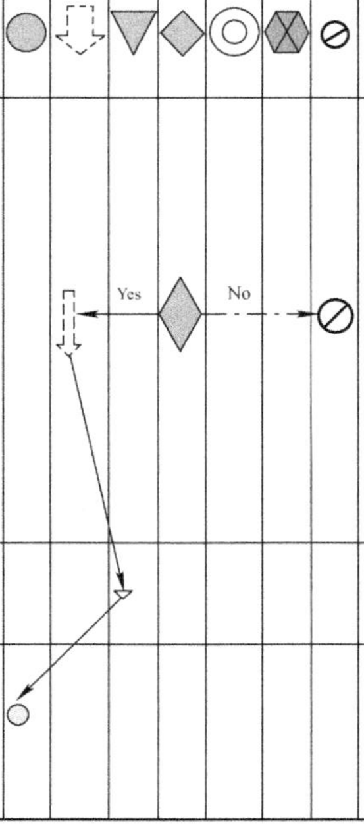

作流程对物理样件的单一输入源数据、数据模型（仿真）和制造过程（工艺、工装仿真）进行验证，确定其是否满足产品所需的性能和特性要求。数字化制造中产品和服务的质量一致性是依托信息化网络和全生命周期管理来实现的。数字化制造中产品和服务的质量一致性保证，是以依托信息化单一输入源的产品尺寸管理为核心过程的全生命周期管理来实现的。数字化制造中的质量管理如图1-9所示，数字化制造产品关键产品特性（KPC）的质量一致性控制如图1-10所示。

图1-9 数字化制造产品和服务质量一致性保证——在全生命周期中的应用[3]

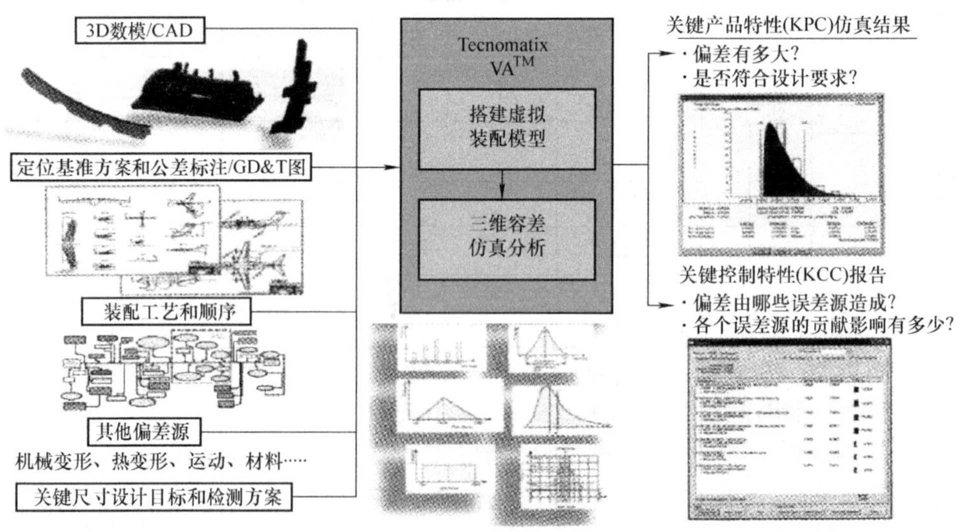

图1-10 数字化制造产品关键特性（KPC）的质量一致性控制

数字化制造与传统制造显著的区别，是产品和服务质量特性不是简单地在技术文件中标注即可，而是通过单一数据源实现一次性定义、多次利用的方式。通过计算机软件平台实施技术状态管理、实现质量一致性追溯，包括：产品构型标识，定义标识产品 CI 项（配置项）、技术状态基线、产品编码；产品功能特性和物理特性完整性构型数据（包括 MBD（基于模型定义）模型、技术文件、标准规范、工艺规范、质量报告和维修服务报告等）的编码和管理。以技术状态管理进行变更控制，通过数字制造的 BOM（物料清单）和维护的 BOM 导入到制造出的实物产品的质量一致性控制。

由于数字化制造是依靠计算机和计算机软件实施的，其过程有很大部分是看不见的。因而，通过 MBD 模型数据检查是保证产品质量和过程一致性的关键环节，通过全 3D 数字化定义的模型直接创建产品质量检验路径，运用计算机软件［如西门子 NX 系统中的合规性检查（Check - Mate）］以可视化方式进行自动检验，如图 1-11所示。

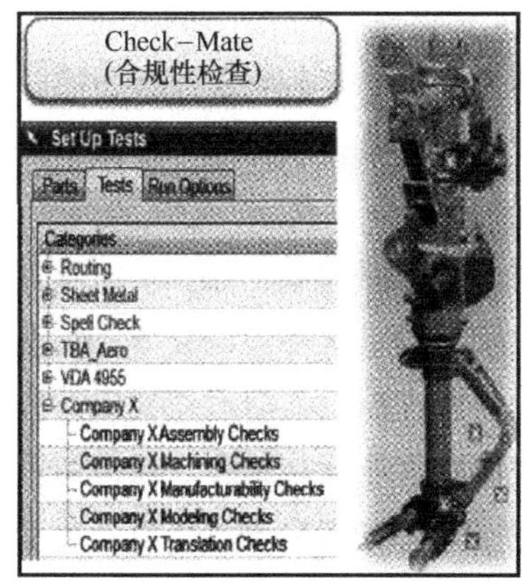

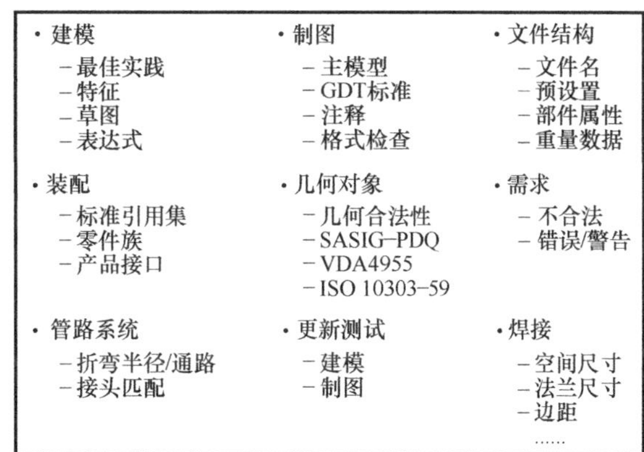

图 1-11　数字化制造的模型检查[3]

通过计算机软件实现产品和服务的质量一致性验证。如西门子公司数字化制造验证解决方案是由系统仿真管理、仿真数据流管理与集成、试验数据流管理方案等构成的，通过计算机及软件系统平台与基础的需求管理、项目管理、流程管理和可视化管理等形成无缝衔接的模块，使得其能确保产品和服务生命周期内的质量一致性。

数字化制造由点到面再到 3D 模型数据的设计开发，以及物理样件制造过程的产品和服务质量特性管理和控制，在传统设计开发和制造过程中是不可能做到的。传统设计开发和制造过程质量验证和改进是以过程结果的数据信息收集分析得到的，不可能实现物理样件未成型前的验证，其质量一致性保证过程是间断的，必然存在质量风险。为规避风险必须进行资源投入，造成了成本的提高和效率的降低。

第二章　质量管理体系的过程管理和应用

第一节　质量管理体系的过程方法

科学技术的发展和应用决定生产规模和方式的变化，本质上是人们为适应新的生产方式和新技术的广泛应用而进行观念和管理的提升。无论组织处于哪种状态，都已经或即将处于计算机及软件信息化的环境中，基于 ISO 9001:2015 新版质量管理体系过程的确认，融合本组织业务过程（核心业务过程），建立、保持一个有效的质量管理体系，是避免高端组织低端管理现象的方法，实现组织经营战略和绩效，是组织高质量发展的管理基础。质量管理体系的绩效如图 2-1 所示。

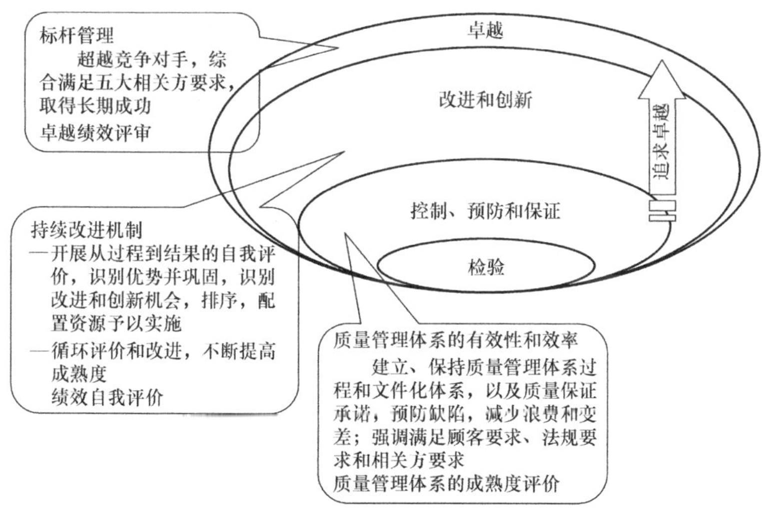

图 2-1　质量管理体系的绩效

一、质量管理体系过程方法的构成

ISO 9001:2015 标准中提到：**“本标准采用过程方法，该方法结合了 PDCA（策划、实施、检查、改进）循环与基于风险的思维。过程方法能使组织策划过程及相互作**

用。”明确指出过程方法结合了PDCA循环。运用过程方法策划、识别和确定组织质量管理体系过程及其相互关系，对流程整合或再造，结合PDCA循环在运行中进行过程改进，并强调风险思维，避免不利影响，是组织质量管理体系的核心内容。质量管理体系过程是通过对组织现有过程的识别确定，形成质量管理标准层面的文件化信息，是流程再造或优化的过程，是本质的提升，是实行转型升级和创新的基础。

汽车工业质量管理体系标准（IATF 16949:2016）给出了过程方法，包括：**过程识别方法（章鱼图）、过程分析方法（乌龟图）并结合PDCA循环。质量管理体系的过程可分为：顾客导向过程（COP）、支持过程（SP）和管理过程（MP）。**

（一）顾客导向过程、支持过程和管理过程

按ISO 9001:2015标准中模式图的形式，用过程识别方法（章鱼图）表示某组织质量管理体系过程的相互关系，如图2-2所示。

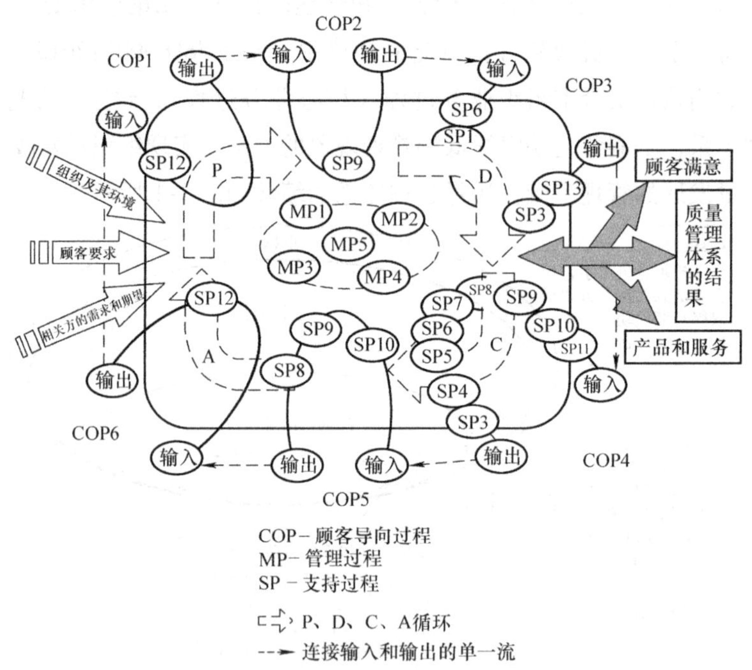

图2-2　按ISO 9001:2015质量管理体系过程模式图的过程识别（章鱼图）

组织规模以及产品的复杂程度不同，则其顾客导向过程（COP过程）的数量不同，其支持过程（SP过程）的数量及相互关系也不同，因而，在质量管理体系过程确认前的组织情景分析是十分必要的。

在某品牌汽车销售组织的质量管理体系过程中，顾客导向过程、管理过程和支持过程及与质量管理标准条款的对应关系（ISO 9001:2015标准）见表2-1。融合

表 2-1　某品牌汽车销售组织的质量管理体系过程

序号	质量管理体系过程	支持过程（SP）	过程所有者	形成文件的信息	标准主要条款
	管理过程（MP）				
1	MP1 经营计划/绩效评价过程	SP 绩效评价过程	总经理	经营计划管理程序	5，6.2，7.3
				绩效评价规定	9.1，10
2	MP2 体系策划过程	（不适用于 8.3 条款——产品和服务的设计和开发）	总经理助理 综合部	体系过程表、定位图、过程乌龟图、过程风险识别规范	4.4，5.3，6.1，7.1，8.1
		SP 风险和机会管理过程		风险识别与控制规范	6.1
		SP 预防措施管理过程		预防措施管理程序	6.1，10.2
		SP 应急准备及影响过程		应急准备及影响控制程序	6.1
		SP 变更管理过程		变更管理程序	6.3
		SP 沟通管理过程		沟通管理规范	7.4
		SP 过程监视和测量过程		过程监视和测量程序	
3	MP3 内部审核过程	SP 纠正措施管理过程		内部审核程序	9.2
4	MP4 管理评审过程			管理评审	9.3
5	MP5 持续改进过程			持续改进程序	10.3
				纠正措施管理程序	10.2
	顾客导向过程（COP）				
1	COP1 与顾客沟通过程、确认顾客要求	SP 市场活动策划活动	市场部	（在 COP 程序内涵盖）	8.2
				市场活动策划程序	8.1，8.2，10.3
		SP 顾客满意管理过程	客服部	顾客满意管理程序	9.2，9.1.3，10
2	COP2 商品车销售服务过程	SP 商品车计划采购过程	销售部	商品车销售服务程序	6，7，8，9.1.3，10.3
				计划采购管理程序	8.4，9.1.3，10.3
		SP 商品车储存防护过程		商品车储存防护程序	8.5.4，9.1.3
3	COP3 二手车销售服务过程	SP 二手车收购管理过程	二手车	二手车销售服务程序	6，7，8，9.1.3
				二手车收购管理程序	8.4，9.1.3，10.3

（续）

序号	质量管理体系过程	支持过程（SP）	过程所有者	形成文件的信息	标准主要条款
	顾客导向过程（COP）				
4	COP4 汽车维修服务过程	SP 设备管理过程	服务部	汽车维修服务程序	6，7，8，9.1，10
				设备管理制度	7.1.3，7.1.5，8.5
		SP 标识追溯性管理过程		标识和可追溯性控制程序	8.5.2
		SP 测量设备管理过程		设备管理制度	7.1.5
		SP 产品放行过程		技术标准、检验规程、制度	6，7，8，9.1.3
		SP 产品防护过程		程序（技术手册）制度	8.5.4
		SP 顾客财产管理过程		程序（技术手册）制度	8.5.3
		SP 不合格品控制过程		不合格品控制程序	8.7，10.2
		SP 产品放行过程		产品检验和试验程序	8.5.5，8.6
5	COP5 配件销售服务过程	（SP 服务放行过程）	配件部	配件销售服务程序	8.4，9.1.3，10
6	COP6 交付和交付后过程		客服部	服务交付和归档规范	8.5.5
		SP 顾客反馈管理程序		顾客投诉管理程序	8.5.1
	支持过程（SP）				
1		SP 人力资源管理过程	人力资源部	人力资源管理程序	7.1
2		SP 能力管理过程		人员能力评价规范	7.2，7.3
3		SP 培训管理过程		培训管理程序	7.1
4		SP 监视和测量资源管理过程		计量管理程序（自校规范）	7.1.5
5		SP 形成文件信息过程	综合部	质量管理手册	7.5
6				文件控制程序；记录控制程序；法规管理规范	7.5
7		SP 基础设施管理过程		公司制度，IT 管理制度	7.1.3
8		SP 工作环境管理过程		公司制度（安全、环境 5S）	7.1.4
9		SP 知识管理过程		管理手册/知识管理规定	7.1.6

注：1. 汽车销售和维修服务组织不适用于 8.3 条款。其特定服务产品（或过程）的实现可按 8.3 条款控制。

2. 表中条款号为 ISO 9001:2015 标准的条款号。

该组织的业务过程包括：市场策划→服务过程（包括顾客要求的确认、合同评审、销售）→交付→交付后活动等。识别的顾客导向过程为：汽车销售过程、二手车销售过程、维修服务过程和配件销售过程。表2-1中，包括了顾客导向过程、管理过程和支持过程的关系，表中过程形成一一对应的“乌龟图”，如图2-18所示。

在组织确定质量管理体系的过程中，首先要运用单一流的思路进行本组织过程的识别，并形成顾客导向过程、管理过程和支持过程的相互关系表和过程定位图。对顾客导向过程、支持过程的每一个过程进行过程分析，形成“乌龟图”和本过程的风险识别列表。

ISO/TS 16949:2002《质量管理体系汽车生产件及相关维修零件组织应用GB/T 19001—2000的特别要求》的《实施指南》（AIAG CQI－16）给出了顾客导向过程（单一流）的章鱼图（见图2-3）中建议的COP包括：①市场分析/顾客要求；②询价/投标；③订单/需求；④产品和过程设计；⑤产品和过程设计验证/确认；⑥产品生产；⑦交付；⑧付款；⑨担保/服务；⑩售后服务/顾客反馈。

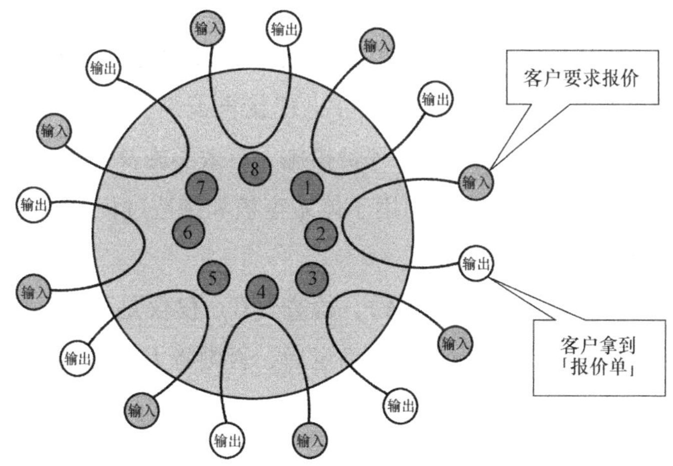

图2-3　顾客导向过程（单一流）的章鱼图中建议的COP（章鱼图）

（二）顾客导向过程分析

过程分析方法，在《实施指南》（AIAG CQI－16）中给出了固定组成的乌龟图模式。包括：

“过程”：输入→活动→输出，其中输入应确保充分，活动部分应按单一流的框图进行流程表示（见图2-18），输出应为最终结果；“过程所有者”：具有胜任能力的人员；“过程绩效目标、指标”：本过程有效性和效率指标；“过程所需资源”：基础设施、材料和支持性服务；“过程控制方法”：程序和作业指导等。

质量管理体系的过程识别属于组织管理体系中的策划活动，应形成标准层面的文件化信息。在确定过程链中的子过程时，同样应用乌龟图过程分析方法进行过程风险识别。

（三）PDCA 循环与 CAPD 顺序

在组织质量管理体系过程策划中，“过程识别”（章鱼图）、“过程分析”（乌龟图）和“PDCA 循环”是不能混淆的三个活动内容。每个过程和子过程都应结合 PDCA 循环。

PDCA 循环称为戴明循环，是建立在不同层次上的管理方法。如组织层面的 PDCA 循环和职能层面的 PDCA 循环等。只要有过程就应该有 PDCA 循环，只是涉及的专业深度和管理范围不同。在过程策划时，应用 PDCA 循环有利于过程的控制和改进。

通常情况下在过程确定后，人们使用的 PDCA 循环是通过检查（C：过程绩效与过程目标的比较）发现问题，提出改进（A：确认改进点、分析根本原因并验证措施、形成文件化信息），再进行策划（P：现状再识别、修订目标、重新制订计划），最后贯彻实施（D：确定要素、评价措施、有效实施及评价），称为 **CAPD 顺序**。如何应将 CDPA 顺序结合乌龟图用于体系审核和制造过程审核等，是审核员应掌握的基本审核方法或审核思路。

PDCA 循环的关键是用于改进（A），检查（C）仅仅是手段。PDCA 实施的前提是要在组织质量管理体系过程识别和确定后，否则将无法达到过程管理的目的。依靠检查（C）的管理方法是容忍浪费，只有进行改进（A）才能提高效率、减少浪费。

二、过程链单一流的原则

（一）质量管理体系的单一流过程（见图 2-4）

所谓单一流是**指单一定义的输入源串联的过程链**。在运用过程方法时，运用单一流原则进行过程识别和过程分析来确定过程是十分必要的。如一个过程的输入可能产生两个输出，将两个输出分别作为不同过程的单一源输入所形成的流程视为分别的单一流程。在数字化制造的过程中，实施基于模型定义的设计制造（MBD：基于模型的定义）在设计、制造、装配到检验的过程中，建立单一定义的输入源的过程链是十分重要的（见图2-5）。

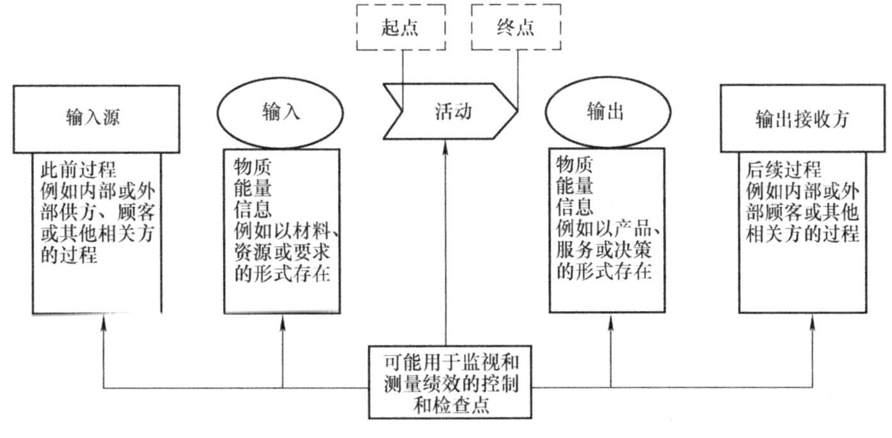

图2-4　单一流过程[1]

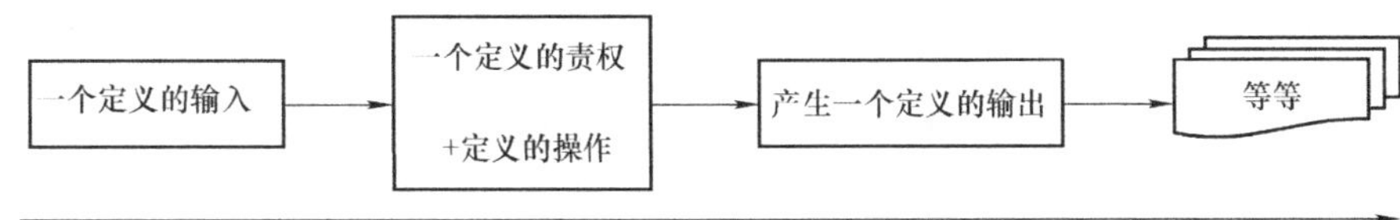

图2-5　单一流过程链

（二）过程链单一流的应用

过程1有3个输出，分别是输出1、输出2和输出3，如图2-6所示。

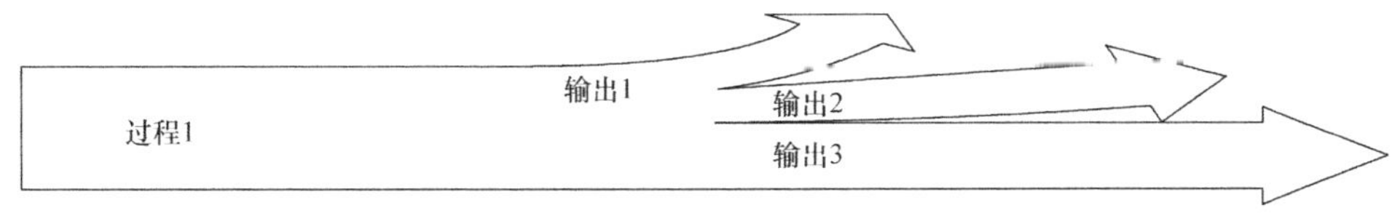

图2-6　过程1单一流

实际上过程1的3个输出都会产生不同的影响，因此过程1的输出可分解为3个子过程，如图2-7所示。

举例来说，汽车制动系统的输入是驾驶员给制动踏板的力产生制动液压力，通

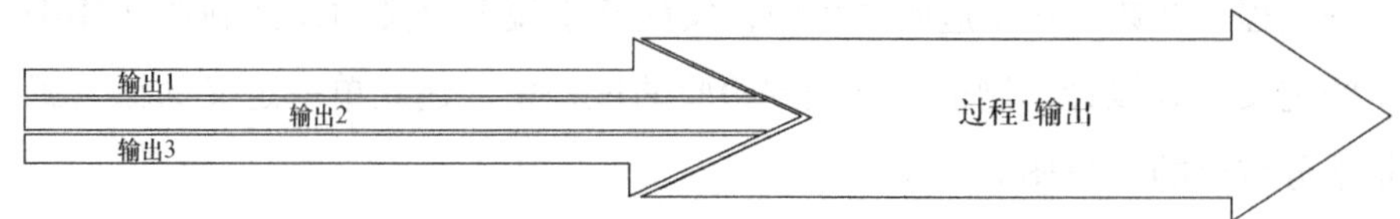

图 2-7　过程 1 单一流的输出

过制动系统的作用输出制动力（有效部分）和热能（减效部分），如图 2-8 所示。

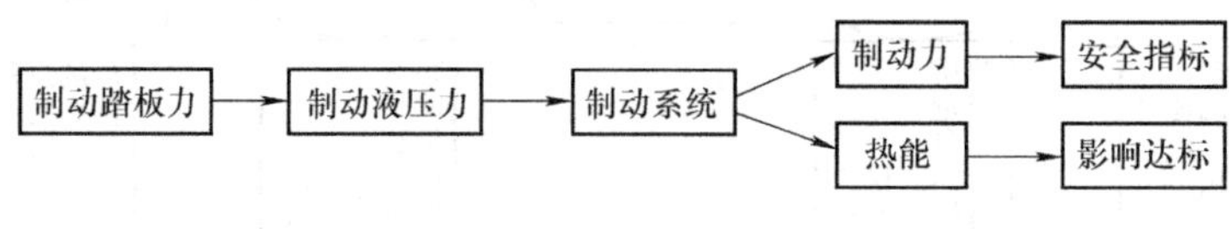

图 2-8　制动过程

应分别被看作制动过程单一源的两个子过程。如图 2-9 所示为制动过程子过程 1 的有效过程。

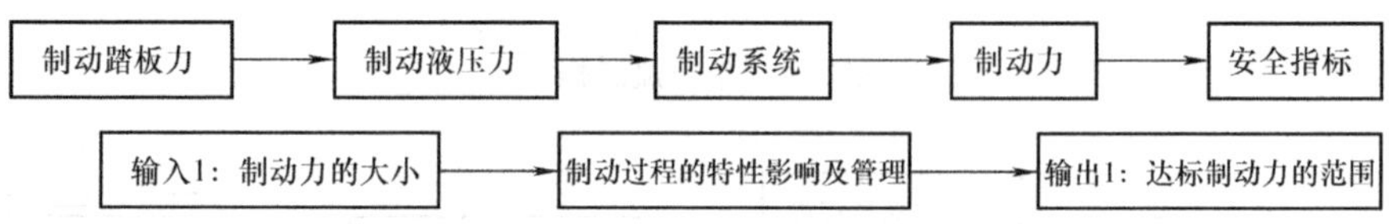

图 2-9　制动过程子过程 1 的有效过程

制动过程子过程 2 的干扰过程如图 2-10 所示。

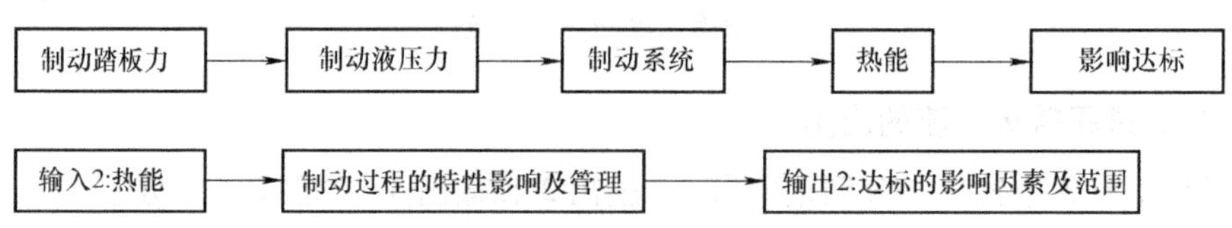

图 2-10　制动过程子过程 2 的干扰过程

制动过程的输出如图 2-11 所示。

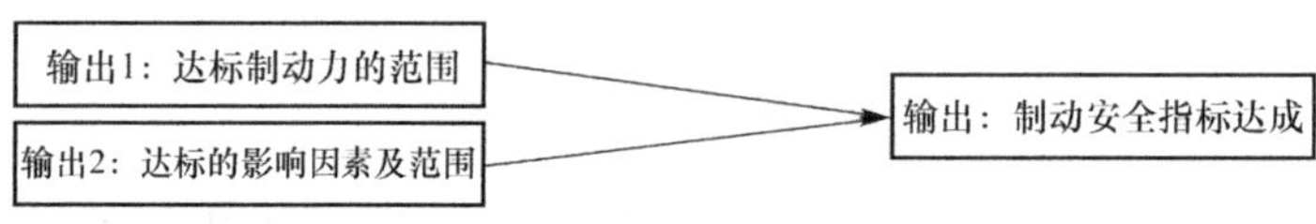

图 2-11　制动过程的输出

在进行过程识别时，不能准确地对过程进行分层，这是受到本部门或本岗位职能多样性（或兼职）的影响，而运用单一流的原则就可以将其区分开来。在数字化制造过程中应用单一流原则尤为重要，必须确定单一定义的输入源形成的过程链，才能有效实施数据或信息的过程管理。

第二节　组织质量管理体系的过程识别和确定

一、现代组织结构与质量管理体系过程

现代组织应为矩阵式架构，是以产品和服务的实现过程串接组织内各部门职能进行运作的。应按组织现有的过程进行过程的确认，而不是按标准给出的**条款和章节**来确定质量管理体系过程。例如组织现有的项目管理过程就应进行该过程确认，项目管理过程应按《质量管理　项目质量管理准则》（ISO 10006—2017）进行过程管理。ISO/TS 16949:2002 标准的《实施指南》（AIAG：CQI－16）中给出了汽车工业过程方法的单一流过程中的顾客导向的定义，组织内部过程与职能的关系如图 2-12所示。

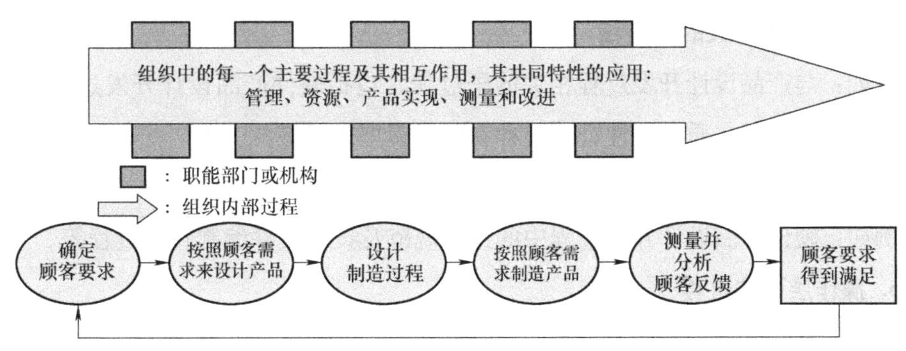

图 2-12　组织内部过程与职能的关系

（一）组织质量管理体系过程的确认

根据组织机构不同，产品和服务的复杂程度不同，过程的层次数也不同，可分为以下 5 个层次：

1. 组织层面的过程

包括管理过程（MP）、顾客导向过程（COP）和支持过程（SP）如图2-13所示。

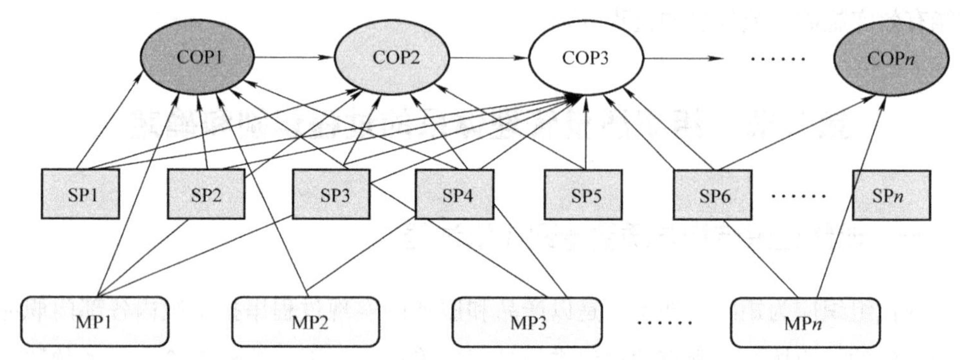

图2-13　组织层面过程的关系

2. 职能层面的过程

例如设计职能层面（部门）的产品设计开发过程和制造过程开发过程；生产职能层面的生产过程、工装管理过程、设备管理过程和动力设施管理过程；以及人力资源职能层面的人力资源管理过程和培训管理过程等。

3. 职能层面相关的子过程

例如：与产品设计开发过程相关的子过程，包括硬件产品设计开发过程、软件产品设计开发过程、质量特性管理过程和配置管理过程等。

4. 作业层面的过程

例如：硬件产品设计开发过程中的技术规范及技术文件编制管理过程等。

5. 操作层面的过程

例如：控制计划中的反应计划，以及作业规范和作业指导操作规程的落实执行等。

（二）组织质量管理体系中的文件化信息

质量管理体系是文件化体系，是说明的总体的文件或规定，如“质量手册”、“×××质量管理体系过程表”、“×××质量管理体系过程绩效表”和“过程定位图”等，文件化质量管理体系的构成如图2-14和图2-15所示。

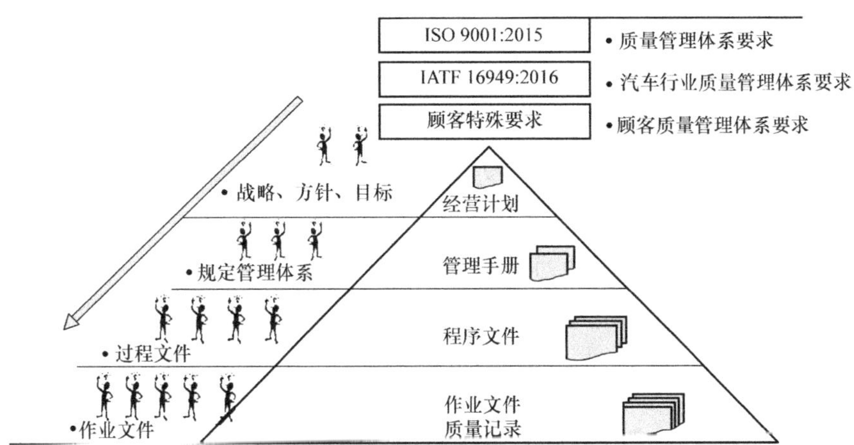

图 2-14　文件化质量管理体系的构成

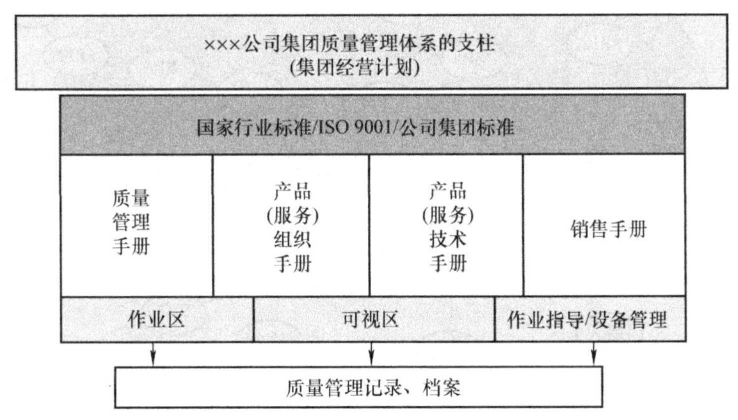

图 2-15　×××公司集团质量管理体系构成

二、组织运用过程识别的方法确定文件化过程示例（汽车销售服务组织）

汽车销售服务组织运用过程识别的方法（章鱼图）进行内部过程识别及过程分析的示例如下。

（一）汽车销售服务组织层面的过程（见图 2-16 和图 2-17）

表 2-1 中每个过程的过程分析都应形成乌龟图，例如其中之一 COP3 二手车销

售服务过程的乌龟图如图2-18所示。

某汽车配件制造组织基于本组织过程建立的质量管理体系过程及对应的文件化信息过程表（见表2-2）、过程绩效表（见表2-3）和质量管理体系过程定位图（见图2-19），应作为质量手册的附录。

根据过程分析的结果形成过程绩效表，见表2-3。

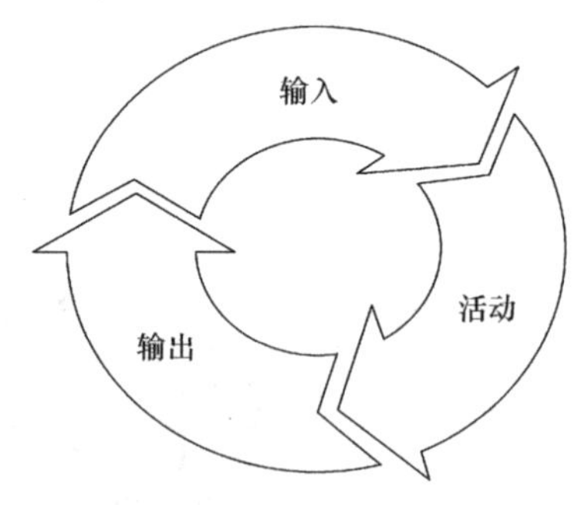

图2-16　汽车销售服务组织层面的过程

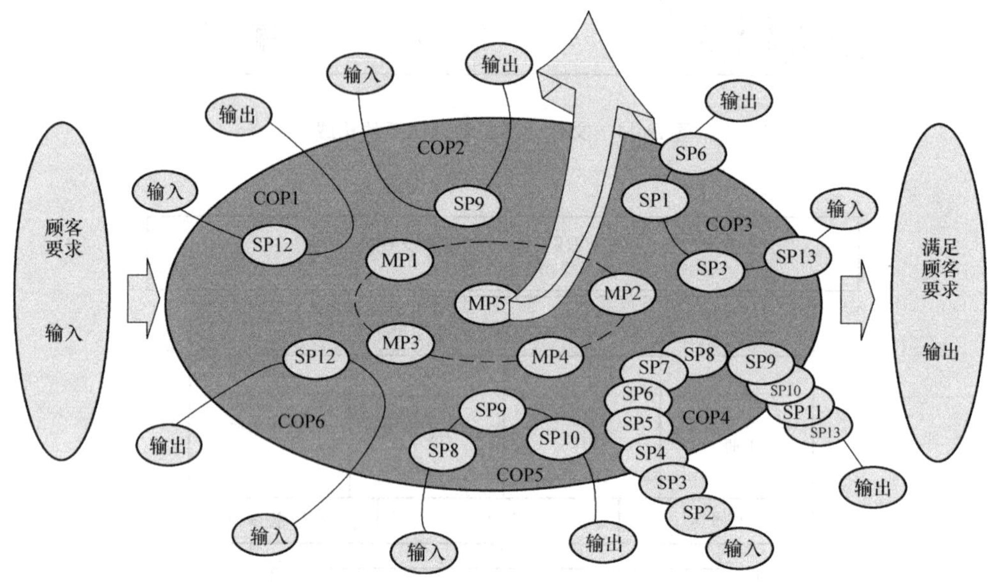

图2-17　某品牌汽车销售服务组织过程的章鱼图

（二）职能层面（部门）的过程

组织职能层面（部门）的过程识别方法（章鱼图）如图2-20所示，下边以汽车销售服务过程为例，其单一流章鱼图如图2-21所示。

某品牌汽车的销售业务流程，可识别出14个销售活动步骤，结合PDCA循环的活动步骤应为17个。分述如下：

P策划：①销售计划及销售目标的制订和发布；**D实施：**②预约；③电话接听；④迎接来店顾客；⑤了解顾客需求；⑥销售建议；⑦商品车展示；⑧试乘试驾；

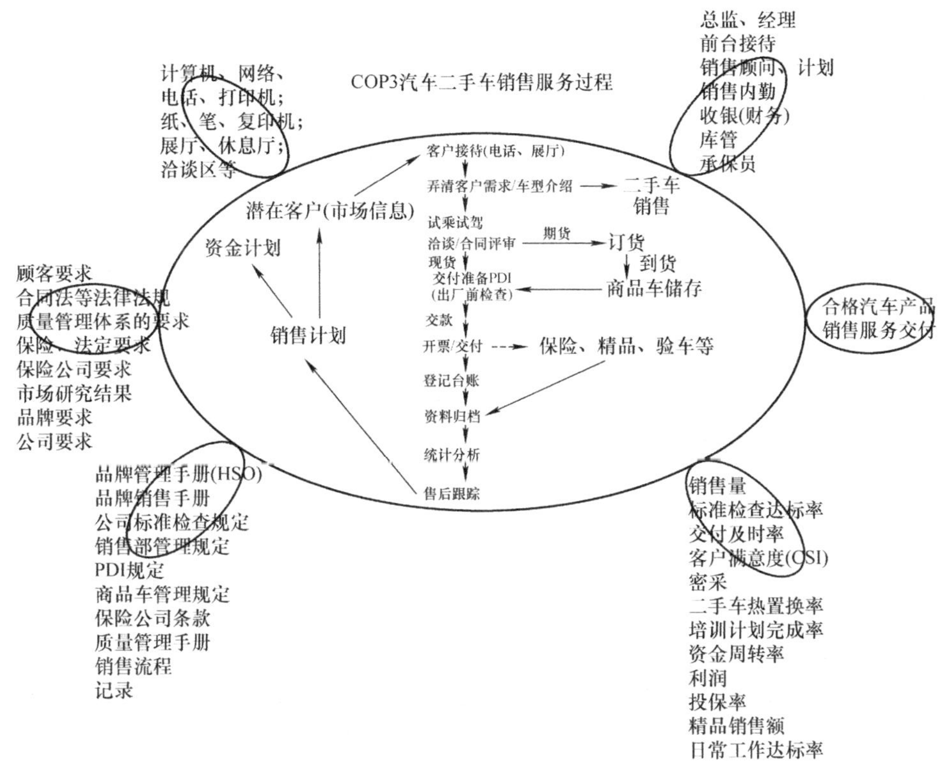

图 2-18　某品牌汽车销售组织的质量管理体系过程 COP3
汽车二手车销售服务过程的乌龟图

⑨报价；⑩销售协议洽谈、合同评审；⑪签约；⑫顾客承付车款（或信贷）；⑬商品车交付；⑭销售服务交付（销售档案归档）；⑮售后及跟踪服务；**C 检查：**⑯销售服务检查及统计分析；**A 改进：**⑰改进措施及跟踪。

在完善上述活动的基础上需要运用过程分析方法（乌龟图）进行过程分析。组织应运用过程分析方法分析已识别出的每个过程。德国汽车工业标准（VDA）中的《制造过程审核》如图 2-22 所示。

图 2-22 中的过程分析方法（乌龟图），应用于管理体系过程确定的每个单一流过程中的子过程。必须运用基于风险的思考以规避过程中潜在的不利风险因素，按乌龟图中对应过程域识别风险项并定级，形成文件化信息，如风险管理表。

表 2-2　某汽车配件制造型组织基于 ISO 9001:2015 和 IATF 16949:2016 标准创建的质量管理体系过程（融合本组织业务过程）

序号	质量管理体系过程		顾客特定要求（CSR）	过程所有者	形成过程文件的信息	对应质量管理标准的条款
	管理过程和顾客导向过程	支持过程（SP）				
	管理过程（MP）					
1	MP1 经营计划/绩效评价过程	SP 过程监视和测量管理过程		发展策划部	经营计划管理程序	5.1，5.2，6.2
				发展策划部	经营计划、公司绩效表	
				发展策划部	过程监视和测量管理程序	6.2，9.1.1，9.1.3
2	MP2 体系策划、风险和机会管理过程（产品实现策划）			发展策划部	质量管理体系策划程序	4.4，6.1，7.1，8.1
				发展策划部	公司文件清单、乌龟图、过程表	
		SP 风险和机会识别过程	•	发展策划部	风险识别管理规范	6.1
		SP 过程的监视和测量过程	•	发展策划部	过程监视和测量程序	6.2，9.1.1
		SP 应急计划过程		发展策划部	应急计划及预案	6.2
		SP 项目管理过程		研发部	项目管理程序	8.1，9.1.1，9.1.3，10.3
		SP 项目风险管理过程	•	研发部	项目风险管理程序	8.1
		SP 质量计划管理过程	•	质量部	产品质量计划	8.1
3	MP3 内部审核过程			发展策划部、质量部	内部审核程序（制造过程审核、产品审核）	9.2
4	MP4 管理评审过程			总经理	管理评审程序	9.3
5	MP5 持续改进过程			发展策划部	持续改进程序	10.3
				质量部	8D 报告编写管理规定、防错管理规定	10.2
	顾客导向过程（COP）					
1	COP1 与顾客沟通过程		•	国际业务部	（顾客需求平台）	8.2，9.1.3，10.3
	COP2 确认顾客要求过程		•	技术研发部	技术研发保密管理制度	8.1.2
		SP 顾客满意管理过程		国际业务部	顾客满意管理程序	9.1.2
		SP APQP 管理过程		研发部	APQP 管理规定（包括顾客要求 APQP 过程）	8.1，8.3.2.1
2	COP3 顾客要求评审过程				合同评审程序	8.2.3
3	COP4 产品制造过程和设计开发过程			研发部	产品和制造过程设计开发程序	6，7，8.3，9.1.3，10.3
		SP 安全件管理过程		研发部	安全件管理程序	4.4，8.3.3，9.2.2
		SP 特性管理过程		研发部	特殊特性管理规定 产品缺陷严重度分级（类）及标注	8.3.3
		SP 统计过程管理过程	•	研发部	SPC 管理规定	9.1.1
		SP FMEA 管理过程	•	研发部	FMEA 管理规定	8.3
		SP PPAP（生产件批准程序）管理过程	•	研发部	08－PPAP 管理制度	8.3.4
		SP 设计更改过程	•	研发部	设计变更管理制度	8.3.6

4	COP5 生产管理过程			生产部	生产过程管理程序	8.5
		SP 控制计划管理过程		研发部	控制计划管理规定	8.5.1
		SP 生产计划过程		生产部	生产计划管理制度	8.5
		SP 采购管理过程		物料供应部	采购管理程序	8.4, 9.1.3, 10.3
		SP 设备管理过程	●	设备部	设备管理规范和设备维护管理规范	7.1.3, 8.5.1
		SP 工装管理过程	●	研发部	模具管理程序、工装管理规定	8.5.1
		SP 储存防护过程		仓库	仓库管理制度、生产现场防护管理规范	8.5.4, 9.1.3, 10.3
		SP 标识追溯性管理过程		研发部	产品标识和可追溯性批次管理制度	8.5.2
				研发部	研发品质量追溯反应计划	8.5.2, 6.1.2
					产品状态管理规定、现场失效标识管理规范	8.5.2
		SP 顾客财产管理过程		研发部	顾客财产管理规范	8.5.3
		SP 测量设备管理过程		发展策划部	测量设备管理程序	8.4, 9.1.3, 10.3
		SP 运行环境管理过程		发展策划部	安全、环境、5S 管理规范（公司制度）	7, 8, 9.1.3, 10.3
		SP 变更控制过程	●		变更控制程序	8.5.6
					工程变更管理规范	8.5.6
					4M 变更及变更流程图、异常处理基准书	8.5.6, 10.2, 10.3
5		SP 放行管理过程		质量部	产品监视和测量管理程序	8.6, 8.6, 8.7
					产品检验规程、××产品测量管理规定、限度样品管理办法	8.6
		SP 不合格品控制过程		质量部	不合格品控制程序	8.7, 9.1.3, 10.2
6	COP6 交付过程			国际业务部	发货管理程序	8.5.5
		SP 产品防护过程		库房、车间	库房管理制度、车间作业指导书	8.5.4
7	COP7 服务过程			国际业务部	质量管理手册	8.5.5
		SP 顾客反馈管理过程	●	国际业务部	顾客反馈管理程序	9.2.1, 9.1.3, 10.3
	质量管理体系的支持过程					
		SP 形成文件信息过程	●	发展策划部	文件控制程序、电子版文件管理规定	7.5.3
				发展策划部	记录控制程序	7.5
		SP 基础设施管理过程		办公室	公司制度、IT 管理制度、设备管理规范	7.1.3
		SP 过程运行环境管理过程		办公室	工作环境管理规范、5S 规范	7.1.4
		SP 知识管理过程		发展策划部	管理手册、知识管理规定	7.1.6
		SP 人力资源管理过程		人力资源部	人力资源管理程序	7.2
		SP 培训管理过程	●	发展策划部	培训管理过程	7.2
		SP 监视和测量资源管理过程	●	质量部	监视和测量装置控制程序	7.1.5
				质量部	MSA（测量系统分析）管理规定	7.1.5.1
				质量部	通用量具校准规范	7.1.5.2

注：1. 表中顾客特定要求（CSR）按组织的顾客要求确定，并应形成“顾客特定要求一览表”和结合具体产品项目的“顾客特定要求评价表”。也可编制顾客特定要求（CSR）与 IATF 16949 标准条款对应的矩阵表（略）质量手册附录。其中标注“●”的表示顾客关注过程。

2. 表中条款号为 ISO 9001：2015 和 IATF 16949：2016 标准的。

表 2-3　某品牌汽车配件制造组织质量管理体系的过程绩效指标表

序号	过程名称	过程绩效指标	目标值	量化方法	频度	过程所有者	管理部门
1	COP1　市场研究过程	计划按时完成率	90%	实际完成情况（元）/年度计划目标（元）	每年	销售部	办公室
2	COP2　合同评审过程	合同评审按时完成率	100%	在规定时间内关闭的评审项目数/合同评审项目总数	每月	销售部	办公室
		报价及时性率					
3	COP3 产品/过程开发过程	产品设计完成率	100%	已完成工作/应完成工作	每月	技术部	
		PPAP 提交一次成功率					
		计划按时完成率					
		开发成本、开发周期					
		工序能力、差错率					
4	COP4 生产过程	生产能力（投入产出率）	95%	生产完成的产品数/生产计划总数	每月	生产车间	制造部
		产品交付率	100%	产品按时交付数/销售需求数	每月	制造物流部	制造部
		一次交验合格率	90%	一批次装配合格数/一批次装配总数	每日	装配车间	制造部
		每百万零件分析 PPM		详见 SPC			质管部
		装机合格率	98%	月度装配合格数/月度装配总数	每月	装配车间	制造部
		盘点合格率					
		库存周转率					
		物料计划完成率					
5	COP5 交付过程	错装率	0	月错装次数/月装运总次数	每月	制造部门	
		超额运费	0	实际运费/定额运费	每月	制造部门	
		及时交付率	1	月按时交付批次/月总交付批次	每月	销售部门	
		回款率					
6	COP6 交付后活动/顾客反馈	回复顾客及时性	工作日内	顾客投诉或抱怨	每月	销售部门	办公室
		备件交付率	100%	合同期量符合程度	每月	制造部门	办公室
7	以下各过程指标 略						

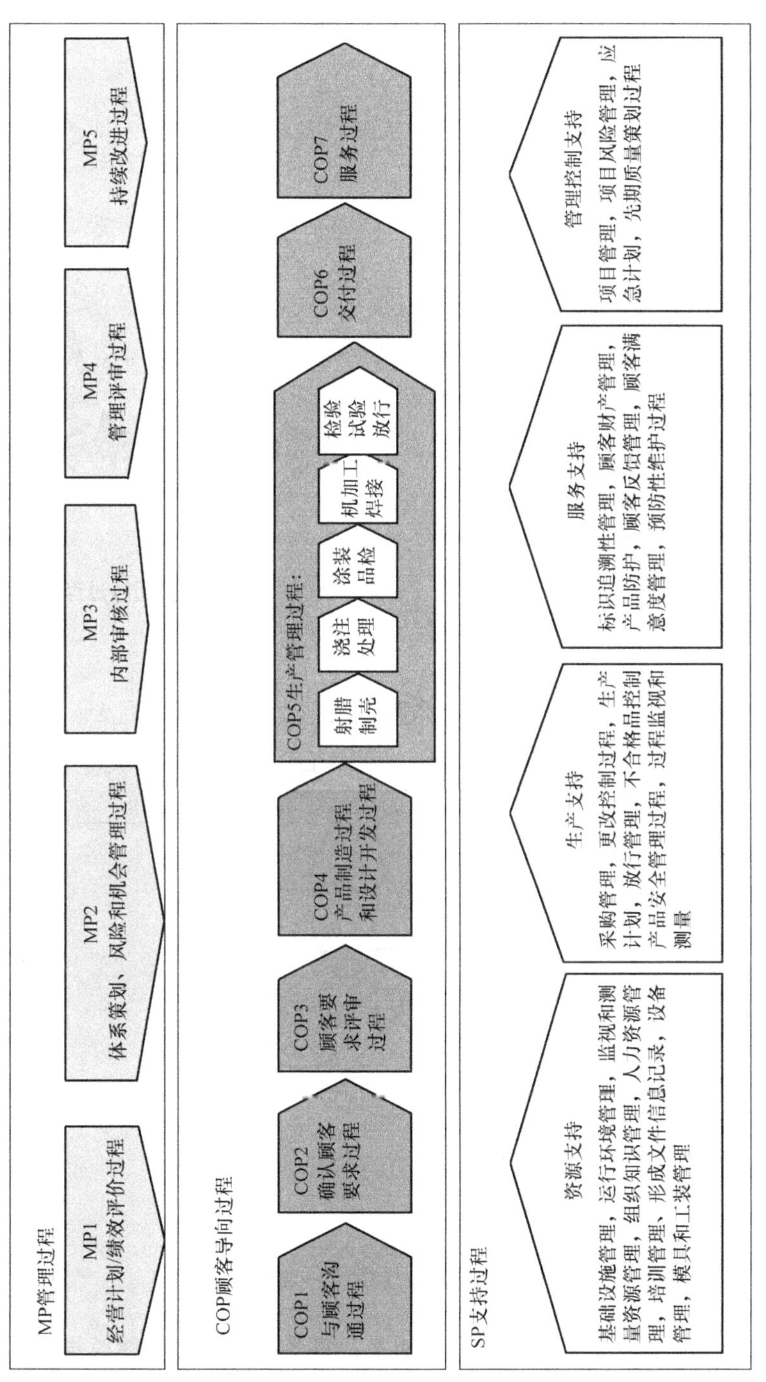

图 2-19 某品牌汽车配件制造组织质量管理体系的过程定位图

（三）如何运用过程分析建立文件化过程

1. 创建文件化过程（垂直职能流程图）

以汽车销售服务过程为例。

首先，确定汽车销售服务过程中的“输入→活动→输出”的内容。

“输入”的内容为：需求、法律法规、品牌汽车厂家要求、本公司管理要求、保险信贷业务要求和市场研究结果；“活动”的顺序和接口，以初始流程的形式表示（见图2-18）；“输出”的内容为：合格的商品车和随车档案，以及合格的销售服务（满足品牌汽车定位的服务）。

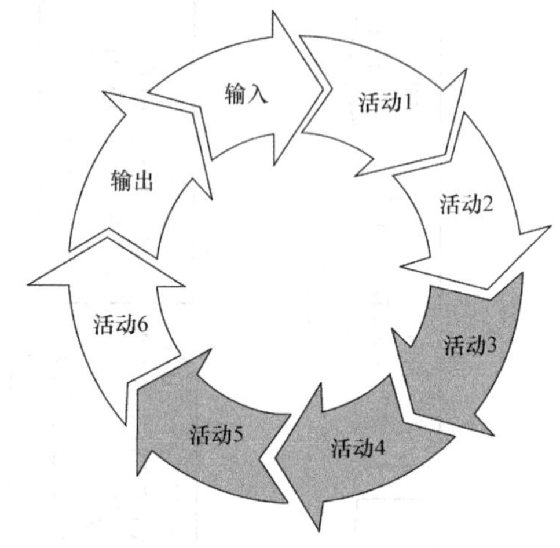

图2-20　职能层面的过程

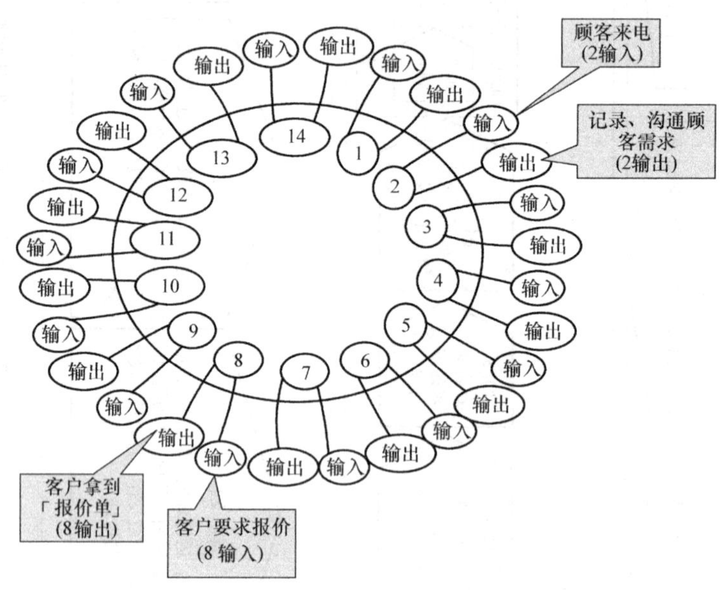

图2-21　汽车销售服务过程的单一流章鱼图

“过程所有者”是指：能胜任本岗位的人员，具备达成本过程绩效指标的能力。品牌汽车销售人员需要取得品牌汽车厂家规定的岗位技术和技能培训资质认证。岗

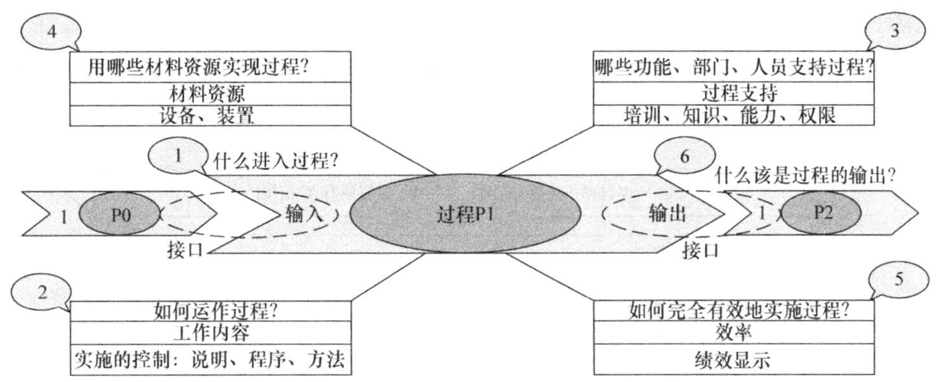

图 2-22　单一过程链中过程域的过程分析（乌龟图）

位人员能力级别分为五级：了解级、掌握级、熟练级、指导级和创新级。职能层的"过程所有者"人员能力应为指导级以上。主要岗位的人员能力应在熟练级以上，需要按岗位确定具备能力的一组人或一个团队，以满足业务流程各岗位的需求。如：销售总监、销售经理；销售顾问、计划员、接待员；商品车保管员；商品车售前检验员（PDI）等。

"过程有效性和效率指标"主要包括：销售计划完成率、商品车采购计划完成率、展车维护率、库存车维护率、大客户销售额、大客户维护率、成交率、成交量、顾客满意度（或满意率）、顾客投诉处理及时率、内部服务检查成绩（KPI）和品牌服务检查成绩等。

"资源"是过程有关的基础设施和工作环境，包括销售的商品车及流动资金；销售场地、商品车存放区；移动、检查、展示交车区；顾客接待和休息区；必备的办公设施和通信设施，包括支持性服务等。

"过程控制方法"根据过程目标的不同，规定也不一样。本过程与销售有关的方法主要有以下内容：销售服务控制程序；品牌汽车厂家汽车销售服务手册；品牌汽车销售手册；商品车存放、展示、移动管理规定；售前检查（PDI）规范；销售服务规范（礼仪、着装和用语等）；销售服务检查规范；顾客抱怨处理规范；相关法规，如三包法等。

按过程识别内容，形成相关过程文件"×××汽车销售服务管理程序"，包括：

①目的；②范围；③本过程职责和权限；④垂直职能流程图，结合业务流程和 PDCA 循环编制，如图 2-23 所示；⑤工作描述，见表 2-4；⑥衡量本过程有效性和效率的指标，见表 2-5；⑦相关文件；⑧相关记录；⑨本过程风险识别和措施（见表 2-10）。其中第⑦、⑧和⑨项详见本章第三节。

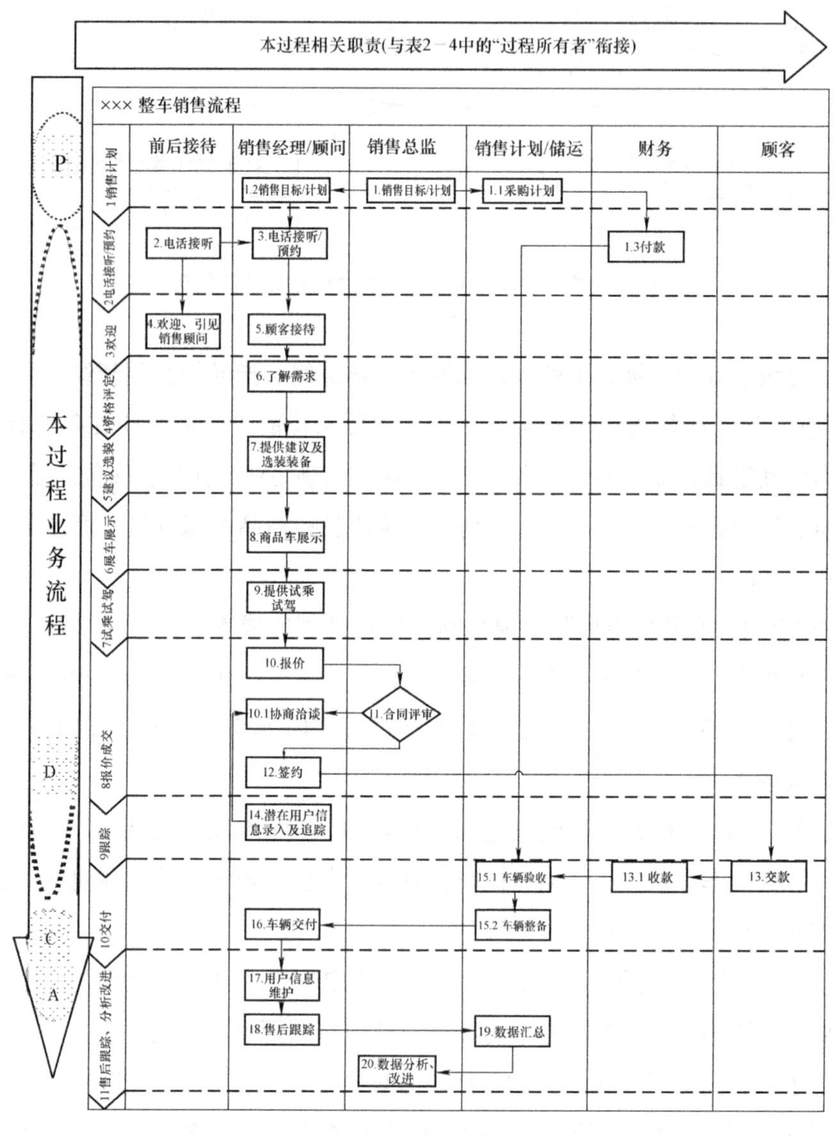

图 2-23　×××整车销售过程的垂直职能流程图

程序文件的全部内容应为职能层乌龟图的分析结果，其业务流程应体现出职能层章鱼图的分析结果；流程中的子过程应为作业层面章鱼图分析结果，按对应活动用“工作描述”方式表述，如表2-4中的作业层面活动衔接规定的“过程所有者”“输入”“输出”和“工作内容”。

工作描述（见表2-4）：按图2-23中的活动框序号顺序，对岗位的业务作业内容进行具体描述。其中“输入”和“输出”应按本过程单一流进行描述。

表2-4　某品牌汽车服务过程流程图的工作描述（部分）

序号	活动名称	工作内容	顾客特定要求	输入	输出	过程所有者
1	计划目标设定	经理按公司经营计划进行月度经营指标的分解，包括：维修台次、营业额报送和月度经营报告	标检要求	商务计划公司经营计划	“月度经营报告”	部门经理
2	预约	预约员按“服务核心流程预约部分”接听顾客预约电话后，将确认的顾客信息按规定录入CRM系统，建立预约登记，并通知或安排相应的服务顾问做好维修保养准备	标检要求 飞行检查	“×××质量控制指导手册”CRM系统中的预约登记	R3系统中的预约登记	业务员

本过程有效性和效率指标，见表2-5。其中关键绩效指标（KPI）应包含在经营计划中。

表2-5　衡量本过程有效性和效率的指标（部分）

序号	指标名称	指标值	量化办法	监控频次	监控部门
1	销售计划完成率	100%	实际完成销售台数÷商务计划台数×100%	1次/半年	总经理
2	交付及时率	95%	订单约定期限内交车数/应交车总数×100%	1次/月度	销售总监

2. 融合业务流程，结合PDCA循环

在融合业务流程，结合PDCA循环的流程图（见图2-23）中：在P（策划）的工作描述中应规定编制相关工作计划和确定本过程的绩效指标，包括测量的要求；D（实施）为组织中该过程的业务流程结合过程所有者（职责），过程流程活动域对应“工作描述”序号规定的内容；C（检查）和A（改进）为对本过程绩效目标（本过程有效性和效率的指标见表2-5）的比较进行统计分析，制定改进措施。

融合本组织业务流程、确定质量管理体系过程是消除“两层皮”现象的根本措施。

第三节　基于风险思考在组织质量管理体系过程中的应用

一、基于风险思考的过程分析

在组织的愿景、价值观、理念和战略确定后，在落实经营计划并实现组织经营绩效的过程中，基于风险的思维是至关重要的。组织确认质量管理体系过程时，是进行风险分析的最佳时机，应针对识别出的潜在风险因素制定预防措施。风险和机会并存，组织在产品和服务实现的过程中充分利用和扩展风险的正面影响、规避风险的负面影响是提高质量管体系有效性和效率的基础。风险和机会管理应在不同的质量管理体系阶段实施不同的方法，如策划阶段的项目管理过程应关注影响项目管理过程结果的风险因素（见第三章）；产品设计开发阶段的先期质量策划过程，应关注 APQP 实施阶段的实施有效性的风险评价。在产品实现过程中应用潜在失效模式及后果分析（FMEA）的风险定级及措施来落实风险并进行机会管理。不管在哪个阶段都应按风险管理标准（ISO 31000）实施风险和机会管理。

（一）风险因素识别与风险评价矩阵

风险因素包括有利因素和不利因素，风险管理应重点控制不利因素的影响及其后果。对于风险中潜在不利影响水平的评价准则的定级，是针对某单一风险潜在不利因素而言，不能笼统对待。不同行业有不同的规定或要求，可归纳为：单一风险潜在不利因素的严重度（严重程度）、出现的频度（次数或可能性）和是否可识别或测量（探测度）。依据其严重度和可能性可形成二维的风险矩阵，如图 2-24 所示。

上图中分为三个区间，白色部分为可接受区间，属于低度风险范畴；灰色区域为有条件情况下的可接受范围，属于中度风险范畴；网格区域为不可接受区间，属于高度风险范畴。

对于风险矩阵中中度以上的风险因素应制定纠正措施或应急计划，应建立“×××风险管理表”。

（二）风险评价及风险顺序数

《潜在失效模式及后果分析》（FMEA 第 4 版）规定严重度、频度和探测度的定

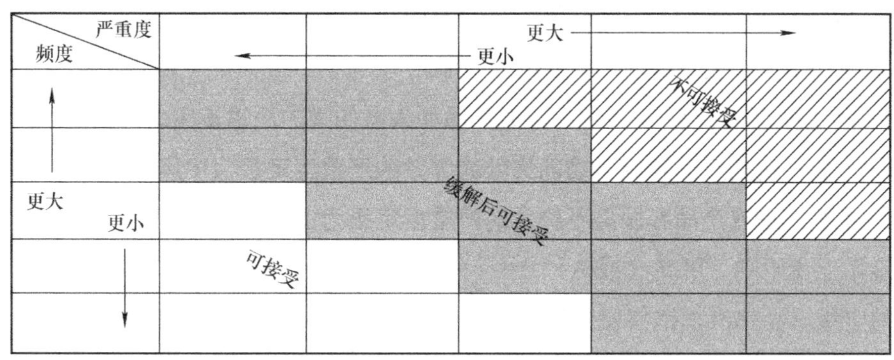

图 2-24　风险矩阵示意

级是 1～10。将严重度、频度和探测度的定级数相乘，其乘积称为风险顺序数。其值在 1～1000 之间：10（严重度）×10（频度）×10（探测度）=1000。

风险分析是对单一潜在风险不利因素（或失效模式）进行分析，风险顺序数值的大小不作为风险排序的唯一准则。人的正常思维是首先考虑某个事件（单一潜在风险不利因素）发生时有多严重，即严重程度，然后考虑出现的次数是多少，最后考虑能不能发现或监视和测量。风险顺序数（RPN）与应采取对策的思考顺序见表 2-6 和表 2-7。

表 2-6　风险顺序数

项目	严重度	频度	探测度	RPN
A	9	2	4	72
B	7	4	4	112

表 2-7　三种情况下的风险顺序数值

严重度 S	频度 O	探测度 D	RPN	SOD	SD
7	7	3	147	773	73
7	3	7	147	737	77
3	7	7	147	377	37

表 2-6 中项目 A 的风险顺序数（RPN）低于项目 B，但其严重度为 9 级必须优先考虑制定措施。表 2-7 所示的三种情况的风险顺序数（RPN）值相同，表中的优先级次序应为 SD：77、73、37。仅考虑风险顺序数（RPN）值的大小来决定优先次序是不可取的，应按《潜在失效模式及后果分析》（FMEA 第四版）相关定级表进行本组织风险定级规范的编制或转换，也可选用 AIAG－VDA《潜在失效模式分析手册》。

按产品设计失效模式及后果分析（DFMEA，见表2-8）和过程失效模式及后果分析（PFMEA，见表2-9）严重度定级的原则可分为：

9~10级：不满足法规要求，造成产品和人身伤害的严重度定级为高度风险。

5~8级：造成产品和服务功能失效或失效的严重度定级为中风险。

1~4级：造成产品和服务不符合的严重度定级为低风险。

遵循上述原则可用高（或A）、中（或B）、低（或C）标识单一潜在风险不利因素的定级。品牌汽车销售服务过程的风险分析中，包括产品（商品车）和服务两部分。对应工作描述（见表2-4）中的活动域进行逐项的风险识别，形成表2-10。

对潜在风险因素进行分析时，多功能小组可采取头脑风暴法来识别和确定潜在风险因素及其影响和后果、风险等级（高、中、低）、责任人和控制措施。表2-10中的控制措施应为反应计划或预案，应由管理层审批，进行动态管理，防止其首次发生，我们称其称为预防措施。

对顾客导向过程和支持过程进行不利风险因素识别，根据实际情况建立相关文件信息和风险管理过程文件信息，形成“风险因素识别汇总表”（见表2-10）和“主要风险因素识别清单”（见表2-11）。

表2-8　产品设计失效模式（DFMEA）严重度评价表

后果	评定准则：后果的严重度	严重度
不符合安全和/或法律要求	潜在失效模式影响车辆安全运行和/或包含不符合政府法规的情形，失效发生时无警告	10
	潜在失效模式影响车辆安全运行和/或包含不符合政府法规的情形，失效发生时有警告	9
主要功能丧失或降级	丧失基本功能（汽车不能运行，不影响汽车安全运行）	8
	丧失基本功能（汽车可运行，但是性能水平降低）	7
次要功能丧失或降级	次要功能丧失（汽车可运行，但舒适性/方便等功能失效）	6
	次要功能丧失（汽车可运行，但舒适性/方便等功能降低）	5
干扰	外观或噪声等项目不合格，汽车可运行，顾客（>75%）会发现这些缺陷	4
	外观或噪声等项目不合格，汽车可运行，顾客（>50%）会发现这些缺陷	3
	外观或噪声等项目不合格，汽车可运行，顾客（>25%）会发现这些缺陷	2
无后果	没有可辨别的影响	1

表 2-9　过程失效模式（PFMEA）严重度评价表

后果	评定准则：后果的严重度	严重度	后果	准则：对过程影响的严重程度（制造/组装）
不符合安全和/或法律要求	潜在失效模式影响车辆安全运行和/或包含不符合政府法规的情形，失效发生时无警告	10	不符合安全和/或法律要求	可能危及作业员（机器或组装）而无警告
	潜在失效模式影响车辆安全运行和/或包含不符合政府法规的情形，失效发生时有警告	9		可能危及作业员（机器或组装）但有警告
主要功能丧失或降级	丧失基本功能（汽车不能运行，不影响汽车安全运行）	8	严重的破坏	产品可能必须 100% 丢弃、生产线停止并停止装运
	丧失基本功能（汽车可运行，但是性能水平降低）	7	重大的破坏	生产运行的一部分（小于 100%）需被丢弃。主要过程中出现偏差（生产线速度降低或需要增加人力）
次要功能丧失或降级	次要功能丧失（汽车可运行，但舒适性/方便等功能失效）	6	中等破坏	生产运行的 100% 需要下生产线，返工后可能被接受
	次要功能丧失（汽车可运行，但舒适性/方便等功能降低）	5		生产运行的一部分需要下生产线，返工后可能被接受
干扰	外观或噪声等项目不合格。汽车可运行，顾客（>75%）会发现这些缺陷	4	中等破坏	生产运行的 100% 需要在其运行前生产线的工站返工
	外观或噪声等项目不合格。汽车可运行，顾客（>50%）会发现这些缺陷	3		生产运行的一部分需要在其运行前生产线的工站返工
	外观或噪声等项目不合格。汽车可运行，顾客（>25%）会发现这些缺陷	2	次要的破坏	对过程、作业员带来轻微的不便
无后果	没有可辨别的影响	1	没有影响	没有可识别的影响

频度、探测度评级表略。

主要风险因素识别的定级原则可采用评分制，严重度高、频度高（或 A、B）的均定为主要风险；包括评定为 B 级是严重度达到 7 及以上的风险因素，也应列为主要风险因素。

表2-10　某品牌汽车销售服务过程的风险因素识别汇总表（部分）

序号	活动	风险因素	时态	状态	可能导致的后果	严重度	频度	风险级别	控制措施
1	K01客户开发	客户追踪不及时	现在	异常	客户流失	C	C	C	经理每日进行确认，安排销售顾问在24h内进行跟踪
2	K05试乘试驾	试乘试驾率未达标	现在	正常	成交率降低	B	C	B	销售总监进行原因分析，制定纠正措施
3	K05试乘试驾	试乘试驾事故	将来	紧急	人身伤亡和车辆损失	A	C	A	制定“试乘试驾车辆交通预案”
4	K05试乘试驾	试乘试驾车排放超标	现在	正常	大气污染、违规	A	C	A	定期进行车辆年检

表2-11　主要风险因素识别清单

序号	主要风险因素	活动/作业工序	可能导致的后果	时态/状态	控制方法

AIAG－VDA《潜在失效模式分析》手册（FMEA第1版）将不采用风险顺序数（RPN）的风险定级方法和风险矩阵，采用严重度（S）、频度（O）和探测度（D）组合的方法确定行动优先级（AP），分为高优先级（H）：组织必须（shall）确定适当的行动以改进、预防和探测控制，否则，应有文件化的理由说明；中优先级（M）：组织应（should）确定适当的行动以改进、预防和探测控制，否则，应有证据证明控制是有效的；低优先级（L）：组织可以（could）确定改进预防和探测控制的措施。由组织选择使用AIAG《潜在失效模式及后果分析》（FMEA第四版）或使用AIAG－VDA《潜在失效模式分析》手册（FMEA第1版）。DFMEA和PFMEA中严重度10级为安全相关、9级为法规相关，由零部件厂、主机厂和最终顾客基于影响分别制定准则，不再使用同一准则，见表2-12。

表 2-12　AIAG－VDA《潜在失效模式分析》手册（FMEA 第 1 版）DFMEA 表

结构分析（步骤2）			功能分析（步骤3）			失效分析（步骤4）				风险分析（步骤5）					优化（步骤6）										
1.上一元素	2.聚焦元素	3.下一元素	1.上一元素功能/要求	2.聚焦元素功能/要求	3.下一元素功能/要求	1.对上一级更高级别元素和/或车辆最终用户的失效影响(FE)	严重度(S)	2.聚焦元素的失效模式(FM)	3.下一级元素功能或特性的失效原因(FC)	失效原因(FC)的控制预防(PC)	失效模式的发生频度(O)	失效原因(FC)或失效模式(FM)的现行控制预防(DV)	失效原因(FC)或失效模式(FM)的探测度(D)	DFMEA AP	预防性行动措施	探测性行动措施	责任人	期限	状态(进行中/完成/取消)	采取的措施和降低分值的证据	完成日期	更新严重度(S)	更新频度(O)	更新探测度(D)	更新AP

注：AIAG－VDA《潜在失效模式分析》七步法中的步骤 1 为策划和准备，步骤 7 为文件化。

组织选用时，需应用 FMEA 软件，先建结构树、功能树与失效树，将结构分析、功能分析和失效分析结果嵌入后生成 FMEA 表格。FMEA 表格有两种，一种是电子表格，另一种是由 FMEA 软件中导出的报告。

二、风险管理规范文件化信息示例（基于 FMEA）

按 FMEA 确定组织风险识别的等级形成“风险识别与评价控制规范”（见下文示例）。也可以根据本组织选用的基于 ISO 9001:2015 新版质量管理体系标准中的相关风险管理要求进行规定，如 ISO/TS 22163:2017 标准中 RAMS 给出的风险定级方法。

封面：

风险识别与评价控制规范 编号：×××××/QC－Z－00

版本号：A/0 受控状态：

发布日期：2016年×月×日 实施日期：2016年×月×日

××××汽车销售有限公司

正文：

风险识别与评价控制规范

1 目的

为保证公司质量、环境管理体系运行及公司相关经营、管理活动过程中的风险和机会得到有效识别，使其得到有效控制，通过确定其造成的危害程度，评价出不可接受的风险，为制订管理目标、方案提供依据，特制定本规范。

2 适用范围

本程序规定了公司风险识别与评价及更新的管理要求，适用于公司管理体系经营、管理活动过程中的风险识别与评价。

3 职责、权限

3.1 ××负责审批“主要风险识别与评价清单”及风险识别与评价的更新。

3.2 ××部负责汇总“风险识别与评价表”，组织风险识别与评价，并编制“主要危险源清单”。

3.3 公司各部门配合综合部做好风险识别与评价工作，及时更新主要危险源，并提交综合部。

3.4 职能部门识别确认主要风险识别与评价方法，并实施控制。

4 术语

4.1 相关方：工作场所内外与组织质量、环境绩效有关或受其影响的个人或团体。

4.2 风险：发生危险事件或有害暴露的可能性，与随之引发的人身伤害或健康损害的严重性的组合。

4.3 风险评价：对风险不利因素导致的风险进行评估、对现有措施的充分性加以考虑，以及对风险是否可接受予以确定的过程。

5 工作程序

5.1 工作流程（见图2-25）

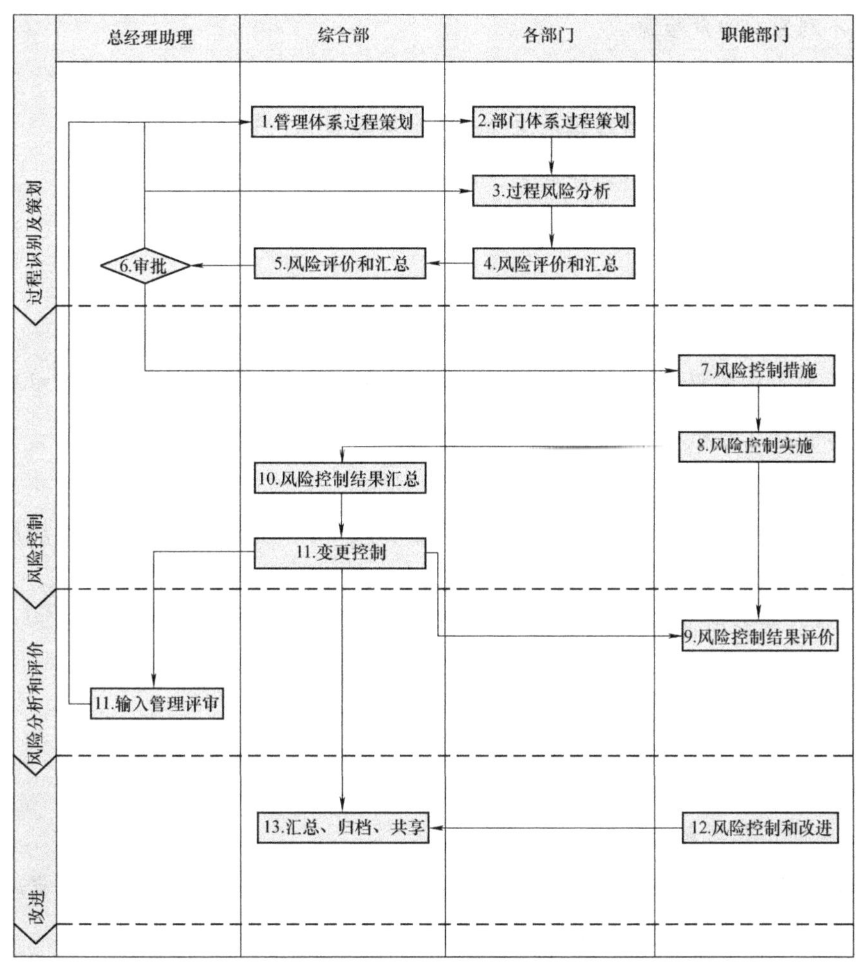

图 2-25　风险识别和评价控制流程

5.2　风险不利因素的辨识

5.2.1　风险不利因素的识别范围

应覆盖公司业务范围和相关的管理活动。

危险源辨识应考虑：

1）常规和非常规活动。

2）所有进入工作场所的人员（包括承包方人员和访问者）的活动。

3）人的行为、能力和其他人为因素。

4）已识别的源于工作场所外，能够对工作场所内组织控制下的人员的健康安全产生不利影响的危险源。

5）在工作场所附近，由组织控制下的工作相关活动所产生的危险源。

6）由本组织或外界所提供的工作场所的基础设施、设备和材料。

7）组织及其活动、材料的变更，或计划的变更。

8）职业健康安全管理体系的更改，包括临时性变更等，及其对运行、过程和活动的影响。

9）任何与风险评价和实施必要控制措施相关的适用法律义务。

10）对工作区域、过程、装置、机器和（或）设备、操作程序和工作组织的设计，包括其对人的能力的适应性。

5.2.2 调查途径

按照区域、过程活动（常规和非常规活动）、设备设施、人员（工作场所的人员，合同方人员和访问者的活动）进行调查。

5.2.3 风险不利因素的时态/状态

过去、现在和将来三种时态，正常、异常和紧急三种状态。

5.2.4 风险不利因素的辨识方法

安全检查表、查阅记录、现场观察、询问、交谈和获取外部信息等。

5.2.5 风险不利因素的调查

综合部负责组织危险源调查，明确调查范围、责任和分工，各部门根据本部门的责任、活动按照5.2.1~5.2.5进行调查。

5.3 风险评价方法

风险评价可以采用D=LEC作业条件风险评价法或直接经验法，在风险评价时：

1）在范围、性质和时机方面进行界定，以确保其是主动的而非被动的；

2）提供风险的确认、风险优先次序的区分和风险文件的形成，以及适当时控制措施的运用。

5.3.1 风险评价准则

定性风险识别评价法是以与风险有关的因素评价，事件发生会产生后果的严重度，见表2-13。

表 2-13　严重度等级

等级	后　果
A	不符合安全和/或法律要求；可能危及作业人员（设备）
B	主、次要功能丧失或降级；严重的或重大的破坏；中等破坏
C	干扰；引起顾客抱怨；一般不符合

事件发生的频度见表 2-14。

表 2-14　频度（发生频次）等级

等级	事件发生的频度
A	持续性和经常性失效
B	偶然性失效
C	相对很少发生失效；失效不可能发生

5.3.2　风险不利因素的评价方法

对于确定的过程及其顺序，按活动域进行潜在风险不利因素的识别和评价，步骤如下：

1）识别和确定单一事件的风险不利因素的后果并进行评价，按严重度等级（见表 2-13）和频度（发生频次）等级（见表 2-14）定级。

2）将单一事件的风险不利因素的两项评级结果分别填到"严重度"和"频度"栏中。

3）将单一事件的风险不利因素"严重度"和"频度"栏中的评级结果填写到"风险级别"栏中。如：某单一事件的风险不利因素"严重度"为 A 级，其"频度"为 B 级，则"风险级别"栏中应为 AB 级。

各部门按照 5.2 和 5.3.1 填制"风险因素识别汇总表"提交综合部。

5.3.3　主要风险不利因素的识别

凡具备以下条件的，均应确定为主要危险源：

1）不符合法律、法规及相关要求的。

2）曾经发生过事件，且未采取有效控制措施的。

3）相关方合理抱怨或要求的。

4）直接观察到的危险。

5）主要风险评价为 AA 和 AB 等级的。

5.3.4　"主要风险识别清单"的编制

1）综合部组织各部门对提交的风险不利因素调查情况进行汇总，组织相关部门人员讨论确定公司“主要风险因素识别清单”，经总经理助理审批后予以发布。

2）各部门根据公司发布的“主要风险因素识别清单”，结合本部门产品和服务活动现场的现状识别确认主要风险因素，并制定相关措施，作为知识管理归档资料的组成部分。

5.4　风险不利因素的控制

5.4.1　控制原则

1）首先考虑消除风险不利因素（如果可能的话）。

2）替代。

3）过程控制措施。

4）标志、警告和（或）管理控制措施。

5）个体防护装备。

5.4.2　控制风险不利因素的方法与措施

1）制订目标、方案。

2）制订管理程序。

3）培训与教育。

4）制订应急预案。

5）加强现场监督与检查。

6）保持现有措施。

7）“风险等级”为AA和AB等级的应编制对应的应急预案。

5.5　每年管理、评审、评价公司“主要风险识别评价清单”的适宜性，并应及时更新。

5.6　当由项目或过程的运行环境发生变化、产品和服务过程发生变化或变更等原因而引起风险变化时，相关部门应对风险进行识别评价，及时提交到综合部，并由总经理助理进行审批。

6　相关文件（无）

7　记录

7.1　“主要风险识别评价清单”（见表2-11）

7.2　“风险因素识别汇总表”（见表2-10）

8　附录：风险识别和评价控制流程图（见图2-25）

第三章 质量管理体系过程及管理要点

数字化信息技术的发展开创了组织发展的新环境，世界各主要国家加快了现代工业化进程。我国继美国“制造业复兴”计划和德国提出的“工业 4.0”战略之后，于 2015 年提出了“中国制造 2025”战略规划。我国各类组织面临着调整和转型升级的挑战，承担着工业结构整体优化，以及提升和提高组织管理能力的任务。以汽车行业为例，我国 2015 年的产量达 2734.6 万辆，销量超过 2450 万辆。其中，新能源汽车的生产和销售分别同比增长 3.3 倍和 3.4 倍，电动汽车的生产和销售分别同比增长 4.2 倍和 4.5 倍。

我国部分企业已与国际接轨，在组织内实施生产过程的升级改造。以汽车发动机铸造业为例，该行业引进了德国自动化铸造生产线，彻底改变了铸造业的生产环境、产品质量和生产管理现状。然而，某些企业（或组织）的质量管理和员工质量意识等仍保持着原有的管理方法和习惯，并没有与先进的生产方式及管理保持一致，出现了“硬件真硬、软件真软”的高端企业低端管理的尴尬现象。究其原因是组织现有的管理基础和先进生产方式的不适应，仅注重硬件设备的引入而未进行质量管理观念的转换和管理方法的提升，组织原有的质量管理体系与现状形成了较大差异。

制造业组织均处于产品和服务供应链的竞争环境中，汽车、铁路和电子等行业的产品和服务等无一不是全生命周期管理的供应链管理。改革开放的成功经验告诉我们，我国制造业部分企业在一段时间内不易被其他地区或国家所取代的原因，在于改革开放的创新机制中工业园区的建立。在工业园区中的组织很少能在本组织内部完成最终产品的生产，产品和服务是供应链中的某个环节，产品和服务的质量已成为供应链中的质量。全生命周期管理的供应链管理不仅整合了劳动力资源，而且还是对产品和服务的技术管理的完善和补充。制造业的转型在于逐步由传统生产方式（2D）转型到基于 3D 模型定义（即 MBD）的数字化设计与制造技术，再到基于 3D 模型的企业（即 MBE）的生产方式，如图 3-1 所示。

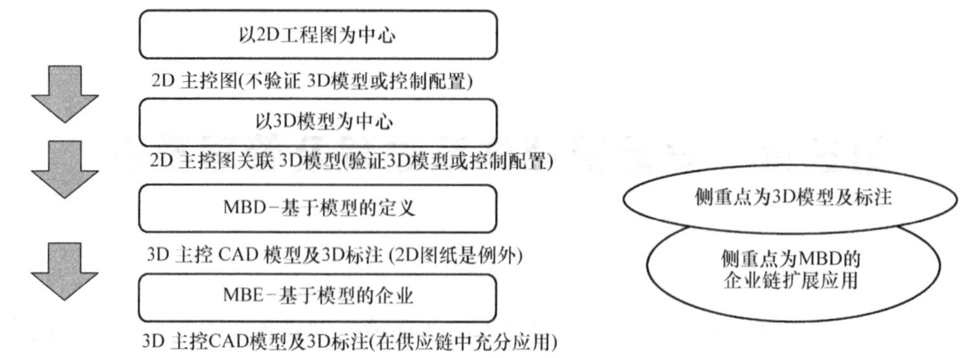

图3-1　MBE的发展历程[3]

数字化制造组织由三个部分构成：①基于3D模型的工程（MBE），包括：基于3D模型的系统工程（MBSE）和基于3D模型的定义（MBD）；②基于3D模型的制造（MBM）；③基于3D模型的制造持续（MBS）。

数字化制造技术在我国得到了快速发展。实现关键业务过程无纸化和全三维生产过程的组织面临着从传统研发制造模式进行巨大转变的过程。需要攻克统一标准、培养数字化制造人才，并克服传统习惯和数据提取传递工具缺乏等诸方面的问题，才可以实现与国际先进装备制造业共同发展、进步。

现代矩阵式组织是以承担的产品和服务项目的管理过程，串接职能部门形成的矩阵式管理模式。组织对外衔接的是本组织提供的产品和服务的供应链接口，对内是提供的产品和服务的项目管理过程串接职能部门及其业务过程的管理形式。组织自主研发（或对外承接）的一个品牌产品（或供应链）中的一个项目，或并行两个以上的项目任务，其项目过程可能是产品多样性的国际化大生产中同步工程的一部分。

组织必须按提供产品和服务的总体项目策划的安排（如项目计划和里程碑管理）组织生产，确保向最终顾客准时交付合格的产品和服务。为此，组织在不改变现有行政管理机构的前提下，做好质量管理体系的过程管理就尤为重要。矩阵式组织中的过程管理及相互关系如图3-2所示。

组织基于ISO 9001:2015新版质量管理体系标准建立质量管理体系过程，其目的在于向顾客提供满足顾客要求和法律法规要求的产品和服务，证实其具备质量保证的能力，并使组织经营绩效持续增长。

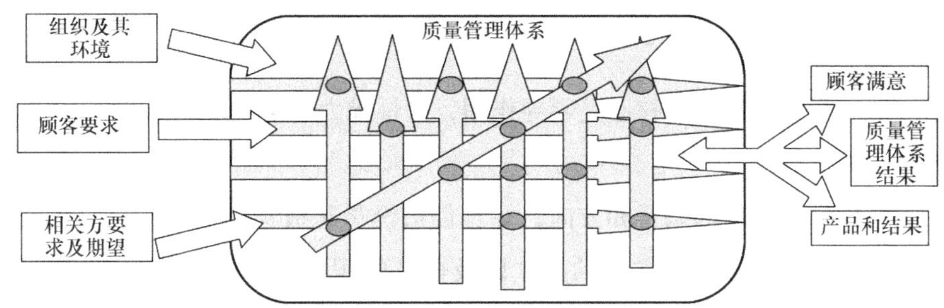

图 3-2　矩阵式组织中的过程管理及相互关系

图中：表示项目管理过程、产品实现过程（顾客导向过程 COP）

表示支持过程（支持过程 SP）

表示管理过程（管理过程 MP）

所示组织过程有效性结果（沟通的成果物）

组织按 ISO 9001:2015 新版质量管理体系标准建立质量管理体系过程，应在现有的业务过程基础上确定质量管理过程，应用标准附录 B 中表 B.1 的相关标准进行过程管理，如：某组织有项目管理业务过程，应按 ISO 9001:2015 标准的过程方法确定该过程，按《质量管理体系 项目质量管理指南》（ISO 10006）进行过程管理，而不是只关注标准条款中有无“项目管理”条款的要求。组织质量管理体系有效性的关键在于落实融合组织业务过程、解决质量管理体系与实际脱节的“两层皮”现象。

ISO 9001:2015 新版质量管理体系标准的前瞻性，体现在引入现代管理理论，如情景分析、领导力承诺、流程再造和创新过程等；以及引入了优化的管理方法，如过程方法、全生命周期管理、统计过程控制、风险和机会管理、知识管理和绩效管理等。

本书对组织质量管理体系的主要过程及其管理要点，结合示例和数字化制造的特点、实施步骤及控制要求进行阐述，包括：**领导作用、项目管理过程、产品和服务实现策划过程、产品和服务的设计开发过程、技术状态管理过程、特性管理过程（见第五章）和绩效评价和改进过程（见第六章）等。**

第一节 领导作用

组织的质量管理体系的核心是领导作用，是领导力承诺。ISO 9000:2015标准中对领导作用的概述为：

各级领导建立统一的宗旨和方向，并且创造全员积极参与的环境，以实现组织的质量目标。统一的宗旨和方向的建立以及全员的积极参与，能够使组织将战略、方针、过程和资源保持一致，以实现其目标。组织最高管理者所面临的组织环境日趋复杂化，环境特征多变、多维且史无前例。领导者需要获得更多的信息并完成观念的转变，具备创造性的领导力，并实现领导力承诺。

最高管理者创造性的领导力的形成基于理解组织环境和理解相关方需求。美国创新领导力中心（CCL）查尔斯.J.帕拉斯（Charles J. Palus）和大卫.M.豪斯（David. M. Horth）在《超级领导力》一书中给出了领导者要应对环境复杂化挑战、获得创造性的领导力，需要转换观念的感知过程（感知形成圈），如图3-3所示。

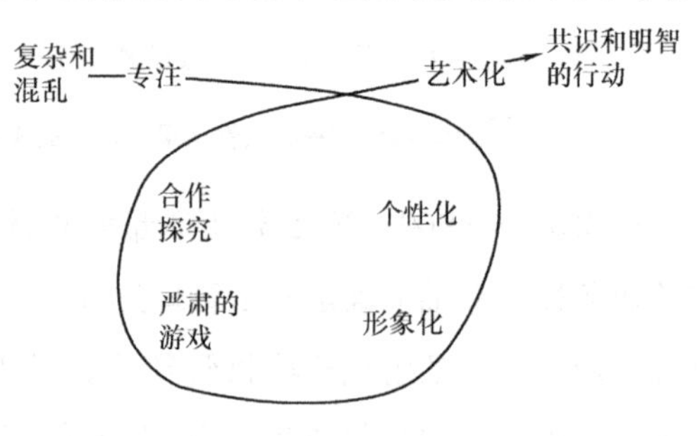

图3-3 感知形成圈[10]

《超级领导力》一书强调实现领导力承诺，强调解决复杂挑战的关键技能是“专注能力”，它起到引导和组织其他能力的作用；强调在最高管理者创造性的领导力的形成过程和实现承诺过程中，对风险和机会的思考。组织的最高管理者领导作用（领导力承诺）的实现，应按照ISO 9001:2015标准第5章的相关要求实施。领导作用在组织管理体系的文件化信息中应体现为：组织年度“经营计划”（可以由一个或多个文件构成）。经营计划是组织的纲领性文件，以组织规模、产品和服务复杂程度的不同而不同。按组织愿景、理念、价值观和战略进行展开（一般应为5年及5年以上），建立经营方针，并进行年度展开。基于ISO 9001:2015新版质量管理体系等标准，如ISO/TS 22163:2017标准中的6.4“经营计划”条款对“经营计划”的要求进行了规定。组织应基于本组织战略展开方针管理，形成文件化信息及其管理和沟通方案（图3-4）。职能层落实经营计划的战略架构，如图3-5所示。

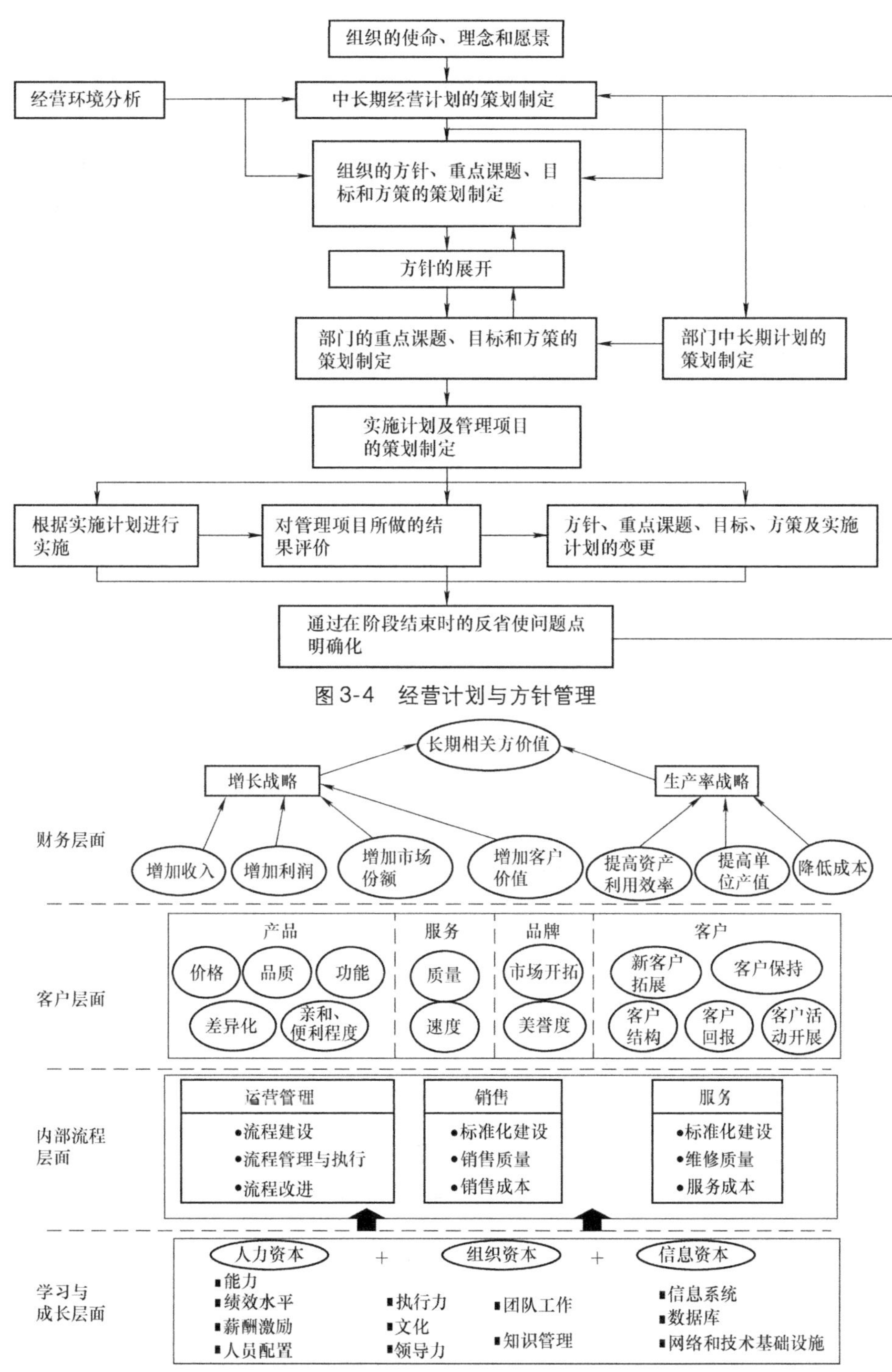

图 3-4　经营计划与方针管理

图 3-5　职能层落实经营计划的战略架构（基于 SWOT 分析法）

第二节　项目管理过程及管理要点

项目管理过程是在组织内或供应链管理中的重要过程。ISO 9000:2015标准给出了项目管理的定义：**对项目各方面的策划、组织、监视、控制和报告，并激励所有参与者实现项目目标。**

组织战略中的技术路线是产品和服务的更新换代，技术路线的落实是通过具体的产品和服务项目管理过程展开的。组织战略（技术路线）、项目管理与产品和服务实现过程的关系如图3-6所示。

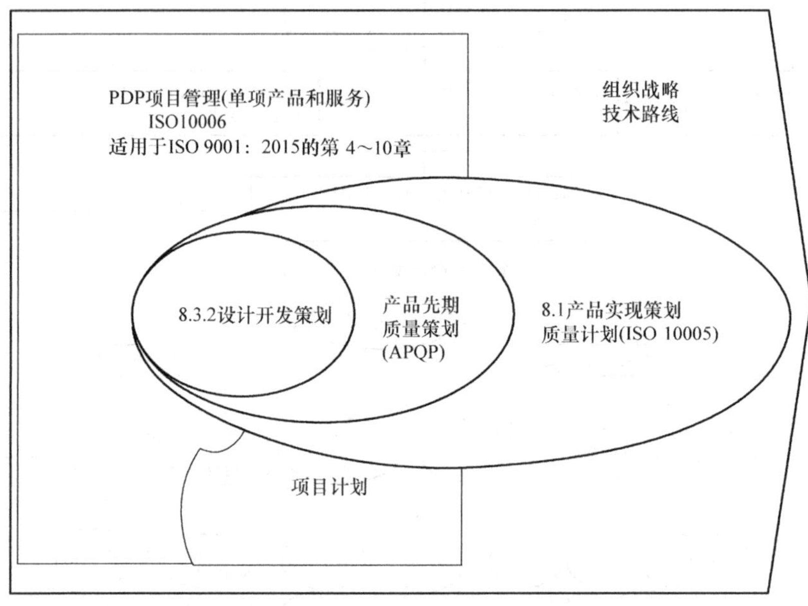

图3-6　组织战略（技术路线）、项目管理与产品和服务实现过程的关系

注：图中数字为ISO 9001:2015中的条款号

按“深入学习”的方法分为三个层次：第一层（底层）基础是组织战略（技术路线）部分。第二层（中间层）是项目管理（单项产品和服务）部分，是指在现阶段具体产品和服务项目管理的落实和实施。单项产品和服务的项目管理是组织（具有产品设计责任的组织）战略规划中技术路线的产品更新换代项目，或来自顾客（供应链中）要求的项目。比如，汽车整车厂要求其汽车供应链中的组织提供的产品和服务，必须能满足至少5年主机厂战略规划的要求，包括生产能力规划和降低

成本规划。第三层（上层）是产品和服务实现过程策划部分，划分为：产品实现策划——质量计划、先期质量策划（APQP）和设计开发策划。其中质量计划是产品实现过程与项目管理过程质量管理的接口；先期质量策划（APQP）是与项目管理过程时间管理（里程碑）的接口，是顾客需要看到的质量策划活动的时间排序。

项目管理的机制分为：项目部制和项目经理制。组织项目来源可能是顾客启动的，也可能是本组织发起的（如：有产品设计责任的组织）。

项目管理过程的绩效指标，按关键绩效指标（KPI）测量。项目管理的范围，应从组织对产品立项或投标阶段开始，直到产品和服务的质保期结束（即项目生命周期）。在项目管理的过程中，产品和服务在适用情况下，其安全完整性等级（SIL，Safety Integrity Level）水平必须被考虑。安全系统的 SIL 应该达到哪一级别，是由风险分析得来的，即通过分析风险后果的严重程度、风险暴露的时间和频率、不能避开风险的概率及不期望事件发生概率这 4 个因素综合得出。级别越高要求其危险失效概率越低。

在 ISO/TS 22163:2017 国际铁路质量管理体系标准中，将项目管理过程列到了产品实现策划（8.1 条款）阶段中，作为继投标活动后开展的重要活动。项目管理过程包括：整合管理（8.1.3.5）、范围管理（8.1.3.6）、时间管理（8.1.3.7）、成本管理（8.1.3.8）、质量管理（8.1.3.9）、人力资源管理（8.1.3.10 项）、沟通管理（8.1.3.11）、风险和机会管理（8.1.3.12），以及采购管理（8.1.3.13）。

项目管理过程要求**组织必须建立、实施和保持一个文件化过程以管理项目**。包括：①需求管理；②控制的类型和程度（组织可以依据风险和机会所规定的控制类型和程度，将项目进行分类）；③项目阶段和活动（如策划、执行、监视、控制和结束）；④里程碑和每个阶段的交付物，通过门方法来管理（每个阶段交付物可以规定在门检查表中）；⑤在阶段评审中（ISO/TS 22163:2017 标准中的 8.1.3.4），通过是否满足接受准则来做出决定（接收、有条件接收或拒收，其中有条件接收可以是有行动计划的接收），以确定授权进入下一阶段；⑥归零要求；⑦记录和控制开口项，并落实适当资源来关闭它们。

项目管理文件化信息，包括文件化过程、作业指导、报告或记录等，至少应涵盖如下内容：①项目管理要求在阶段评审决定拒收时，启动一个文件化升级过程，以促进问题的解决；②形成与顾客、关键外部提供方评审有关的 SWOT 分析报告或记录；③在项目结束期间，形成包含最佳实践方法和经验教训的报告及证实性证据等。

项目管理过程首先应进行整合管理，必须建立和实施一个项目管理计划，包括：①项目组织架构图（或体制图）；②项目目标、框架条件、分配的资源和排除的内容；③指定项目组成员的职责和权限；④指定项目执行中遵照的规则；⑤来自有关职能、现场和合作方的合作计划，使项目管理计划的实施协调一致；⑥各阶段交付物。项目管理计划中其他项目管理要求的辅助计划，应使用办公软件编制。

ISO 9000:2015标准给出了项目管理计划的定义：**规定满足项目目标所必需的事项的文件。**

项目管理范围管理，必须包括：识别项目要求（如时间、商务和技术）；明确工作范围；细化工作包（如工作分解结构WBS）；分配工作包到工作包所有者；按计划验证工作包。针对范围管理，项目管理过程应包括一个标准化的工作分解结构（WBS）。在项目管理范围管理中，项目部或项目经理应对产品和服务的设计开发活动要求和时间安排进行管理。设计开发是产品实现过程，不能取代项目管理过程。项目管理过程的范围取决于组织的业务模式。轨道交通行业是从投标阶段直至质保期结束；汽车行业则是到量产阶段或从量产阶段开始延长三个月。

项目管理过程的时间管理、质量管理、成本管理、人力资源管理，以及风险和机会管理等主要控制要求如下：

一、项目管理过程的时间管理

组织要确保项目的各项活动按预期的时间完成，以保证项目的准时交付，项目部或项目经理对以下活动的综合安排应形成项目时间管理过程，包括：①确定并排序活动；②估算活动所需的资源和持续时间；③考虑进度，参考过去的经验，将项目周期内容和外部提供方联合管理。项目部或项目经理应实施“项目计划”的项目进度管理，包括：①持续时间、开始、结束和工作包（包括外部提供方的）的相互关系；②计算关键路径；③为主生产计划提供输入等。组织在项目管理中不能改变顾客排定的交付日期，除非被顾客授权。组织实现项目交付执行的活动应满足包括供方在内的各工作包之间的相互关系、项目任务排序、所需资源需求及周期，以及关键路径的要求。项目部或项目经理按项目计划对活动进行排定和跟踪，对综合活动实施定期评审、控制和记录。

项目计划是综合性计划，需运用计算机软件进行编制，是项目管理的重要文件化信息，应贯穿项目的整个生命周期。其中关键路径或称为关键路径法（CPM），是预测整个项目期的网络图技术，是指项目完成时间最少的一系列活动。按活动时间及其衔接进行分析计算，且具有最小的浮动和时差。浮动和时差是指在不耽误后续活动或推迟项目完成日期的前提下，一项活动可推迟开始的时间，如图 3-7 所示。

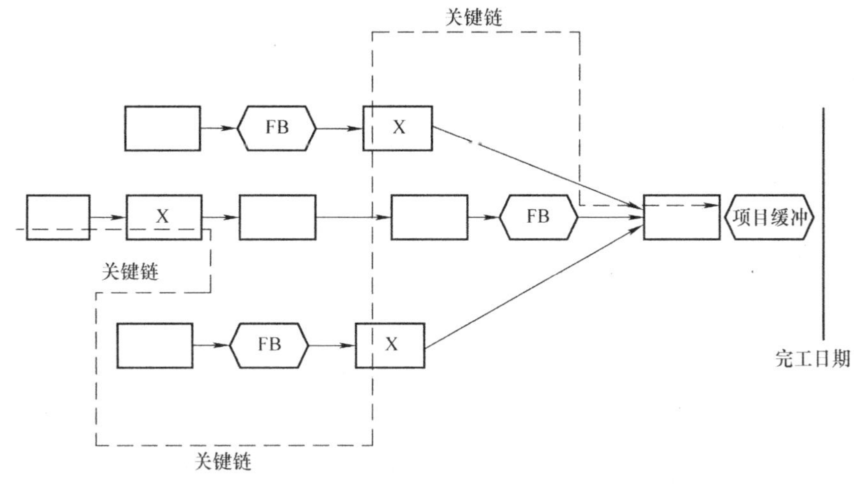

图 3-7　关键路径示例

注：X 为需要投入有限资源才能完成的任务；FB 为汇入缓冲。

项目部或项目经理对于项目实施中出现的时间控制偏差应识别和分析其可能的风险，并采取措施防止给顾客造成不利影响。在一般情况下，未得到顾客的批准或允许，交付时间节点或最终交付时间不得改变。项目时间管理的里程碑管理是串接项目的相关方、确保对最终顾客能够准时交付的基准。

二、项目管理过程的质量管理

质量管理是项目管理中的重要部分，是项目管理过程与产品实现过程的接口。在 ISO 9001:2015 标准附录 B 中给出了项目管理的质量管理指南（ISO 10006）与质量管理体系各章节的关联，见表 3-1。

表3-1 质量计划指南、项目质量管理指南和技术状态管理指南与质量管理体系要求之间的对应关系

其他标准	本标准条款（ISO 9001:2015）						
	4	5	6	7	8	9	10
GB/T 19015/ISO 10005		5.3	6.1，6.2	全部内容	全部内容	9.1	10.2
GB/T 19016/ISO 10006	全部内容	全部内容	全部内容	全部内容	全部内容	全部内容	全部内容
GB/T 19017/ISO 10007					8.5.2		

项目管理的质量管理与产品形成的文件化信息，即“质量计划”（见ISO 10005中的要求），可作为质量管理部分的实施证据。组织质量管理人员或咨询人员用“质量计划”取代“项目管理过程”或“产品和服务设计开发过程”都是不可取的，不能满足质量管理体系过程管理的要求。作为项目管理过程中的质量管理，可根据组织规模和项目质量要求的具体情况，采取不同的方法进行“质量计划”的编制。

组织必须确保项目按组织（或顾客）的要求进行，并满足项目要求的质量、项目交付期和项目成本等要求。项目质量管理过程必须做到：识别、澄清本项目及其各个阶段的质量管理内容，包括风险和机会；落实本项目及其各个阶段的质量管理执行和控制的职责和措施；确认本项目及其各个阶段的质量管理有效性结果并按计划按时进行交付（含阶段性的内部和外部成果物的交付）；在项目执行过程中当顾客或相关方有要求时，项目（或产品和服务）的变更需得到顾客的批准。

在项目管理过程中的供应商的质量管理，应确保按项目要求的质量、项目交付期和项目成本等要求实现最终交付。组织和项目责任人必须控制供应商的未关闭事项，配备适当的资源来管理相关的活动。在整个项目周期中，组织和项目责任人必须进行定期的项目评审（按项目计划），并形成文件化信息。

组织和项目责任人必须在项目计划中预先确定的项目阶段（或里程碑）进行阶段评审，评审内容应评估项目预先确定的项目阶段（或里程碑）的符合性及工作包的完成情况。在得到组织或项目责任人的批准后进入本项目的下一阶段。

组织和项目责任人为了保证项目计划和时程进度，必须运用项目管理的风险和机会管理过程（包括问题的风险定级及其对应的措施）来纠正评审中发现的问题或偏差（包括问题或偏差的风险定级及其对应的措施），并对实施结果的有效性进行确认。组织必须建立该项目的业绩评估过程，通过绩效指标来监控项目过程的进展和效率。

三、项目管理过程的成本管理

（一）项目成本计划和成本指标（KPI）

项目的成本管理是对整个项目周期的成本控制。一般由组织的财务部门负责，内容包括：①基于投标测算确定预算；②在成本科目架构内，分配预算到各自的工作包；③成本的定期控制，包括完成时的实际和估算成本。项目成本的绩效指标见表3-2。

表3-2　项目成本的绩效指标示例

KPI指标名称	××70%低地板车××项目	考核部门	××部
KPI计算公式	实际成本/预算成本×100%		
KPI考核标准	≤95%	××月份成本指标（预算）	295268元
信息来源	××月份产品生产阶段的成本报表		
KPI计算过程			
1. 根据××月份产品生产阶段的成本报表，汇总统计出公司XX月份产品生产阶段成本的完成比率。 2. 根据公式：实际成本/预算成本×100%，求出百分比。 3. 如果百分比≤95%则为合格，达成目标。否则视为不合格。 计算过程：产品生产阶段实际成本：270784元 公式计算：270784/295268×100%＝91.71% 4. 累计月度成本指标趋势图：（略）			
计算结果	91.71%	结果评价	目标达成，无负向趋势

项目成本管理过程的输入包括：项目成本计划和成本指标（KPI）、项目资金需求、工作业绩及绩效，以及组织过程资产等。项目成本管理过程的控制包括：按项目计划阶段收集成本信息、净值管理分析和成本变更管理。项目成本管理过程的输出包括：项目及阶段工作绩效的测量结果、项目进度和成本指标达成的预测结果。组织和项目责任人通过项目成本控制分析的结果，可能引发组织过程资产更新、项目计划的变更和相关项目文件化信息的变更。在进行项目成本预算时，首先要进行本项目管理阶段的分解和工作分解结构（WBS）的确定及划分。

（二）项目成本分解结构（CBS）与工作分解结构（WBS）

工作分解结构（WBS）是按层次将项目分解成子项目，再分解为更小的便于管理的工作单元（或称为工作包）和具体活动的一种方法。项目成本分解结构（CBS）是按与工作分解结构（WBS）和组织分解结构（OBS）相适应的规则进行的。应形成与诸项分解结构相对应的便于管理的账目分解结构（ABS，或财务账目表）来进行项目成本核算、考核。

以某组织的动车车身附件制造项目为例，该组织采取项目部制进行项目管理。该项目的范围是从立项至产品报废处理。该项目的成本控制范围是从立项阶段至量产阶段。

1）某动车车身附件制造项目的阶段划分：立项阶段、计划阶段、设计开发阶段、试生产阶段、量产阶段（含交付）和售后服务阶段。

2）某动车车身附件制造项目的工作分解结构（WBS）划分，如：项目部：项目管理；技术部：设计开发；采购部：外包采购；质保部：质量控制；人力资源部：人力资源；设备部：设备维护；物流部：物流配送；经营部：绩效管理；财务部：成本管理。

3）工作分解结构（WBS）示例（见表3-3）。

表3-3 工作分解结构（WBS）示例

WBS编号	活动名称	活动输入	活动内容资源描述	活动输出	工作量估算	责任部门	活动所需费用

4）WBS、OBS和CBS的构成关系。WBS、OBS和CBS的组合构成一个项目成本控制的控制机制，其中，WBS与OBS构成责任矩阵；OBS与CBS构成账户代码；WBS与CBS构成成本核算表，见表3-4。

（三）项目成本控制

1. 项目成本月度报告

项目部和财务部门按项目进度计划和工作包划分的项目成本控制形成月度报告，并核算。

2. 净值管理分析

净值成本是指在规定的时间内，工作单元（或项目）或已完成的活动所花费的成本与预算成本的比值。净值成本简称EV（Earned Value）。计划成本是指在规定的时间内，工作单元（或项目）或需完成的活动所花费的预算成本值。计划成本简称PV（Planned Value）。实际成本是指在规定的时间内，工作单元（或项目）或已完成的活动所花费的成本。实际成本简称AC（Actual Cost）。

表 3-4　WBS 与 CBS 构成的成本核算表

代码	任务名称	包含活动	工时估算/h	人力资源	其他资源	费用估算/元	工期/天	张×	李×	余×	王×
1.1	项目立项	项目可行性研究报告	40	5	—	1600	2	R	AS	I	AS
1.2		项目评估	48	6	—	2000	2	AS	AS	R	AS
1.3		标书制作	24	3	100	1100	1	AS	I	AS	AS
1.4		标书、图纸评审	24	3	—	1000	2	R	I	I	AS
1.5		投标	8	1	—	200	1	AS	I	AS	I
2.1	成立项目小组	组织机构图	4	1	—	60	1	R	AS	I	I
2.2		项目成员岗位职责任命书	8	1	—	320	1	AS	I	R	I
2.3		项目人员能力矩阵图	8	1	—	1280	1	R	AS	I	AS
2.4		项目启动会议	64	12	200	2560	1	R	AS	AS	I
3.1	项目的沟通管理	项目沟通计划	20	1		320	5	AS	AS	R	AS
3.2		项目会议	90	15	—	7000	1	R	AS	AS	AS
3.3		项目干系人清单	8	1	—	320	1	AS	I	R	I
4.1	项目的人力资源管理	人员需求计划	8	1	—	320	1	AS	AS	I	AS
4.2		培训计划	8	1	—	320	1	AS	AS	AS	I
4.3		人员培训	156	8	3000	4000	7	AS	AS	AS	I
5.1	项目的时间管理	项目进度计划	16	1	—	640	1	R	AS	AS	AS
5.2		项目进度计划更新	16	1	—	640	1	R	AS	AS	I
6.1	项目的成本控制	项目成本费用预算表	24	1	—	1000	4	AS	AS	AS	AS
6.2		项目的实际费用	16	1	—	640	2	AS	AS	AS	AS
6.3		费用对比分析	8	1	—	320	1	AS	AS	AS	AS
合计					5300	3115710					

注：表中 R 为负责；AS 为辅助；I 为通知。

净值管理分析是用上述三个值进行综合评价，其综合评价的结果可以显示出项目管理进度按计划完成的测量结果。

成本偏差 CV：成本偏差 CV = EV（净值成本）– AC（实际成本）

进度偏差 SV：进度偏差 SV = EV（净值成本）– PV（计划成本）

当进度偏差 SV 值为负数时，表明提前完成进度计划；当 SV 值等于零时，表明符合项目计划要求。

当进度偏差 CV 值为正数时，表明项目进度推后，不符合项目计划要求。项目责任人根据财务部门的报告分析结果，针对存在的问题采取有效措施进行改进。

成本绩效指数 CPI：成本绩效指数 CPI = EV/AC（净值成本/实际成本）

当成本绩效指数 CPI 值为正数时，表明项目成本绩效在合理的范围内，节约成本有收益；当 CPI 值等于零时，表明项目成本绩效达标；当 CPI 值为负数时，表明成本绩效未达标，当有负向趋势时（成本绩效值 KPI 为负趋势），该过程可视为不符合过程，项目责任人应进行绩效分析，原因分析，并制定有效的措施加以改进。

四、项目管理过程的人力资源管理

组织应组成项目团队并指定责任人（或项目经理），人员必须具备能力，包括：确定项目岗位职责（如项目经理、项目采购员和项目质量经理等）；与业务过程职能相对应的职责、报告关系和人员授权（如财务批准权、利润和损失责任等）。指定责任人依据项目管理的规定要求来管理项目团队。组织必须建立、实施和保持一个人力资源计划，该计划必须包括：指派核心团队成员和人员分配（见图 3-8）。

在项目人力资源管理中，应建立人员能力管理文件化过程。对于项目经理和核心团队成员需确定其具备必要的能力和相关的级别，如：项目组成员应具备熟练使用项目管理应用软件的技能、具备团队协作能力和沟通能力。负责项目质量管理、风险和机会管理、交付产品和服务的项目组成员应具备熟练级以上的岗位能力。

（一）项目作业人员的能力评价

项目作业人员需进行多能工评价，以确保在项目实施过程中，当某些工位的员工有变动时，可以应用多能工快速补充，增加生产人员安排的弹性。组织必须有计划地实施多能工培训和储备，应做到一岗多能、专岗多人。组织同时也要建立相应的多能工激励机制，以激励员工多能化的需求和动机。作业人员需进行多能工评价以确定其岗位（工序）胜任能力，见表 3-5 和表 3-6。

（二）项目岗位人员的能力评价

项目责任人（或项目经理）应具备指导级以上的能力。主要工作区域（或项目有关部门）的参与人员应具备熟练级以上的岗位能力。人力资源主管部门应制定相关人员的能力评价等级，包括对应的受教育程度、工作经验、专业技能和相关培训；还应包括应具备的知识和技能，并应形成人员能力评价文件化信息。应该注意的是，人员能力评价是对胜任能力的评价，不是绩效评价，两者不能混为一谈。人员能力级别一般分为五级：了解、掌握、熟练、指导和创新级别，根据组织及项目（或产品和服务）的复杂程度和技术要求不同，界定各级能力的内容也应不同。具体各类岗位人员均应制定规定的能力评价内容，下面以某工程人员的能力要求为例，见表 3-7。

表 3-5　某组织焊接班组的多能工评价表

焊接×班多能工统计											
序号	姓名	班组编号：SD22. 23									多能化率
		上顶	底基	组对	小件	变位机	门子焊接	门子安装	修磨	SD16 门子	
1	刘××	●	●	●	●	●	◔	◔	●	◐	77. 7%
2	李×	●	●	◕	●	●	◔		●	◐	72. 2%
3	龙××	◔	◔	◔	◔	●	●	●	●		55. 5%
4	田×						●		◐	●	25. 0%
5	黄××	●	●	◐	●	●	●	◔	●	●	86. 1%
平均值											63. 3%

表 3-6　多能工评价标准

序号	标示	技能评价标准
1	◔	在规定的时间内完不成作业，有不良情况
2	◐	在规定的时间内勉强完成作业，极少有不良情况
3	◕	在规定的时间内能完成作业，无不良情况
4	●	在规定的时间内能充分完成作业（有时间自主检查）

质量管理体系过程中应建立能力管理过程，并进行有效管理。

服务型组织人员能力评价应制定相应的能力评价准则，见表 3-8。

（三）建立项目管理体制图

组织应建立满足项目沟通管理的体制图，包括项目职责、从属关系和报告送达等内容，如图 3-8 所示。

表 3-7 能力评价专业和管理序列矩阵表

设计人员能力调查表

调差对象：xxxx

以 ○ 记号记入

能力级别的定义

级别	定义
了解	学习过此项能力，并具备本岗位的基本要求
掌握	此项能力不能完全活用在业务上，在本岗位能独立工作
熟练	此项能力能完全活用在业务上
指导	此项能力不但能完全活用在业务上还能传授给他人
创新	此项能力能完全活用在业务上，并有创新

项目	了解	掌握	熟练	指导	创新
NW机器					
助火墙					
助火墙的工作原理				○	
网络连通基本配置					○
VPN配置(背靠背、12TP、IPSec)					○
根据用户需求独自完成策略设定					○
防火墙冗余配置				○	
防火墙底层故障原因分析处理				○	
L3核心交换机					
基本配置(登录安全设定、静态路由、口令恢复、IOS更新等)				○	
VLAN设定				○	
IP地址规划(包括可变长子网掩码)				○	
根据需求独立完成设备的配置			○		
ALC(访问控制列表)配置			○		
交换机底层故障原因分析及处理		○			
路由器					
广域网协议配置(HDLC,PPP,X.25,Prame Relay,ISDN,PSTN)			○		
路由协议配置(RIP、IGRP、OSPF、重新分配路由、IPX协议配置)			○		
服务质量及访问控制(QOS、ALC)		○			
备份路由配置					○
基本的设置方法(Console、Aux、telnet)					○
IP地址规划(包括可变长子网掩码)				○	
交换					
硬件支持					
Polvcom基本设置					○
Polvcom基本故障分析及对应				○	
复合机基本设置					○
复合机基本故障分析及对应				○	
PBX基本设置	○				
PBX基本故障分析及对应	○				
帮助平台、电话服务中心					
问题区分能力					○
问题解决能力				○	
DS					
Windows服务器OS					○
Windows客户端OS					○
Solarls			○		
AIX	○				
Linux					○

项目	了解	掌握	熟练	指导	创新
网络					
网络构筑(SI工程)					
设计				○	
构筑				○	
设备选定					○
调试					○
排除故障				○	
网络技术					
LAN、WAN					○
VPN、无线LAN					○
通讯协议		○			
无线上网、宽带			○		
其他技术		○			
产品					
Sniffer				○	
Cisco				○	
Netscreen					○
数据库					
Oracle					
设计		○			
备份&复原		○			
调试		○			
运用·管理		○			
排除故障	○				
SQL Server					
设计			○		
备份&复原				○	
调试				○	
运用·管理			○		
排除故障			○		
Applfcatlon					
Office系列(Access/VBA)		○			
AutCAD	○				
基于MOSS的开发	○				
Notes	○				
监视系统				○	
考勤系统	○				
其他					
制作用线					
制作普通双绞线					○
基本布线技术			○		
MDF/IDF配线工程	○				
模块配线工程	○				
DA维护及其它					
LAN故障分析对应				○	
WAN故障分析对应			○		
PC机软硬件故障对应					○
打印机故障对应				○	
UPS					
选型以及导入				○	

项目	了解	掌握	熟练	指导	创新
程序开发					
脚本程序					
Per1/CGI	○				
VB.6.0	○				
VB.NET	○				
MS.C++	○				
C++.NET	○				
C#.NET	○				
其他	○				
Java					
E.IB	○				
Servlet	○				
12EE	○				
Java.Servlet	○				
JSP	○				
EJB部件	○				
moblle	○				
其他	○				
服务器					
RAID构建设置					○
OS安装及配置					○
WEB服务器的配置				○	
Mail服务器配置					○
防病毒服务器的构筑					○
Windowm主要固定应用					
AD			○		
Exchange		○			
FileServer					○
SharePoint(MOSS)	○				
ISA	○				
SMS	○				
Wlndows Cluster	○				
存储备份					
DlskArrav				○	
DAT磁带机				○	
LTO磁带机				○	
VTL	○				
NAS					○
SAN			○		
Veritas				○	
Netvault		○			
ARC	○				

表 3-8 某品牌汽车销售人员能力评价准则

能力级别	代表阶段	等级水平描述
5	领导阶段 （创新）	极高的能力水平，在该方面可以作为他人的榜样。在知识技能方面能够引申与创新，能够确定技能的发展趋势并创新地运用。能够有创新性地解决此领域最复杂和困难的问题。能够代表公司和外部专家进行交流。通常是此领域公认的专家和资源

（续）

能力级别	代表阶段	等级水平描述
4	指导阶段 （指导）	很高的能力水平。能够指导他人在能力方面的发展，对知识技能有非常完整的了解与掌握。能够应用知识技能的原理和过往的经验，解决非常复杂的问题。提供并传授知识，就知识和技能问题进行指导与培训
3	扩展阶段 （熟练）	较高的能力水平。能够有效地运用所掌握的能力和知识技能进行工作。能够解决困难的问题 能够相当独立地开展工作。可以向他人传授一些知识和提供技能指导
2	应用阶段 （掌握）	一定的能力水平。基本掌握或具备工作所需的能力、知识技能，并能将其运用到工作中去。能够独立工作，并解决简单或明确的问题
1	学习阶段 （了解）	入门初始者。对工作所需的能力、知识与技能只有概念性的和基础的了解。需要在他人的帮助下进行工作，并学习相关领域的能力、知识与技能

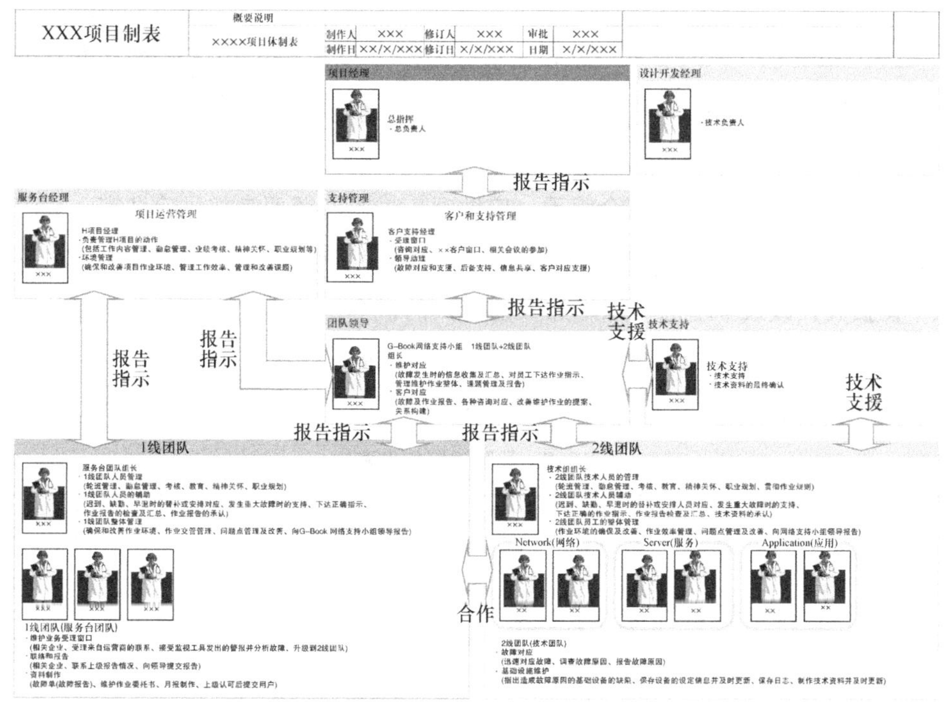

图 3-8　×××项目管理体制图

五、项目管理过程的风险和机会管理

组织的项目风险和机会管理过程，必须定性和定量地识别项目中的风险和机会。

项目部或项目经理按项目计划的逐项活动内容，进行识别和分析本项目的风险和机会。项目责任人在编制“项目计划”时，应按项目的时间顺序将其准确详细地输入到软件（如 office project）中，以形成可用的“网络图”界面（见图3-9）。确定项目风险和机会管理的时机，包括产品和服务实现策划阶段与产品和服务实现阶段的不同风险识别和控制方法的确定。

项目责任人应关注项目风险管理的策划结果，包括：成本影响（Cost Impact）、计划成本（schedule Cost）、执行影响（Performance Impact）、质量影响（Quality Impact）、可能性（Probability）、干预难度（Intervention Difficulty）和精确度（Precision）等方面的可能性（Probability）及产生的影响（Impact）等。项目责任人应对各项影响因素采取1~5级评分，确定各项风险所对应的评估等级后，形成风险矩阵。

组织应建立项目风险管理过程，包括：①应用ISO 9001:2015标准6.1规定的要求；②建立、实施和保持一份登记了包括风险和机会的财务分析；③保留风险和机会管理的成文信息。

项目责任人针对风险和机会管理，应做到：①职能经理参加风险评审；②考虑与顾客所商定产品的功能和集成成熟度，作为风险管理的输入；③管理成本节省（以平衡损失）或成本增加（以增加保证金）的机会，尤其是为了预防项目预算恶化。（见ISO/TS 22163:2017标准8.1.3.12中的要求）

1. 进行风险识别信息的收集（见表3-9）

表3-9 风险识别信息表

序号	过程活动	日期	过程所有者	风险因素	风险评估						措施制定		进度		实施验证		
					类别	时态	状态	严重度	频度	风险等级	反应计划	责任人	起始时间	完成时间	措施实施	责任人	措施人

2. 风险因素的优先级排序

按风险识别和规定进行风险因素优先级排序，并形成记录，见表3-10。

表 3-10 风险识别信息表

优先顺序（编号）	风险标题	风险类别	风险评估						
			风险背景	驱动因素	风险来源	时间框架	可能性等级	后果	风险影响

3. 形成“风险评价表”及矩阵

在确定关键路径的基础上，按图 3-9 所示的项目计划（Office Project 软件）中的网络图，表述的活动顺序，将识别分析出来的潜在风险不利因素，按流程活动区域形成对应的“风险管理表”（见表 3-11），在风险管理表中应表明该工作活动区域潜在风险不利因素的风险等级（高、中、低）及措施。

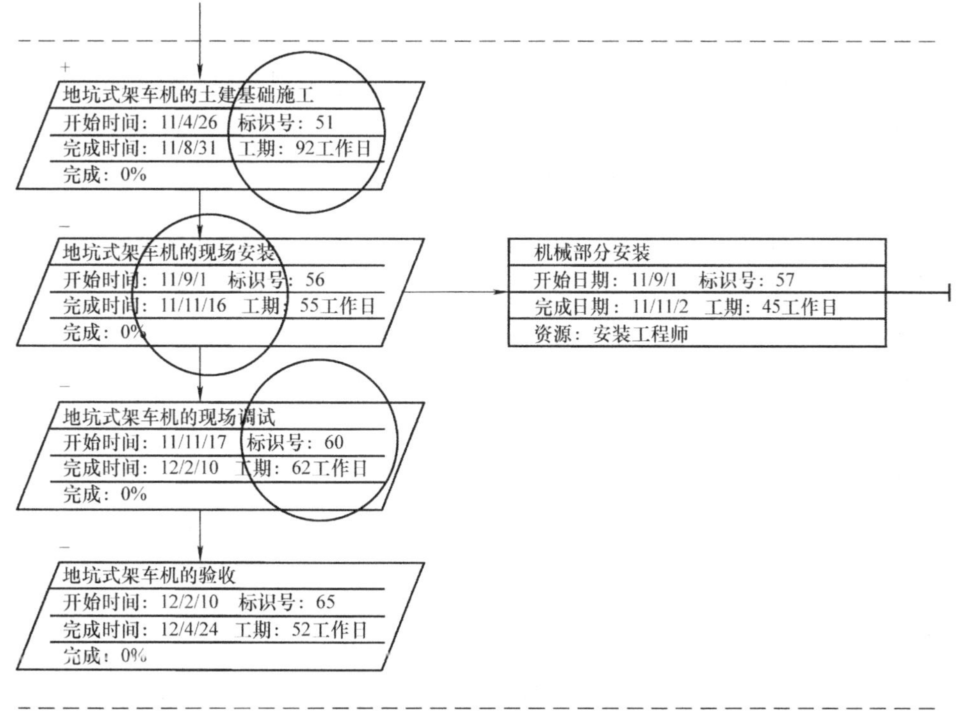

图 3-9 项目计划（Office Project 软件）中的网络图关键活动域（局部）

项目组应对项目计划（见图 3-9）中圆圈所示部位的关键过程活动域逐项进行风险分析，并形成一一对应的“×××风险管理表”（见表 3-11），其中包括措施及验证结果，确保风险管理的有效性。

表 3-11　风险管理表

				等级	1	2	3	4	5	
项目		风险拥有人		成本影响				×		
风险号		部门		计划成本			×			
风险验证人		协调者		执行影响			×			
开启时间		风险状况		质量影响		×				
风险描述(3C—条件，原因，结果)				可能性		×				
				干涉难度				×		
				精确度			×			
风险关闭标准/关闭状况		关闭日期								
				风险评估指数						5
										4
								M		3
										2
										1
减缓计划		执行人	行动最终期限		1	2	3	4	5	
每周评论输入		备注人	评论日期							

由项目部或项目经理负责风险评价、审批风险因素识别及相关措施。项目责任人负责实施并监控实施结果，定期或及时进行报告。

4. 风险管理绩效评价与风险管理改进

项目经理负责定期评价风险管理绩效。指定责任人必须记录风险对策或改进机会，如顾客或相关方要求应向顾客或相关方报告等（见表3-12）。

表 3-12　风险控制措施的实施及验证

序号	过程活动	日期	过程所有者	风险因素	措施制定			进度计划		实施验证			风险再评价及措施			
					风险等级	反应计划	责任人	起始时间	完成时间	措施实施	责任人	验证人	严重度	频度	再评价等级	跟进措施

项目经理负责定期对潜在风险不利因素及措施的有效性实施再评估（如果在项目评审期间）、定期进行项目管理评审，以及对项目生命周期过程中的更新进行动态管理。项目经理指定责任人负责评审、实施和验证措施并形成文件化信息归档保留，在组织内应按规定的沟通方式交流分享经验和教训，作为知识管理的一部分。项目经理负责该项目风险管理过程的有效性评价，提供证实性证据证实该项目产品和服务的功能和产品风险的危险程度（风险定级），确保本项目在生产控制程序实

施执行中，对已识别的风险能进行缓解或规避。组织质量管理体系的项目风险管理过程必须做到务实、有效。

六、项目管理过程与设计开发过程

项目管理过程与设计开发过程是组织质量管理体系过程中的关键过程，分别被ISO/TS 22163标准列为K. O（否决）过程。在组织实施项目管理的过程中，应考虑本项目生命周期和产品生命周期的关联，先进行项目管理的总体策划形成“项目计划”（包括里程碑管理），再进行产品质量实现过程的策划。

产品和服务设计开发过程与项目管理过程的衔接主要体现在项目的时间节点，即里程碑管理。无论组织是否具有产品和服务设计开发的责任，只要不是项目发起者（如原始设备制造商，OEM），其设计开发的过程必须遵照项目计划中的里程碑时间点完成各阶段工作（见图3-10）。

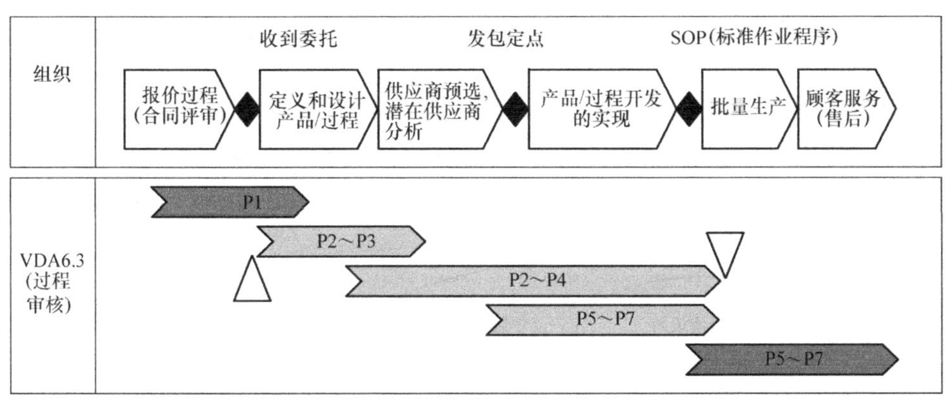

图3-10　项目管理过程与设计开发过程的应用范围及关联

注：图中，P1为潜在供应商分析；P2为项目管理；P3为产品和过程开发的规划；P4为产品和过程开发的落实；P5为供应商管理；P6为过程分析/生产；P7为客户关怀、客户满意和服务。图形重叠部分表示与过程之间的同步工程。其中设计开发过程包括图中的P2～P3和P2～P4，符号△表示项目开始；符号▽表示项目结束。

组织一般在项目管理过程的项目立项阶段，就考虑到产品和工艺方案，将设计开发过程视为项目管理过程的一部分，是重点管理过程。在设计开发过程中的设计开发策划（ISO 9001:2015标准8.3.2条款）活动，是设计开发计划和具体活动的安排，并依此开展相关设计活动。设计开发策划不充分或设计开发过程与项目管理过程相互取代的做法会造成浪费和潜在质量风险。往往我们见到的设计开发策划文件化信息仅为时间安排表，不注重与项目相关联系的设计活动的具体安排，以及项目管理生命周期与设计开发过程应用的范围及关联。严格意义上讲产品和服务设计开发是独立的技术管理体系，基于ISO 9001:2015新版质量管理体系中的设计开发部分（8.3条款）仅规定了产品和服务设计开发与质量管理体系接口的控制要求。

基于ISO 9001:2015新版质量管理体系中项目管理过程与产品和服务设计开发过程的接口，是按项目管理中质量管理的“质量计划”展开的，以“产品先期质量策划”（APQP）规定的活动要求和时间节段的安排落实，“质量计划”和“产品先期质量策划”（APQP）应与项目管理的里程碑管理保持一致，是同步工程，以确保对顾客的准时交付。

第三节　产品和服务实现策划过程

一、产品和服务实现策划

产品和服务实现策划过程是一个重要的过程。在质量计划的框架下，用“产品先期质量策划”（APQP）结构性的策划，将该项目要求按时间顺序（里程碑管理）和阶段活动内容形成文件化信息，如图3-11所示的策划活动的包容关系。

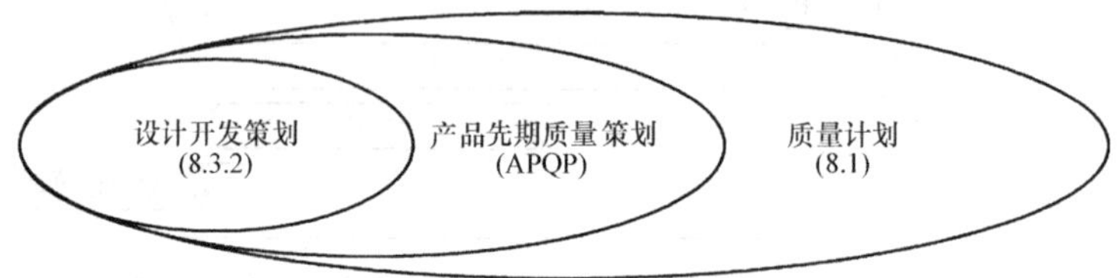

图3-11　产品和服务实现过程关联示意

注：图中“8.3.2”和“8.1”为ISO 9001:2015标准的条款。

（一）产品和服务实现策划的要求

在产品和服务实现策划中，最高管理者应确保产品和服务实现策划的相关岗位人员的职责和授权得到分配、沟通和理解；确保顾客要求得到体现，包括特殊特性的选择、质量目标制订和相关的培训；确保产品符合性要求人员有权在发生质量问题时停止装运和停止生产；确保对不符合要求的产品或过程由负有职责和授权的人员立即进行处置，确保不合格品不发运给顾客，并对所有潜在不合格产品进行识别和控制。

策划时，组织的职能部门和相关责任人应该进行风险和机会的识别及相关措施的落实，持续进行风险分析的内容包括：潜在和实际不符合的反馈、退货及维修、投诉、报废，以及返工产品的风险分析，确保生产输出的产品满足顾客要求；识别和评价基础设施及设备内外部的风险，并制订应急计划；根据风险对顾客的影响制订应急计划；确保在关键设备故障、供应链中断、自然灾害、公共设施中断、劳动力短缺、基础设施破坏的情况发生时，能够按计划连续地供应产品。

组织的职能部门和相关责任人应确保产品实现过程的质量目标的策划和实现，顾客特殊要求所需的质量目标应在组织中的职能、过程和层次上得到定义、制订和保持。组织最高管理者需确保产品和服务实现所需的资源的提供，包括：现有的内部资源能力和约束、需要从外部获取的资源和所需的人力资源等。

组织的职能部门和相关责任人在产品和服务实现策划时，需确定监视和测量的对象，确保监视和测量及评价方法的有效结果。职能部门和相关责任人需策划监视和测量的时机，分析和评价监视和测量结果的时机，以提供证实性的证据表明产品和服务的符合性、有效性，以及管理体系过程绩效的达成。

职能部门和相关责任人在进行产品和服务实现策划时，对不合格及其纠正措施的有效控制应进行规定，包括出现的不合格和投诉引起的不合格。相关职能部门和责任人应定义一个文件化的有效解决问题的过程，内容包括：对不合格产品和服务必要的遏制、采取临时措施和相关活动控制其输出；相关责任人对不合格产品和服务产生的根本原因进行分析并实施系统性的纠正措施，实施有效性验证，并评审和更新过程文件（如 FMEA 和控制计划）。组织质量管理体系中应建立一个有效实施防错和实施预防措施的过程。

数字化制造的产品实现策划是以系统工程中工程环境的解决方案呈现的，但离不开上述的策划活动的过程及内容。

（二）产品和服务实现策划的过程

产品实现的策划活动应基于本组织质量管理体系及其业务过程，并与本组织质量管理体系的要求相一致。产品和服务实现策划过程的内容包括：

1. 产品和服务实现策划过程的输入

相关职能部门确定项目需求及要求、项目计划和里程碑。

2. 产品和服务实现策划过程的活动

相关职能部门和责任人应确定以下方面的策划内容：产品和服务的质量目标和

要求；针对产品和服务确定过程资源的需求；产品和服务所要求的验证、确认、监视、测量、检验和试验活动，以及过程接收准则；产品和服务接收准则；按照过程接收准则和产品接收准则进行过程控制。以适于组织的产品和服务实现策划的运作方式，确定在需要的范围和程度上策划的输出形式，以提供按策划实施的相关文件化信息及其产品和服务满足要求的证实性证据。

组织应该确定相关职能部门和责任人执行和管理的关键过程，如顾客导向过程和顾客满意相关过程。相关职能部门和责任人应控制策划的更改，采取措施消除因更改产生的不利影响，识别和确定外包过程并进行控制。

3. 产品和服务实现策划过程的输出

相关职能部门和责任人负责“质量计划”及其展开；先期质量策划（APQP）结果及相关文件化信息的编制、批准和发布。组织质量管理体系的产品和服务实现策划过程的文件化信息，包括：项目计划及其里程碑管理的信息，以及“质量计划”中的展开及对产品和服务的管理要求。仅提供按时间排序进行产品和服务实现策划的文件是不充分的，还必须涵盖关键特性、关键过程、材料确认和控制方法，落实相关责任部门和授权人员。

（三）“质量计划”编制的示例

××型地坑式架车机质量计划（示例）

1. ××型地坑式架车机产品的设计、制造、现场安装、调试和服务质量，应满足客户及法规要求，制订本质量计划。

2. 范围：适用于××型地坑式架车机产品的设计、制造、现场安装和调试控制，包括资源提供、工作要求及外包过程的控制。

3. 项目来源：××轨道车辆1号线工程。

4. 质量目标：挠度、同步误差、垂直度、举升重量、故障率、交付及时率、成本及目标值。

5. 管理职责：机构图（略）

6. 人员分工：（略）

7. 文件和资料控制：按“文件控制程序”和本组织的管理规定实施。

8. 记录控制：按“记录控制程序”和本组织的管理规定实施。

9. 资源

1）资源提供：确保项目实施所需的资金保障及设备设施的配备。

2）关键件与材料：①机械部分：举升梁、举升柱、丝杠、螺母、拖头；②电器部分：PLC 可编程控制器、传动电机、旋转编码器、伺服控制器。

3）嵌入式软件部分：控制软件：软件工程化、CMMI（能力成熟度模型集成）成熟度定级。

4）材料：结构钢、铝青铜。

对机械部分关键件进行有限元分析、应力试验和首件检验。电器部分和软件部分在安装调试中进行过程确认。

5）人力资源：行管部负责提供项目所需人员的配备和考核。

6）基础设施和工作环境：生产部负责产品生产所需设备设施的管理和工作环境的保障。研发部负责产品设计所需应用软件的维护和管理。

10. 工作要求：按“××轨道车辆1号线工程实施及运营要求”中的条款执行，包括：

1）质量控制：（以下各项应按组织控制要求进行详细展开）。

2）进度控制：应与项目计划时间安排和里程碑管理保持一致。

3）文件控制。

4）接口控制。

5）设计控制。

6）生产过程控制。

7）检验和试验。

8）供货运输仓储。

9）培训。

10）质量保证（详见项目计划）。

11）顾客沟通：按接口控制进行管理，包括进度计划、协调会议、设计开发策划和解决方案。

11. 设计开发

设计开发过程：按“设计和开发控制程序”进行控制，关键控制设计输入和设计确认。

设计开发更改控制：按“变更管理程序”进行控制，包括内部变更和顾客变更。

产品可靠性：按“RAMS管理程序”进行控制，包括维修性、可用性和安全性评价确认。

12. 采购控制：按“采购过程控制程序”进行控制，包括外包过程。

13. 生产和服务提供：按“生产和服务提供控制程序”进行控制，其中关键过程包括：复测预埋位置、安装基准测量、首件检验、现场安装、现场测量、零部件进货检验、标识、整机安装、现场调试、现场确认、培训、作业指导和故障处理。

特殊过程按“采购过程控制程序”进行控制。

14. 标识和可追溯性：按“生产和服务提供控制程序”8.5.2条款进行控制。

15. 顾客财产：按“生产和服务提供控制程序”8.5.3条款进行控制。

16. 产品防护：按“生产和服务提供控制程序”8.5.4条款进行控制。

17. 不合格品控制：按“不合格品控制程序”进行控制。

18. 监视和测量：按“生产和服务提供控制程序”7.1.4条款进行控制，包括控制软件检查表确认。

19. 风险和机会分析：项目过程按“项目风险管理程序”进行控制；生产实现过程按“风险管理规范”（基于FMEA）进行控制。

20. 内部审核：按“内部审核控制程序”进行控制。工程临时变更按4M管理，应进行分层审核。

（注：应用本示例时应结合本组织业务过程展开相关内容。简单产品也可按表格形式编制）

二、产品和服务的质量先期策划（APQP）

IATF 16949：2016标准第3章中产品质量先期策划（APQP）的定义为：对开发某一满足顾客要求的产品或服务提供支持的产品质量策划过程。APQP对开发过程具有指导意义，并且是组织与其顾客之间共享结果的标准方法，各阶段的活动，按项目时间管理的排序的方法，APQP涵盖的项目包括设计稳健性、设计实验和规范符合性、生产过程设计、质量检验标准、过程能力、生产能力、产品包装、产品试验和操作培训计划等。

（一）APQP的基本原则

多方论证：组织建立跨职能的APQP小组，建立组员间的沟通联系机制，如举行定期会议。工作内容为确定产品实现范围，主要目的是识别顾客需要、期望和要求。

确定范围：组织确定范围的目的是确保 APQP 小组能在早期识别顾客需求、期望和要求。

顾客与组织参与：APQP 是顾客发起并按项目管理进度安排的工作内容时间排序安排。组织进行 APQP 过程管理，包括供应链中的 APQP 安排和控制。

同步工程：同步工程是 APQP 小组为实现同一目标实施的并行过程。可缩短开发周期，降低开发成本，加快优质产品的引入。在数字制造过程中可应用多种技术实施同步工程，如：产品数据管理（PDM）、计算辅助设计与制造（CAD/CAM/CAE）、可制造性与装配设计等。

图 3-12 中示出的 APQP 的 5 个阶段之间均存在同步工程的安排，图中的箭头表示同步工程的节点。

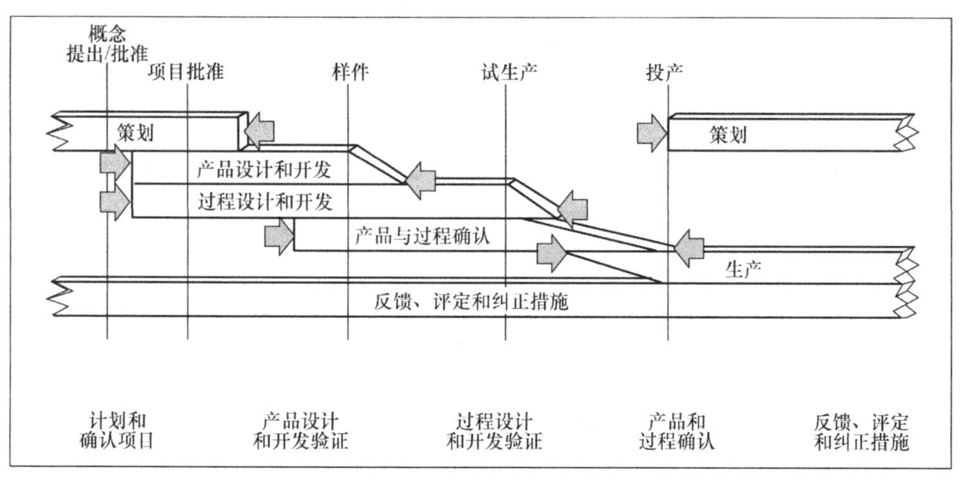

图 3-12　APQP 同步工程

有效的培训：APQP 的成功依赖于有效的培训方案，来确保所有活动的人员能达到要求并具备设计开发技能，使产品和服务的结果满足顾客需要和期望。培训内容包括：潜在失效模式及后果分析（FMEA）、统计过程控制（SPC）、测量系统分析（MSA），以及组织在产品实现过程中需要计算机技术和相关培训。

产品质量策划 PDCA 循环：是 PDCA 循环概念在产品质量策划中的应用，持续

改进是 APQP 循环的目的，详见《产品先期质量策划》（AIAG 第 2 版）

计划性：产品和服务实现的时间进度，以及进度计划和项目计划的里程碑管理接口安排，见表 3-13。

表 3-13　产品和服务实现 APQP 的进度计划

分区	2014年												2015年											
	01	02	03	04	05	06	07	08	09	10	11	12	01	02	03	04	05	06	07	08	09	10	11	12
OEM日程	量产图纸 (1/15)		PROTO (3/3)				M/C (7/31)		LP1 (9/1)			LP2 (12/1)	SP2 (1/1)	SOP (2/15)										
过程	模具制造；检具承认				量产模具T/O			模具移交	模具T/O		DIMS OK (11/10)	ISIR提出；工程检查 (12/10)		S.O.R (2/15)		开始量产								

控制计划：APQP 针对质量特性的产品和服务质量一致性的控制方法，包括：设计开发样件、试生产和量产阶段的控制计划，是 APQP 活动阶段的产品和服务质量一致性控制的重要文件化信息输出。

样件（3D 模型和实物件）控制计划：按样件（产品）结构（或初始流程）展开的对产品结构、尺寸、测量系统、材料和性能试验等进行规定和控制。

试生产控制计划：在样件（实物件）和过程确认结束后，批量生产前按工艺流程进行的小批量试生产的控制计划，关注尺寸、测量系统、材料和性能试验，以及工艺过程的统计特性（初始研究）和维护。

量产控制计划：在生产件（首件）确认和生产准备验证后，批量生产的控制计划，关注产品和过程特性及过程控制（统计过程状态）、试验验证和维护、交付。

问题解决：组织应实施有效的问题解决过程，形成文件，包括：问题通知 、问题识别、遏制（围堵措施、失效模式分析、根本原因分析、选择和实施纠正行动、控制和标准化）。选用能有效解决问题的统计工具，如图 3-13 中的 DFMEA（设计 FMEA）、PFMEA（过程 FMEA）；SPC（统计过程控制，分为初始研究和长期研究)；MSA（测量系统分析，与 SPC 同步应用)。还包括：防错技术、8D 问题求解法、DOE（试验设计)、QC 工具应用、QFD（质量功能展开)、可制造性和装配设计等。

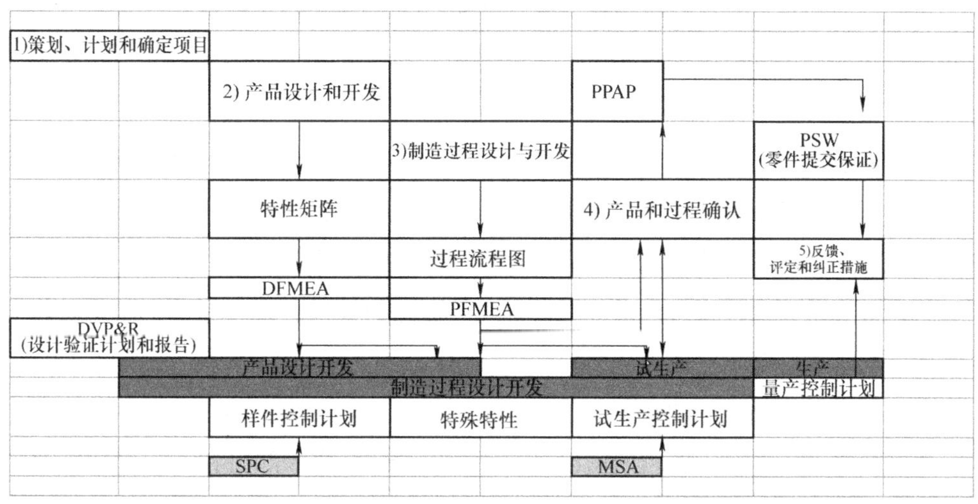

图 3-13　APQP 阶段的工具应用

（二）产品和服务实现先期策划各阶段的要求（见图 3-13）

第一阶段：策划、计划和确定项目。

第一阶段输入：来自于用户的有关需求和期望（顾客呼声)，包括：

1）组织的经营计划和市场战略：产品和服务的项目投资，产品定位、开发及资源提供，年度经营计划展开（包括经营目标和质量目标等)。

2）产品和过程的指标：确定标杆和差距分析、制订计划。

3）产品和过程的设想：新技术、新材料、可靠性评估、产品和制造过程方案，以及产品可靠性研究。

第一阶段活动：销售、技术部门和指定责任人按输入内容进行工作展开，形成产品和服务本阶段的文件化信息，包括：

1）将顾客呼声和需求转化的目标；

2）可靠性和质量目标：顾客需求期望及项目目标、产品和服务质量目标的确定（标杆)；

3）编制初始材料清单：初始过程流程图（结构框图或初始步骤框图)；

4）特殊产品和过程特性的初始清单：顾客确定特性、可靠性指标、产品（系统和零部件）特性及其过程（系统和零部件）特性清单；

5）确定关键特性和关键制造过程等。

技术部门和指定责任人按项目要求和质量计划要求，规定达成设计目标、达成可靠性指标的要求，制定风险评估及措施要求，规定 FMEA 的运用要求，建立工程标准和准则的要求等。

第一阶段输出：职能部门和指定责任人按技术状态管理的功能基线阶段要求，按项目管理要求完成设计任务书及相关技术文件化信息，有效实施项目风险评估的措施，规定 FMEA 的运用要求，建立工程标准和准则的要求等。

管理者支持：由授权管理者对项目时间、资源的提供、人员保证，以及阶段性结果等进行审批后转下阶段。

第二阶段：产品设计和开发。

第二阶段输入：第一阶段的输出（见上文）。组织技术部门和指定责任人对口展开产品和服务设计开发策划结果；组织产品和服务设计开发输入及评审。

第二阶段活动：由设计部门和指定责任人展开产品设计开发活动，并进行产品设计开发活动的验证、评审和确认的设计开发控制，按技术状态管理形成产品设计的相关技术文件化信息。

第二阶段输出：由设计部门和指定责任人输出的技术文件化信息内容，包括：DFMEA 结果；动态更新评审、验证和确认记录；可制造性和装配性设计结果，优化产品设计、制造、装配的关系结果；确保输出满足输入要求的设计验证结果（数字模型及实物件）；设计评审及措施有效性结果；防止出错、误解，监控进展结果；阶段性评审结果（应输入管理评审）；样件控制计划及样件设计确认（实物件）技术文件及确认报告；提供满足所有产品要求、顾客要求和组织确定特性及制造过程特性要求的产品工程图及数字模型（产品数据），确保单一源产品数据有效性的结果；批准的工程规范和材料规范；提供图样及数字模型（产品数据）和规范更改控制有效性结果等。

由 APQP 小组输出的技术文件化信息内容，包括：新设备、工装和设施要求及清单；产品和过程的特殊特性清单；量具和有关试验设备的要求及清单；APQP 小组应用 APQP 检查表评价 DFMEA、新设备、工装和试验装备、产品设计信息等的风险等级及措施有效性结果；小组可行性承诺书的批准。

管理者支持：由授权管理者对产品设计开发阶段的结果进行审批后，转入制造过程设计阶段。

第三阶段：制造过程设计和开发

第三阶段输入：由工艺设计部门和指定责任人。对口展开第一阶段和第二阶段产品和服务设计开发结果；组织制造过程设计开发输入及评审。

第三阶段活动：由工艺设计部门和指定责任人组织工程师和技术人员进行制造过程设计活动，包括：编制按工序顺序（所有工序如检验序、搬运序等）的过程流程图；编制用于制造和装配过程的人、机、料、法的分析和控制方法；编制场地平面布置图；编制关键工序控制方法；配置检验点、控制位置点和目视辅助检具；建立不合格品区及现场隔离方法等；编制 PFMEA 及动态更新结果；编制试生产控制计划；编制全面生产描述和各工序作业指导书；进行尺寸测量、材料、装配和性能试验等；编制返工作业指导书；编制易于使用和获取的作业指导书、工序要求及检验规范（注：由检查部门编制检验规范存在交付质量的潜在风险）等；编制测量系统分析计划；编制生产过程的初始过程能力研究计划等。

第三阶段输出：由工艺设计部门和指定责任人输出的制造过程技术文件化信息内容，包括：包装标准和规范，产品和过程质量评审，上述的制造过程设计文件和设备、过程验证信息等。

APQP 小组在制造过程设计阶段的技术文件化信息输出，包括：基于顾客输入并基于小组经验改进的质量体系；按过程流程图（总过程）和场地平面布置图（精益生产）分析结果；评价 PFMEA 的动态更新结果；评价试生产控制计划、测量系统分析计划和初始过程能力研究计划的结果。APQP 小组应用产品或过程质量、场地平面布置图、过程流程图和过程 FMEA 等检查表，评价风险的等级及措施有效性结果。

管理者支持：由授权管理者按项目计划和里程碑管理的要求，来确保本阶段的资源提供和人员保证；制造过程设计开发阶段性结果审批后，转入产品和过程确认阶段。

第四阶段：产品和过程确认；

第四阶段输入：由工艺部门、制造部门和指定车间责任人对第三阶段输出进行对口确认，按技术状态基线管理进行技术文件确认。

第四阶段活动：由工艺部门、制造部门和指定车间责任人按有效生产要求进行产品和制造过程确认，包括：按试生产控制计划编制工艺流程图、PFMEA 和作业指导书，以有效的生产方式、试产数量和顾客要求实施产品和过程确认。检查部门进行测量系统分析（MSA）评价后，由工艺部门在试生产中进行初始能力研究（过程性能指数 Ppk≥1.67）。技术或质量部门进行生产件批准过程的证据验证（见 AIAG 颁布的 PPAP 手册），以确保顾客要求被正确理解、制造过程能满足要求。工艺和制造部门进行生产过程确认试验，确认工程试验满足顾客工程标准。设计部门进行包装评价，确认产品防护、运输和在不利环境中的防护是有效的，满足顾客指定的包装要求。工艺部门编制量产控制计划；进行新产品和过程变更操作有效性验证（如：布局合理性、人机平衡、自动化、贮存及周转库存量、增值劳动和操作方法有效性）并形成记录；确认批量生产时的产品质量一致性，保证技术文件适宜性（如产品和过程特性、工序和过程控制、检验和试验测量系统）。

第四阶段输出：由工艺部门、制造部门和车间指定责任人确认制造过程输出的文件化信息内容，包括：有效生产和产能分析结果；测量系统分析（MSA）评价和初始能力研究结果；顾客批准的生产件批准程序（PPAP）结果；生产控制计划批准；技术部门按技术状态管理批准和发放量产阶段的质量一致性保证技术文件化信息（工艺流程图、控制计划、PFMEA 和作业指导书等）。

质量策划认定和管理者支持：APQP 小组保证 APQP 活动的完成并输入管理评审；工艺部门、制造部门和车间责任者对制造场所进行控制和管理；首次发运前需正式认定、未决事宜需得到管理层支持。APQP 小组应用控制计划检查表评价本阶段风险等级及措施实施。在最高管理者实施阶段性管理评审后，转入量产。

第五阶段：反馈、评定和纠正措施

第五阶段输入：制造部门和车间责任人对第四阶段输出进行生产准备验证和过程确认（如特殊过程）。

第五阶段活动：制造部门、车间和各工序按正式生产要求进行生产和制造过程控制，包括：首件检验、过程检验和竣工检验。技术部门和质量部门实施质量控制和质量保证活动，包括：对不合格品的控制及实施纠正措施；现场失效标识的潜在影响及其纠正措施的实施；工程变更和工程临时变更的风险识别及控制。销售部门负责交付及交付后活动。技术部门和质量部门对最终顾客处发生的未知故障进行识别，启动有效解决问题的过程。

第五阶段输出：技术部门、工艺部门、售后服务部门和制造部门在车间量产阶段的输出，包括：减少产品变差；通过过程控制（SPC 长期研究）提高质量、降低成本。

各职能部门通过组织开展的以顾客为关注焦点的相关活动，通过有效的问题解决过程，改进产品符合性质量，减低成本；通过对产品交付质量（PPM）、顾客拒收次数和招回处置等数据综合的统计分析，改进并提高顾客满意度；组织应关注产品和服务质量的有效性和效率改进。组织应进行知识管理，包括：有效应用经验总结、最佳实践和失败的经验、类似的产品和过程、纠正措施的实践、系统潜在失效模式及后果分析（FMEAs）、维护及保修案例等，提升或保持组织的质量能力水平。产品质量先期策划（APQP）各阶段的单一流，如图 3-14 所示。

图 3-14　APQP 各阶段的单一流

在产品质量先期策划（APQP）中，控制计划是重要的输出。控制计划（CP）的定义：**提供过程监视和控制方法，用于对特性的控制，是对控制产品所要求的体系和过程的系统的文件化的描述。**

控制计划在 APQP 中的运用：是产品和服务质量一致性保证的重要方法和技术文件。

三、产品和服务的质量先期策划（APQP）过程的管理及示例

APQP 是由顾客发起的一项产品和服务先期质量策划过程，首先是要满足顾客要求。通常是由顾客进行二方审核时对 APQP 进行评价，或由组织报送到顾客处评审，因而 APQP 与项目里程碑管理的接口尤为重要。IATF 16949：2016 标准在 8.3.2.1 条款“设计开发策划——补充”中的“a）项目管理（如 APQP）”应理解为与顾客（OEM）项目管理过程（顾客里程碑）的接口管理，它是应实施的 APQP 活动，而不应理解为用 APQP 过程取代项目管理过程。例如日本 NISSAN 公司的“ANPQP”大日程（项目时间管理的里程碑）规定，对提供产品的生产件和服务件的组织，要按时间控制点展开活动及提供相应的文件化信息，即实施产品质量先期策划（APQP）活动，并形成文件。APQP 活动中的设计开发活动部分的安排再按标准要求（8.3.2）进行展开，可视为设计开发策划活动，并形成文件化信息。在 APQP 中的时间排序必须体现项目里程碑管理要求，以确保产品和服务按项目计划准时交付。

APQP 过程管理是按各阶段活动内容，结合组织的实际业务活动实施的，为此，APQP 手册给出了 8 个检查表，结合本组织实际进行 APQP 的阶段进行评审和风险控制。

组织的 APQP 活动安排应务实有效地满足各个阶段的要求，不应机械地理解或照搬。应用过程方法结合 PDCA 进行过程确认。融合本组织的核心业务过程及习惯做法实施 APQP 的各项原则，在编制 APQP 文件时仅采取编制时间表对应质量记录表的做法是不可取的。

组织应以体现实际业务过程的形式（见表 3-14）进行 APQP 文件编制，如基本信息涵盖：项目名称及编号、日期、生产地址、供应商名称及代码、联系人或责任人（部门）及方式等；组织和外部供方风险评估、定级包括：场所、技术、生产过程和其他风险的定级。APQP 文件的编制应关注：产品名称、总成或零部件编号、产能、厂区、APQP 小组成员列表、项目里程碑要求与活动的时间安排（含同步工程）等。见图 3-15 的里程碑和按时间控制点的同步工程。

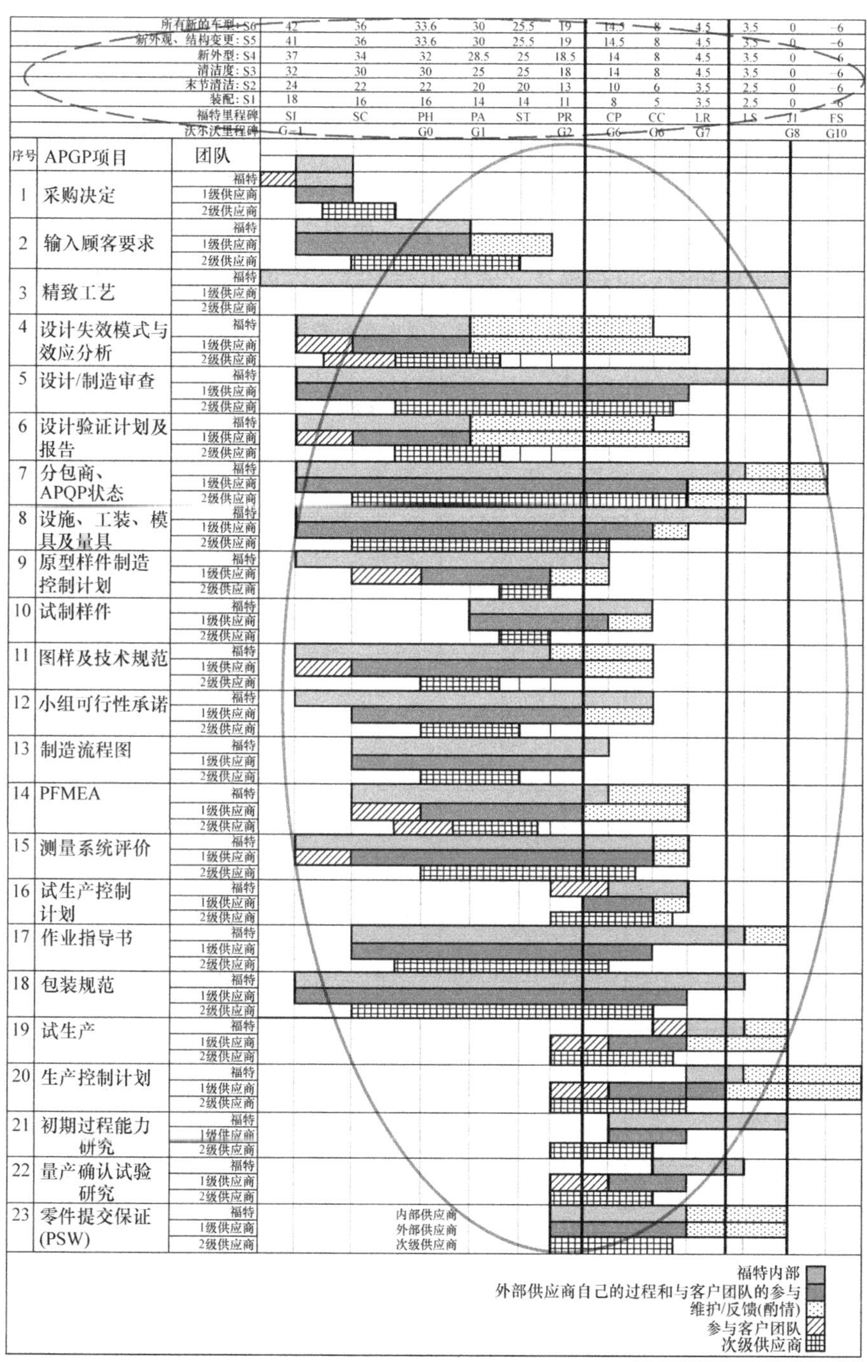

图 3-15 福特公司的 APQP 案例

注：图中虚线圈出部分为进度和里程碑；实线圈出部分为列项同步工程。SI 为战略意图（定义项目内容）；SC 为战略确认（确认程序和订单）；PH 为定义的比例和要点；PA 为项目批准；ST 为表面转换；PR 为产品准备就绪（最终设计完成）；CP 为确认原型样件（样件控制计划构建阶段）；CC 为更改截止（最终设计冻结）；LR 为发放准备；LS 为最后签署；J1 为完成整合生产；FS 为最终状态。

(一) APQP 列项(部分)内容列表示例

表 3-14 中第 1~4 为 APQP 的第 1 阶段:战略(项目)意图和项目内容确定(Si)阶段,要求进行识别,并标识;第 5~12 为 APQP 的第 2 阶段;产品设计开发阶段;第 13~18 为 APQP 的第 3 阶段:制造过程设计开发阶段,如图 3-16 所示;第 19~21 为 APQP 的第 4 阶段:试生产阶段,如图 3-17 所示;第 22~23 为 APQP 的第 5 阶段:产品和服务过程确认(零件提交保证,PSW)阶段,如图 3-18 所示。

表 3-14　APQP 列项内容列表示例

福特里程碑 APQP 要素	<SC>	<PH>	<PA>	(ST)	<PR>	(CP)	<CC>	<LR>	<LS>	(J1)	<FS>
1. 采购决定	G	G		G							
2. 输入顾客要求		G		G							
3. 精致工艺							G	G	G		R
4. 设计失效模式与效应分析		G		G		G	R	R			
5. 设计/制造审查	G	G		G	G	G	R	R	R		R
6. 设计验证计划及报告		G		G		G	R	R			
7. 分包商 APQP 状态		G		G		R	R	R	R		
8. 设施、工装、模具及量具		G		G				R	R		
9. 原型样件制造控制计划						G					
10. 试制样件				G		G					
11. 图样及技术规范		G				G					
12. 小组可行性承诺		G				G		R			
13. 制造流程图				G			R				
14. PFMEA						G	R				
15. 测量系统评价		G				G		R			
16. 试生产控制计划						G	R	R			
17. 作业指导书							R		R		R
18. 包装规范		G	Y								
19. 试生产									R	R	
20. 生产控制计划									R		
21. 初期过程能力研究							R	R	R		R
22. 量产确认试验								R	R		
23. 零件提交保证(PSW)							R		R		R
总体 APQP 状态等级	G	G	Y	G	G	R	R	R	R	R	R

注:1. 表中 G 为通过;Y 为需整改;R 为不符合项。

2. SC 为战略确认;PH 为定义的比例和要点;PA 为项目批准;ST 为表面转换;PR 为产品准备就绪;CP 为确认原型样件;CC 为更改截止;LR 为发放准备;LS 为最后签署;J1 为完成整合生产;FS 为最终状态。

13 制造流程图
14 PFMEA
15 测量系统评价
16 试生产控制计划
17 作业指导书
18 包装规范
福特
1级供应商
2级供应商

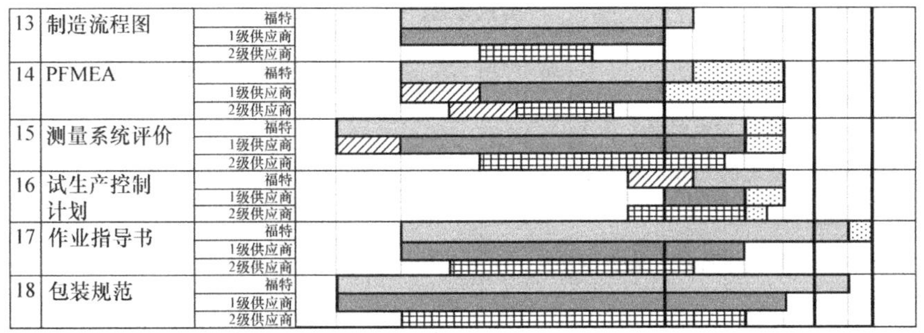

图 3-16　APQP 第 3 阶段

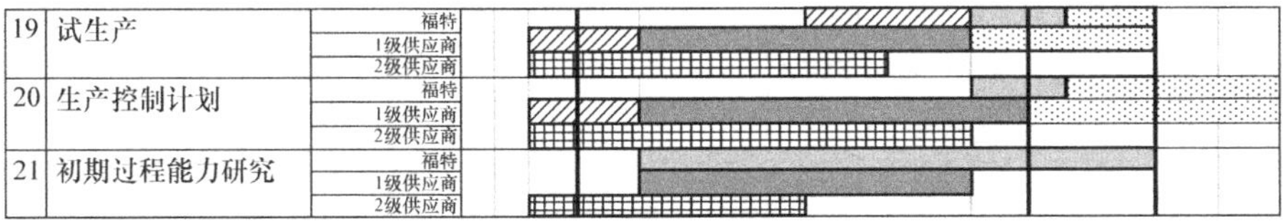

19 试生产
20 生产控制计划
21 初期过程能力研究
福特
1级供应商
2级供应商

图 3-17　APQP 第 4 阶段

22 量产确认试验
23 零件提交保证(PSW)
福特
1级供应商
2级供应商
内部供应商
外部供应商
次级供应商

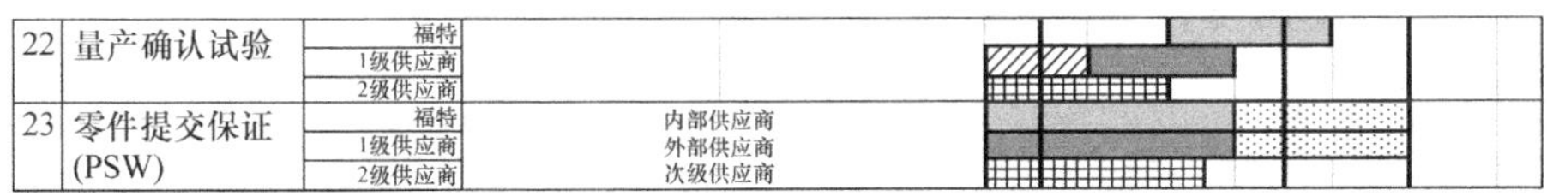

图 3-18　APQP 第 5 阶段

（二）APQP 的过程控制及风险评估

按 5 个阶段中的关键过程活动以 APQP 检查表形式进行评价，包括有效性评价等级。“先期质量策划”（AIAG：APQP）给出了 8 个检查表，组织根据业务流程及产品复杂程度制定具体的评价方法。APQP 过程控制所列各检查表及有效性评价示例如下：

1. 设计潜在失效模式及后果分析（DFMEA）及检查表（见表 3-15）

表 3-15　APQP 设计潜在失效模式及后果分析（DFMEA）及检查表

A－1　DFMEA 检查表

顾客或内部零件号：＿＿＿＿＿＿＿＿＿＿＿＿　修改等级：＿＿＿＿

	问题	是	否	N/A（不适用）	评价或要求的措施	负责人	完成日期
1	DFMEA 在准备过程中是否使用了克莱斯勒、福特和通用公司的 FMEA 参考手册和适用的顾客特殊要求？						
2	是否已对过去已发生事件和保修数据进行了评审？						
3	是否已考虑了类似的零件 DFMEA 中吸取的最佳实践经验和教训？						
4	DFMEA 是否识别了特殊特性？						
5	过程特性是否得到了识别？是否和受影响的供应商一起，就供应链里 FMEA 的一致和控制，对特性进行评审？						
6	是否和受影响的供应商一起，对由顾客或组织制定的特殊特性进行评审，以保证 FMEA 的一致性？						
7	对高风险顺序失效模式有影响的设计特性是否得到了识别？						
8	对高风险失效项目是否已确定了适当的纠正措施？						
9	对高严重度项目是否已确定了适当的纠正措施？						
10	当纠正措施实施完成并验证后，是否对风险顺序进行了评审？						

除以上内容外，应关注以下内容：产品和服务（系统）FMEA 是否在 DFMEA 开始前完成。故障树分析（FTA）、失效模式分析和其他分析方法用于 DFMEA 工作输入。开发过程中应用稳健设计技术，如有创新应记录详细内容。本示例中应用过程有效性评价进行定级，可分为：0、1、2、3 级。0 级：仅完成 DFMEA 检查表中的前 5 项；1 级：完成 DFMEA 检查表中的 5～9 项；2 级：完成 DFMEA 检查表中的

第 10 项，但需要制定纠正措施进行完善；3 级：完成 DFMEA 检查表中的第 10 项，不包括顾客项目经理要求的内容。

按照本组织的实际情况进行规定，如按 APQP 手册提供的各项检查表中完成的项次比重确定风险评级。可按过程审核一致的评价和降级准则，例如，完成 60% ~85% 为 C 级，不具备能力；完成 86% ~95% 为 B 级，基本具备能力，需对没达到要求的进行整改；完成 96% ~100% 为 A 级，具备能力（或满足有效性要求）。各项检查表中的关键项次或严重度高的项次未满足要求，可实施降级处置。应用 APQP 检查表进行风险评价的方法如下：

设计开发信息风险评价，按上述办法对“A –2 设计开发信息检查表”中共 32 项进行有效性和风险评价，评价关注点为：产品验证确认的可靠性试验和数据支持；运用统计技术工程方法支持纠正措施；设计验证计划的充分性；设计验证测试使用计量型数据衡量系统内组件或子系统的功能。

对过程有效性评价进行定级：可分为 0、1、2、3 级。0 级：仅完成 DFMEA 检查表中的前 7 项；1 级：完成 DFMEA 检查表中的 7 ~12 项；2 级：完成 DFMEA 检查表中的第 13 项，但需要制定纠正措施进行完善；3 级：完成 DFMEA 检查表中的第 13 项，不包括顾客项目经理要求的内容。

2. 新设备、工装和试验装备风险评价

对“A –3 新设备、工装和试验装备检查表”（略）中共 14 项进行有效性和风险评价，评价关注点为：新设备、工装和试验装备检查清单应在产品设计输出完成之前编制完成；确定设备能力、供方、初始研究及检具等。如有创新，则应记录下其详细内容。

对过程有效性评价进行定级：可分为 0、1、2、3 级。0 级：仅完成新设备、工装和试验装备检查表中的前 5 项；1 级：新设备、工装和试验装备检查表中的 5 ~9 项；2 级：新设备、工装和试验装备检查表中的 10 ~12 项，但需要制定纠正措施进行完善；3 级：新设备、工装和试验装备检查表中的 13 和 14 项，不包括顾客项目经理要求的内容。

3. 制造过程流程图风险评价

对“A – 6 制造过程流程图检查表”（略）中共 7 项进行有效性和风险评价，评价关注点为：开发过程流程图的过程应用动态控制和管理；已确定的产品和过程特性之间的相关性，包括产品组的特性；有证据表明，已经在改善过程中的安全性和人机工程的变更。如有创新，则应记录下其详细内容。

对过程有效性评价进行定级：可分为0、1、2、3级。0级：仅完成过程流程图检查表中的前4项；1级：完成过程流程图检查表中的4~6项；2级：完成过程流程图检查表中的第7项，但需要制定纠正措施进行完善；3级：完成过程流程图检查表中的第7项，不包括顾客项目经理要求的内容。

4. 过程潜在失效模式及后果分析（PFMEA）风险评价

对“A-7 PFMEA检查表”（略）中共11项进行有效性和风险评价，评价关注点为：将FMEA动态管理方法用于对PFMEA的完善；已经确定的潜在失效模式及后果与产品特性或后续工序之间相关性的措施；按其重要性被分类（或形成特性矩阵表）识别、确定产品和过程的特殊特性。如有创新，则应记录下其详细内容。

对过程有效性评价进行定级：可分为0、1、2、3级。0级：仅完成PFMEA检查表中的前6项；1级-完成PFMEA检查表中的6~10项；2级-完成PFMEA检查表中的第11项，需要制定纠正措施进行完善；3级-完成PFMEA检查表中的第7项，不包括顾客项目经理要求的内容。

5. 试生产控制计划风险评价

对“A-8试生产控制计划检查表”（略）中共12项进行有效性和风险评价，评价关注点为：开发试生产控制计划应用的动态管理方法；产品特性分析已形成了特性矩阵，并确定了重要特性的控制要求；控制计划中注明产品特性的公差值及其控制工艺参数，注明控制方法和/或抽样计划。如有创新，则应记录下其详细内容。

对过程有效性评价进行定级：可分为0、1、2、3级。0级：仅完成试生产控制计划检查表中的前7项；1级：完成试生产控制计划检查表中的7~12项；2级：完成试生产控制计划检查表中的第13项，需要制定纠正措施进行完善；3级：完成试生产控制计划检查表中的第13项，不包括顾客项目经理要求的内容。

6. APQP手册中的其他检查表（略）风险评价

本组织根据情况按上述方法确定风险评级定级准则。

风险评价汇总：组织对APQP实施阶段的活动的评价结果进行汇总，形成“风险评估表”，以表3-14中的活动为例，形成汇总评估表，如图3-19所示。

风险评估表

第1部分

供应商			日期
供应商代码			
STA工程师			

风险评估适用于下列零部件编号：

零部件名称	编号	发布	日期

第2部分

APQP完成了吗?	Yes	No
风险?	Yes	No

APQP部分状态　　G—绿色　　Y—黄色　　R—红色

1	2	3	4	5	6	7	8
9	10	11	12	13	14	15	16
17	18	19	20	21	22	23	

PIST(满足公差的检验点百分比)	%	
PIPC(过程能力指数的百分比) 过程能力指数	=	%
过程能力指数	=	%

替代数据? Yes / No

第3部分

风险描述：

第4部分

可行的行动计划?	Yes	No

需要/计划的行动：

时间：　　　　责任人：

第5部分

PSW(ISW)(零件提交保证书)日期：

风险评估：	G	Y	R

注：绿色：准确

黄色：不完全准确，需要了解所有问题，并有一个详细的、能被团队接受的行动计划。

红色．不准确，需理解所有问题。没有行动计划。

供应商的联系人：

电话：

传真：

供应商签名：

图3-19　风险评估表示例

按图3-19中的活动域逐项识别的风险等级以绿色（低）、黄色（中）和红色（高）标识，计算各色标识占总项目数的百分比，换算出Cp水平和Cpk水平，确定该过程是否为受控过程。“风险评估表”包括需控制的风险因素及针对性的纠正措施，APQP小组需制定相应的改进计划（见表3-16）。

表3-16 风险评估及措施跟踪表示例

活动项		红色/黄色项问题描述	纠正措施/解决方案	计划时间		责任方	
序号	活动	存在问题及风险	纠正及纠正措施/实施计划	开始	关闭	顾客	供应商

7. 产品质量策划总结（见图3-20）

8. 过程和质量指标汇总表

按组织惯例可自行汇总本项目APQP的产品和过程的目标和指标。其中应注明计算方法、监控频次和责任部门或责任人。

9. 过程能力评价准则表（PIPC criteria）（见图3-21）

产品质量策划总结和认定

日期：

产品名称：　　　零件号：

顾客：　　　制造厂：

1. 初始过程能力研究

项目	要求	可接受	未定*
Ppk——特殊特性			

2. 控制计划批准(如要求)

被批准：是/否*　　　批准日期：______________

3. 初始生产样品特性类别

项目	样品	每一样品的特性	可接受	未定*
尺寸				
外观				
实验室				
性能				

4. 量具和试验装置测量系统分析

项目	要求	可接受	未定*
特殊特性			

5. 过程监测

项目	要求	可接受	未定*
过程监测指导			
过程单			
目视辅具			

6. 包装/发送

项目	要求	可接受	未定*
包装批准			
装运试验			

7. 认定

______________　　　______________

小组成员/职务/日期　　　小组成员/职务/日期

______________　　　______________

小组成员/职务/日期　　　小组成员/职务/日期

______________　　　______________

小组成员/职务/日期　　　小组成员/职务/日期

注：*为跟踪进展情况，需要制定一个实施计划。

图 3-20　产品质量策划总结和认定表示例

PIPC准则				
供应商名称______			代码______	
零部件名称______			修订日期______	
	新的零部件特性			过程
代码	特性	CC/SC	设计资料手册/规格	实际/替代

图3-21 过程能力评价准则表示例

注：图中CC/SC为特性定级标识，见第五章。

第四节 产品和服务的设计开发过程

产品和服务设计开发过程的有效性结果，应确保后续提供的产品和服务的有效实施，确保交付合格产品、按计划准时交付和减低成本。组织应关注于防错，而不是探测或后续检验。

一、传统（2D）设计方法的特点

产品和服务的设计开发以2D图纸或模型（实物）为设计手段，产品结构尺寸和性能参数的经验类比占很大比重；以静态和动态假设条件进行定性和定量的设计开发；应用产品生命周期管理概念；采用计算机辅助设计等。但产品的设计者和制造过程的设计者往往独立工作，这造成了组织内部职能部门间的技术壁垒。受部门管理职能的限制，产品和服务设计的周期长、效率低、费用高，从样件到量产阶段的产品质量一致性保证水平低。

技术管理中产品定义方式以产品标准（产品型谱、技术条件和规范等）和2D图纸（和实物模型）进行产品描述，不能直接定义到零部件，然后由零部件制造组织根据顾客要求再进行零部件产品定义，这种方式易产生质量一致性差异。传统设计开发以2D图纸（和实物模型）为主进行技术信息和产品信息的传递，不易保证产品和服务的制造设计信息单一输入源（单一流）的连续传递，需采用质量一致性保证手段，如“控制计划”“工艺流程图”“FMEA”等技术文件化信息的一致性来实现控制；虽然采用了计算机辅助设计（如CAD导入CAE后的组织间的数据传递），但不能保证产品特性、几何尺寸的精度和完整性的有效传递，需通过质量管理体系或其他手段进行规范和验证。组织和部门间的设计信息存在差异，这使得传统产品和服务设计开发过程的效率低。质量管理体系中设计开发过程的接口管理，如图3-22和图3-23所示。

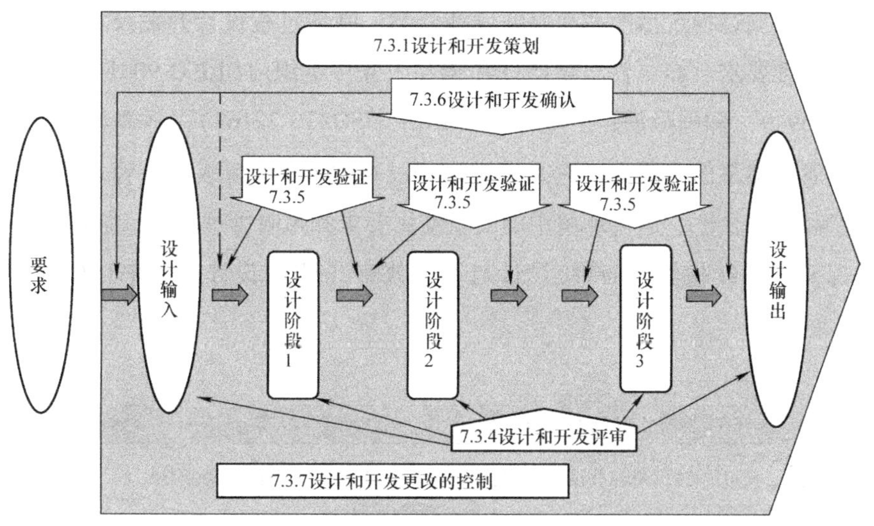

图3-22　传统设计开发过程1

注：1. 资料来源日本JQA品质部。

2. 图中数字为ISO 9001:2008标准的条款号。

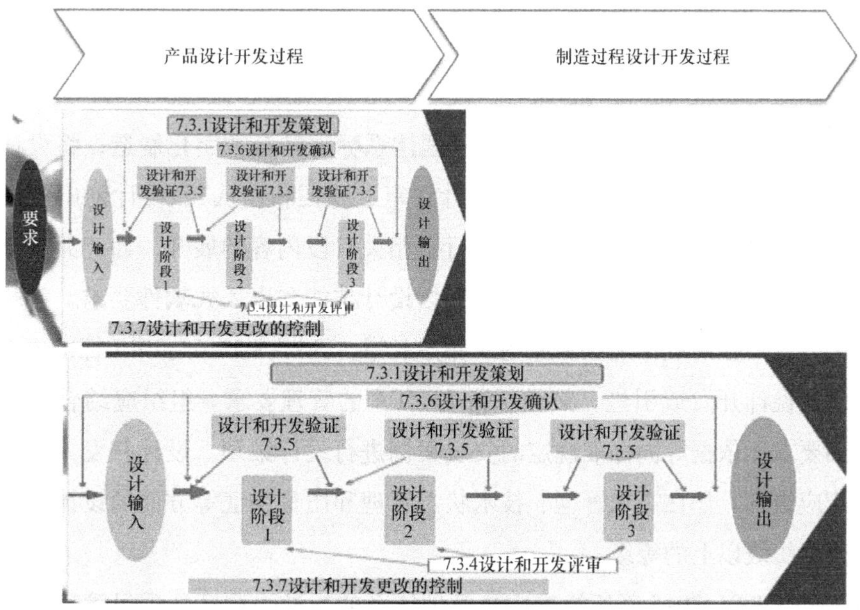

图3-23　传统设计开发过程2

设计开发过程是组织技术管理的重要组成部分，是新产品和过程创新的过程。在基于ISO 9001:2015新版质量管理体系标准应用的过程方法上，不断强化设计开发过程的管理要求，从而为系统化、数字化制造设计开发过程管理奠定了管理基础；明确了设计开发过程包括产品和服务设计开发、制造过程设计开发及与项目管理过程的接口管理要求。如《汽车生产件和相关服务件组织应用ISO 9001的特殊要求》（ISO/TS 16949）和国际铁路工业标准（IRIS，ISO/TS 22163），强调设计开发过程作为质量管理体系的重要性，它是关键过程（K. O项）。新版质量管理体系标准特别强调产品的安全性、运行环境中的安全使用要求和风险管理要求，强调缺陷预防，而不是探测（后续检验）。传统设计与基于数字（3D）设计的效率比较如图3-24所示。

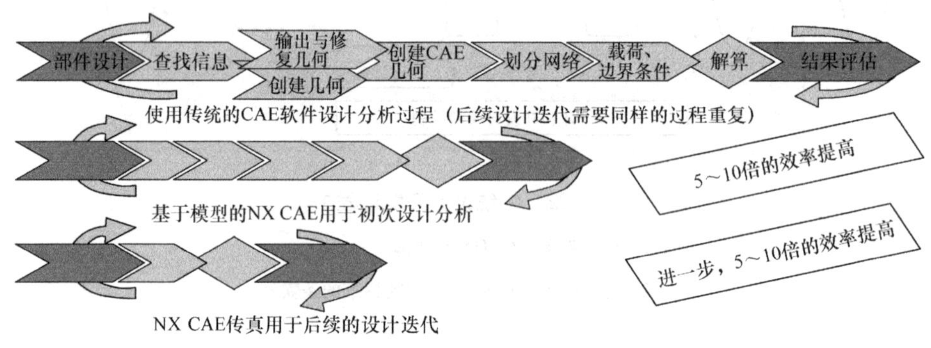

图3-24　传统设计与基于数字化制造（3D）设计的效率比较[3]

基于ISO 9001:2015新版标准质量管理体系标准结合数字化制造，将设计开发过程规定为：设计输入、设计控制（设计评审、验证和确认）、设计输出和设计更改等过程。IATF 16949：2016标准中进行了相关阶段内容的展开，如产品设计开发和制造过程设计开发的内容，设计策划包括设计技能和嵌入式软件要求，特殊特性管理要求，以及强调设计确认和原型样件方案等。ISO/TS 22163:2017标准要求应用于新技术的设计开发或引进，必须执行PFMEA的管理要求。组织应结合与安全有关的产品要求，依据等同标准规定的安全案例进行设计策划。设计开发人员的必要能力和相应级别，如在需求管理、技术状态管理和质量保证等方面的设计人员要求能力达到熟练级以上的等级。

基于ISO 9001:2015新版标准质量管理体系的标准强调区分项目管理过程与设

计开发过程，以及二者的接口。

二、数字化制造产品和服务设计开发的特点

现代数字化制造产品和服务设计开发过程的基础，是基于技术管理的数字化的解决方案，是基于数字模型的产品定义（MBD）方式的产品和服务的设计开发过程。建立在知识管理基础之上并通过全生命周期管理的产品数据管理平台支持的基于数字模型的产品定义（MBD）的产品和服务设计开发过程，包括建立产品系统建模标准和规范与关键和重要零部件的建模标准和规范的紧密关联，从数字虚拟可视的3D模型到实物件制造，形成高效率的、产品和服务质量一致性保证的设计开发过程。在设计开发过程中运用同步工程将基于数字模型的产品定义（MBD）的产品数字化样件信息，拓展到组织内部制造过程和支持性过程，以及整个供应链（如外包过程和外包产品等的供应商）的设计开发过程。其特点如下：

1. 基于知识管理的产品设计开发

设计人员运用数据设计平台（如西门子NX系统）进行有机的、能动的结合，充分利用知识管理的资源有效实现产品和服务的设计开发；运用三维设计软件的内置知识管理程序使产品MBD数字模型与产品的标准和规范得以贯彻和实施，包括紧密联系的关键和重要零部件建模方法的实施，确保产品3D模型的质量一致性，以及其管理过程“可视性”，实现早期验证（见图3-25）。

图3-25　产品设计开发的解决方案[3]

2. 运用产品数据管理平台

支持产品设计开发的知识获取与重用。

3. 质量一致性保证

运用MBD设计开发质量控制和MBE制造质量控制的同步工程一致性来实现数字化制造产品和服务设计开发过程管理（见图3-26）。

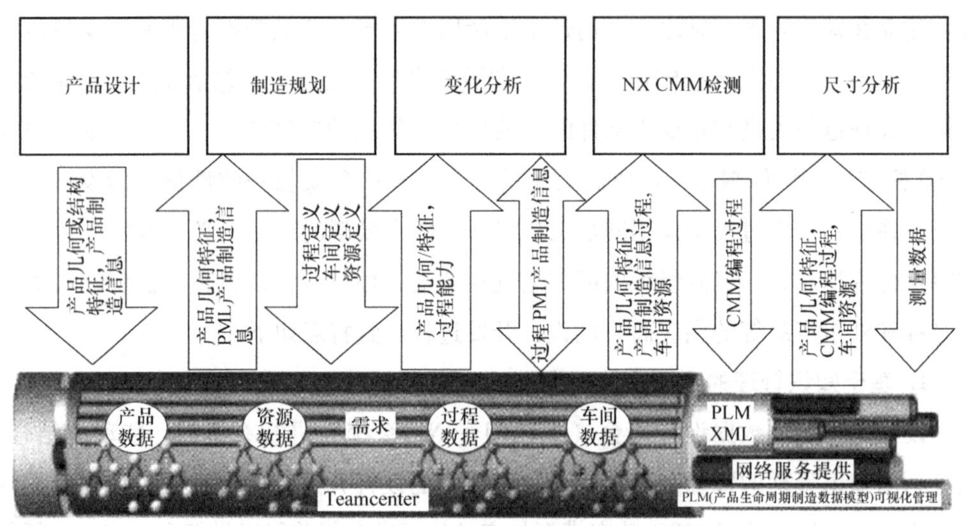

图3-26　产品设计开发的集成解决方案[3]

注：图中英文为应用软件，其集合为生命周期制造数据模型。

MBD产品和服务的设计开发过程（见图3-26），采用数字模拟和可视化MBD产品数字模型，可先于实物样件诞生前，同步进行产品和制造过程的设计、验证和确认，并在制造过程中使用确认的单一定义的设计开发数据源进行制造控制。源于组织知识管理的知识积累和优化（创新），设计人员运用完全基于数字模型的设计工具集成（如西门子的NX系统）充分利用大数据、互联网和物联网等资源进行设计开发活动。现代MBD产品和服务设计开发的思路如下：

①基于产品标准和MBD运用集成3D主模型完整表达产品定义信息（产品标准、结构、标识和全过程解读）、完整表达设计信息、制造信息及管理信息；②保证设计过程和制造过程的数据唯一性、保证设计和制造一体化；③运用知识管理及其过程实施积累和技术创新，使得3D模型成为固化知识和最佳实践的文件化信息

（或载体）。

MBD 产品和服务的设计开发过程打破了组织和部门间的技术壁垒，能更好地满足顾客要求，采取多方论证和多方（设计、工艺、质量、制造等）参与设计的方式进行产品和制造过程设计；是基于数字 3D 产品模型、运用同步工程方式进行产品和制造过程一体化的设计开发过程；能基于知识管理过程提高设计效率（见图 3-27）。

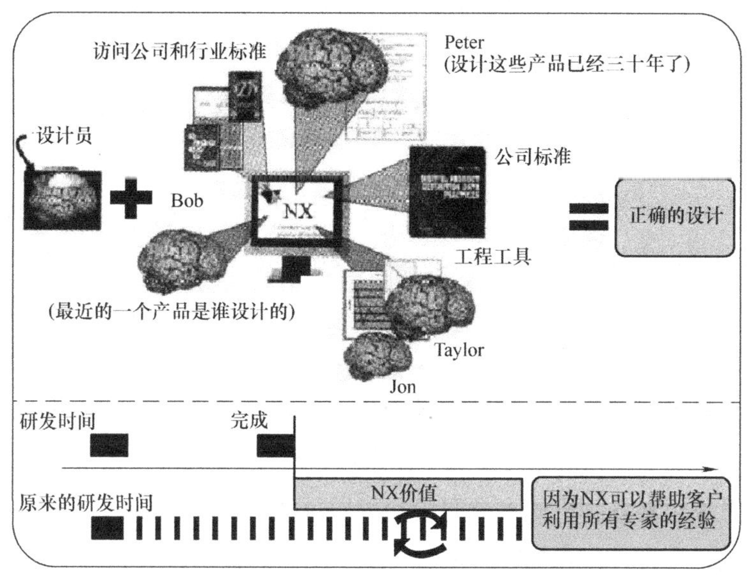

图 3-27　基于知识管理的产品设计开发[3]

三、设计开发过程的各阶段（包括基于 MBD）

在向数字化制造转型的国际大环境下，设计开发的概念也随之进行了拓展。ISO 9000:2015 标准将“设计和开发”定义为：**将对客体（3.6.1）的要求（3.6.4）转换为对其更详细的要求的一组过程（3.4.1）**。

（一）产品和服务的设计开发策划

产品和服务的设计开发策划各项活动的具体内容，应考虑并满足标准的基本要求，包括：

组织产品和服务的设计开发各阶段活动的性质、持续时间和复杂程度；各阶段适用的设计评审、各阶段所要求的验证和确认活动；设计开发过程设计人员的职责和权限；设计开发过程所需的内部和外部资源；设计开发过程的参与人员及接口需求；组织应考虑并满足顾客和最终使用者的需求；后续产品和服务的需求；顾客和其他相关方希望设计开发过程的控制水平；组织应提供证实以满足设计开发要求的文件化信息。

组织设计开发过程中多方论证的参加人员包括：项目管理人员、制造可行性评估的开发人员、替代设计的比较研究人员、特殊特性的控制战略（开发、定型、监视和控制、产品和过程的特殊特性）人员、FMEAs（系统 FMEA）的开发和评审人员等。设计开发人员应具备或达到熟练级以上的设计能力，其设计技能包括基于数学的数学化数据应用。

组织对产品和服务设计开发的策划（含基于 MBD），包括按项目管理的时间管理（里程碑）要求安排进行设计开发策划和控制，形成设计开发各阶段的数字化解决方案。以汽车产品设计开发为例，其设计开发策划需借助完全基于 3D 模型的设计工具的集成（如西门子 NX：CAD/CAE/CAM 一体化工具）。在设计开发策划的各阶段中，应开展模拟多学科、多物理环境的设计验证活动，包括常规强度、刚度、模态、流体、结构、机构运动、振动、噪声及热分析等检验和试验活动。

设计和开发策划各阶段的人员职责和权限（含设计审批权），应体现在对参与产品和服务设计开发（同步工程）的多功能小组之间的接口实施的管理上，以确保有效的沟通，并明确职责分工。组织设计部门的责任人应根据设计和开发过程的进展，在实施过程的适当时机，对产品和服务的设计策划输出予以更新。

组织设计部门应确定和执行一个协作设计开发过程的有效性的指标，通过管理软件纪实进行测量和评价该指标。组织设计部门应在产品和服务设计开发各阶段的解决方案中确定任务次序、强制要求的步骤、强调重要的阶段和配置控制方法，并可根据项目的复杂度，在解决方案中安排以下活动：①确定重要设计活动中的重要要素（特性），对每一项要素（特性）进行分析，为形成的任务和活动配备必要的资源；②明确落实解决方案的责任人、设计内容、输入数据、可能的障碍和运作条件（虚拟或物理环境）等。组织产品和服务设计的概念应包括：如对环境适应性设计等进行研究，并能提供应用可靠性、可用性、可维护性和安全性/产品生命周期成本（RMAS/LCC）等研究结果的证据。

IATF 16949 第 1 版标准要求在设计开发策划活动中，组织应建立培训过程并证明培训的有效性，涉及的培训内容及相关人员，包括：对确定报价、项目开发、生产和顾客接触等各阶段的参与人员的培训；对相关先期质量策划和顾客特殊要求（CSR）方面的培训；对 FMEA、制造过程控制和控制计划的培训；对有能力应用电子软件进行访问的顾客门户平台人员的培训；对于如何根据顾客特殊要求提供纠正措施（防错）等方面的培训。

设计人员应通过组织识别的适用工具和技术应用进行设计人员的技能评价，并形成评价有效性结果。如基于数学的数字化数据的应用，适用的设计软件熟练应用（见表 3-7）。必须指出的是，产品设计岗位技能不是完全通过组织培训获得的，而是设计人员本身应具备胜任设计岗位的基本能力。设计开发策划的文件化信息，仅以项目计划中的内容代替或只编制时间排序是不满足标准有效性要求的。

（二）产品和服务的设计开发输入

1. 产品和服务的设计开发输入

产品设计的部门应满足设计输入的充分性和适宜性要求，收集的设计信息包括（不限于）：产品规范和产品特殊特性要求、边界和接口要求、标识要求、可追溯性和包装要求；设计替代考虑；从可行性分析角度考虑，对设计输入的要求应包括对避免风险以及减轻或管理风险的能力进行的评估；符合产品要求的目标（包括防护、可靠性、耐久性、适用性、健康、安全、环境、开发进度和成本目标等）；适用的法律法规；嵌入式软件要求。

设计开发输入是关键过程（为 K. O 项），必须建立设计输入列项清单并提供文件化的评审证据。

2. 制造过程的设计开发输入（IATF16949 第 1 版标准 8. 3. 3. 2 条款）

工艺部门负责制造过程的设计开发过程，该过程对有产品设计责任的组织或没有产品设计责任的组织都是重要的质量管理体系过程，不能删减或列为不适用过程，否则产品和服务的提供过程就得不到有效的控制，必然存在潜在的质量风险。

工艺部门负责制造过程的设计开发输入，收集的设计信息包括：产品设计开发输出的数据，包括特殊特性；生产能力、过程能力、进度和成本目标；可替代的制造技术；顾客要求；以往的开发经验；新材料；产品搬运和人体工程学要求；制造设计和装配设计；与识别的问题及风险等级相适应的防错方法。

制造过程设计输入是关键过程（为 K. O 项），必须建立设计输入列项清单并提供文件化的评审证据。

组织应建立一个或多个识别特殊特性的过程，对设计开发输入的特殊特性（详见第五章）进行管理。该过程（如特性管理规范）能够用于将顾客要求（包括顾客特定要求）通过风险识别（FMEA）进行展开和确定，并标识在技术文件化信息中。如在销售部门和设计开发部门建立该过程。

所谓特殊特性不是指个别特性，而是指一种可测量的产品固有特性（如半径和硬度）或一种可测量的过程固有特性（如安装力和温度）。可能影响产品的安全性或法规要求的符合性、配合、功能、性能或后续生产过程的产品特性或制造过程参数。分为产品特殊特性和过程特殊特性。产品特殊特性，如合理预测的变差，是一种会明显影响产品的安全性、政府标准或法规的一致性，或者顾客对产品的满意程度的特性。过程特殊特性，该特性的变差必须控制在某目标值内，从而保证在制造和装配过程的过程或产品特殊特性的变差能满足要求，确保产品和服务的质量一致性。

产品和服务的特殊特性应包括在设计开发的文件化信息中，如产品图纸（或设计数据）、工艺流程图、DFMEA 文件、控制计划、标准作业或作业指导书等。组织应对顾客指定的特殊特性识别、确定和批准。组织应对顾客指定的特殊特性标识与组织的标识方法或等效符号进行识别和转换，形成标识转换文件。

（三）设计开发控制

组织应根据设计和开发阶段活动不同的目的进行设计控制，包括在各设计阶段内的评审以及对设计阶段的成果物的验证和确认。根据产品复杂程度和本组织的具体情况，可以采取单独或任意组合的形式，并应明确规定形成文件化信息的要求及传递方式。

数字制造设计开发控制是以产品和服务的需求为驱动的，以计算机数据管理平台为基础，通过 3D 模型的建立和应用、3D 主模型的建立和应用、数字样机的建立和应用、知识的捕获和重用等阶段控制，并满足产品和服务生命周期各阶段的管理要求。通过数字化制造的产品定义及确定设计开发过程导向工具等方法控制过程，形成设计开发能力。通过过程导向的知识管理途径，如典型流程，进行总结和评审、确定过程导向开发工具、创建过程导向开发说明书等，进行过程导向开发和过程导向测试（见图3-28）。

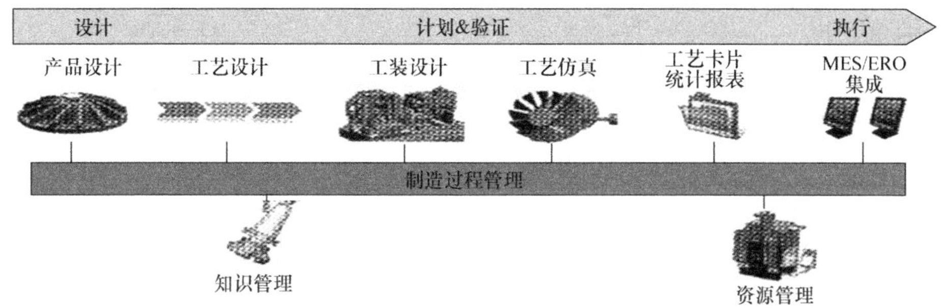

图3-28　设计阶段受控环境实现MBS的过程[3]

数字化制造基于3D模型（MBD）的产品总体设计及零部件设计过程，通过特性标注（关键特性和安全特性），并基于MBD的产品总成及零部件的BOM建立工作模块间的联系来完成（见图3-29）。

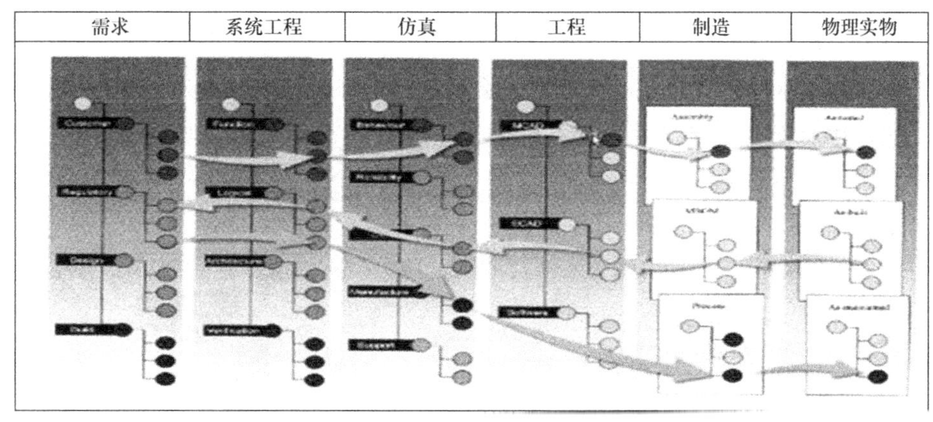

图3-29　产品和服务生命周期的BOM关联的变化[5]

基于MBD的产品总体设计（3D主模型）及零部件设计是同步进行各阶段设计开发的，如制造过程设计开发、工艺工装设计开发、作业指导书及操作规范、维护规范等（见图3-30）。

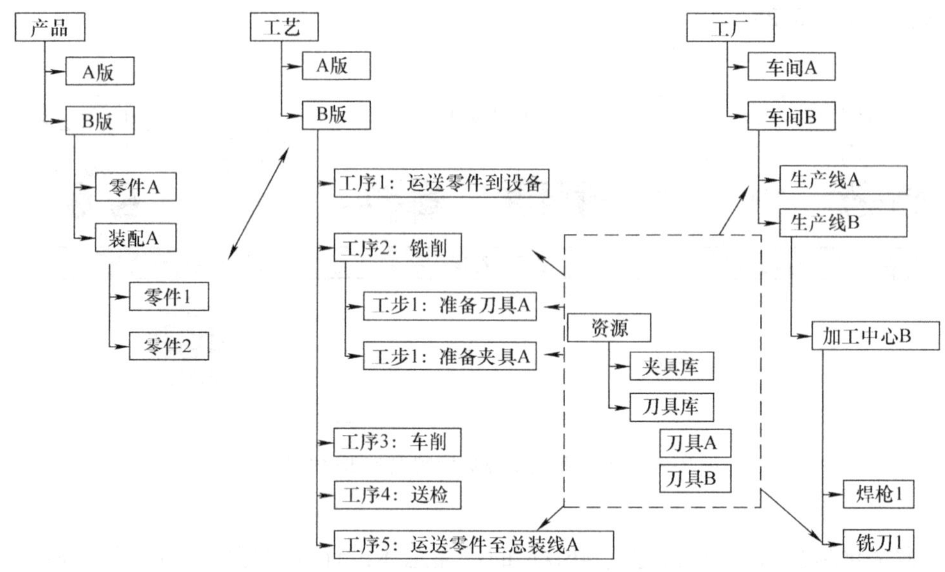

图3-30　基于MBD的产品和工艺[3]

基于MBD数字化制造的设计开发各阶段的设计评审、验证和确认，采用基于系统工程的需求、验证与设计闭环的生命周期的“V”形表示法[14]，包括可视性和产品符合性的质量一致性检查、评审及措施的落实。数字化制造设计开发各阶段的控制活动，结合技术状态管理（技术状态标识，如版本号）贯穿于产品和服务生命周期中。基于系统工程的需求、验证与设计闭环的生命周期的“V”形表示法，如图3-31所示。

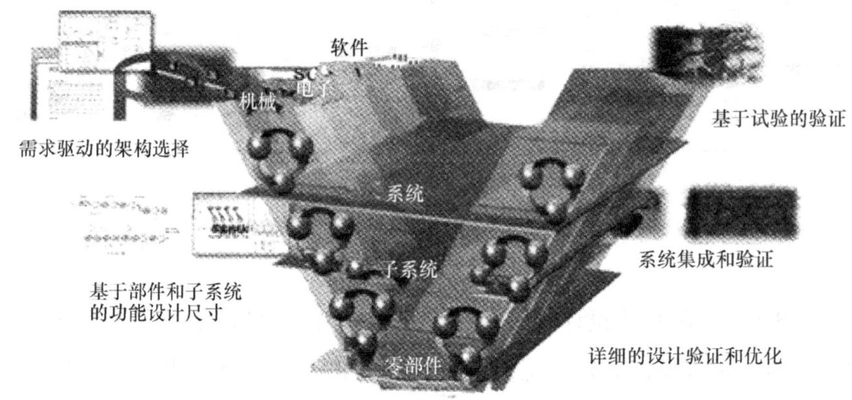

图3-31　基于系统工程的需求、验证与设计闭环的生命周期的“V”形表示法[3]

基于 MBD 的产品和服务设计开发（包含 PMI 产品制造信息）在产品全生命周期管理中，应用同步工程管理确保设计开发的有效控制。组织在数字化产品和服务设计过程中，除了要实施从可行性研究→产品概念→产品和服务设计→制造→交付→维护过程（顾客导向过程）的同步工程，还需要实施与之相关的支持过程的同步工程，包括：产品管理（从仿真样件到生产件）、过程产品结构划分（如按行业标准分解）、产品结构构建修改和关联的管理过程。

基于 MBD 的产品和服务生命周期可追溯性管理过程包括；产品选配管理、批次管理和多型号有效性控制（见图 3-32）。

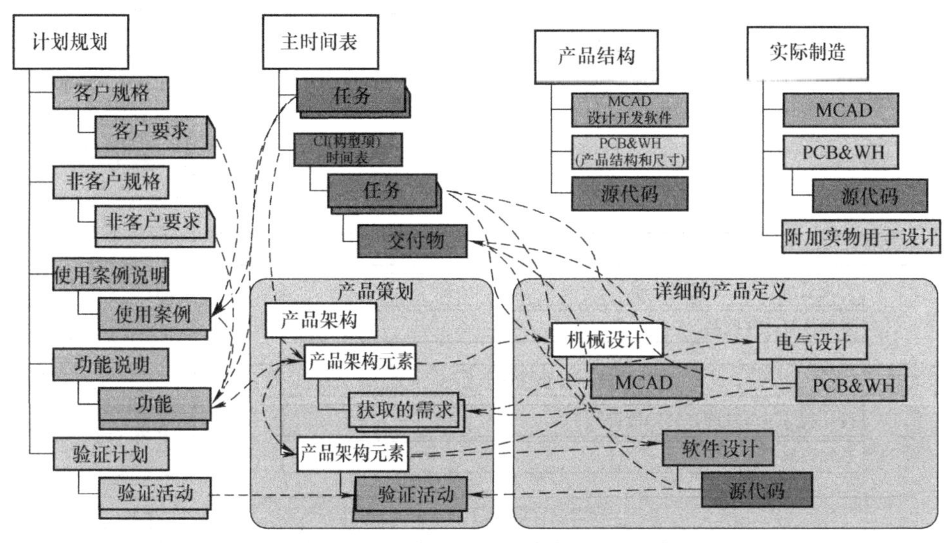

图 3-32　产品选配管理、批次管理和多型号有效性控制[3]

MBD 在产品和服务的全生命周期管理（PMI 产品制造信息）中，应用技术状态管理过程（见本章第 5 节）、更改管理过程（设计更改、工艺更改和工程更改）的有效控制及其风险评估和措施等，确保产品和服务的质量一致性。组织应用 MBD 全生命周期质量管理解决方案、数据标识与审批管理过程，对参与设计和开发的不同小组之间的接口实施管理，以确保有效的沟通。

组织产品和服务设计开发的绩效管理，是按各阶段的规定间隔进行测量的。这些测量包括质量风险、成本、前置时间和关键路径，并应形成阶段性报告输入管理评审。

产品和服务设计开发控制中设计确认是重要活动，一般按顾客要求和行业监管标准进行验证和确认。设计确认应包括顾客合同中规定的产品用途，以及最终顾客产品系统中的嵌入式软件。

在顾客要求或组织规定时，组织数字化制造需实施产品设计开发控制中的样件计划，采用与批量生产尽可能一致的供方、工装和制造过程，以产品构型管理过程实现产品的质量保证，如图 3-33 所示。

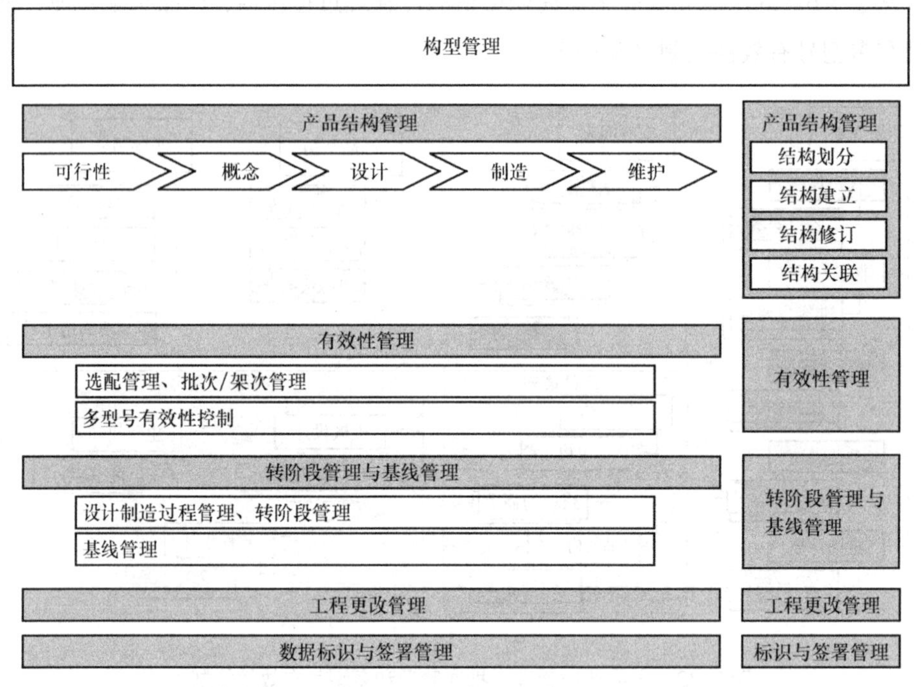

图 3-33　产品构型管理[3]

（四）设计开发输出

1. 产品和服务的设计开发输出

产品和服务的设计开发输出（包括可视化、仿真结果和实物样件）评价其成熟度（或能力），应满足设计开发输入的要求，包括：对产品和服务提供的后续过程（制造和维护等）有充分的支持和保证；能用于监视和测量（如接受准则）；规定对于实现预期目标的、保证安全和正确提供（使用）所必需的产品和服务特性。组织需保留有关设计开发的文件化信息。

IATF 16949 第 1 版标准对产品和服务的设计开发输出的要求，是以能够对产品和服务设计开发输入进行验证和确认的形式来显示其符合性、可靠性、可用性和安全性等，输出的文件化信息包括：DFMEA、可靠性研究成果、产品特殊特性及规范、防错方法等。设计开发输出的产品定义包括，3D 模型、数学数据包、产品制造信息、尺寸和公差；2D 图纸、产品制造信息、尺寸和公差等；设计文件化信息包括：产品设计评审结果、服务诊断指南和维修说明、服务件要求和发运包装要求等。

2. 制造过程的设计开发输出

组织提供的制造过程设计开发输出的文件化信息，能够对应制造过程的设计开发输入进行验证和确认，包括：规范和图样，产品和制造过程的特殊特性，对影响特性的过程输入变差的识别，对应制造过程输出的生产和控制设备的性能研究（如设备能力 CMK），已验证和评价的制造过程流程图或布局文件，用于生产的产品、过程和工装的关联文件信息，提供经审批的制造过程 FMEA，设备维护计划及规程，控制计划，标准工作和作业指导书。组织需提供过程批准的接收准则；提供有关质量、可靠性、可维修性、可测量性的数据；提供防错活动的验证结果；提供当产品或制造过程不合格时的及时探测、反馈和纠正方法等，作为产品和服务制造过程的输入。数字化制造 MBD 产品和服务设计开发输出的结果是以计算机（软件或工具）提供的平台形成的集成数据化结果。包括产品结构的可视化和仿真结果，过程自动化的可视化仿真结果，以及与其相关的设计、评审、验证和确认的文件化信息（如模型、电子文件格式的电子文档、纸质文件和实物文件）。如图 3-34 和图 3-35 所示。

基于 MBD 的产品和服务设计开发输出与传统设计开发输出的区别在于形式和传递方式的不同（见图 3-36）。

基于 MBD 的产品和服务设计开发输出以产品生命周期 BOM 的拓展为基础，设计开发输出的成熟度评价体现了本组织的设计能力，对有知识产权的组织而言是具有核心竞争力的体现。

（五）设计开发更改

组织的设计开发变更及控制（产品设计更改和工艺设计更改）过程是重要过程，其技术文件化信息包括：设计开发变更评审的结果，包括风险评价的等级及措施；变更的申请评审实施和审批的授权；为防止不利影响而采取的措施。组织应确

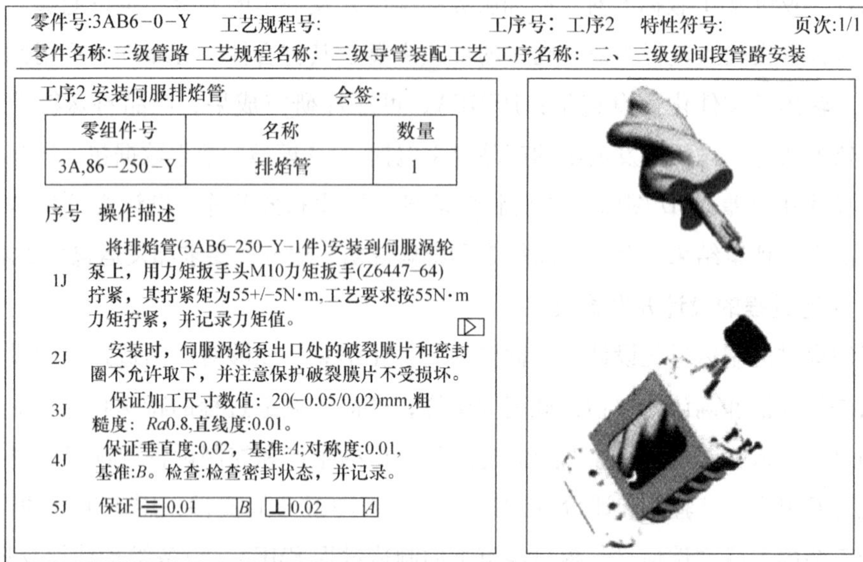

零件号:3AB6-0-Y　工艺规程号:　工序号：工序2　特性符号:　页次:1/1

零件名称:三级管路 工艺规程名称：三级导管装配工艺 工序名称：二、三级级间段管路安装

工序2 安装伺服排焰管　会签:

零组件号	名称	数量
3A,86-250-Y	排焰管	1

序号　操作描述

1J　将排焰管(3AB6-250-Y-1件)安装到伺服涡轮泵上，用力矩扳手头M10力矩扳手(Z6447-64)拧紧，其拧紧矩为55+/-5N·m,工艺要求按55N·m力矩拧紧，并记录力矩值。

2J　安装时，伺服涡轮泵出口处的破裂膜片和密封圈不允许取下，并注意保护破裂膜片不受损坏。

3J　保证加工尺寸数值：20(-0.05/0.02)mm,粗糙度：*Ra*0.8,直线度:0.01。

4J　保证垂直度:0.02，基准:*A*;对称度:0.01,基准:*B*。检查:检查密封状态，并记录。

5J　保证 ⌯ 0.01 *B*　⊥ 0.02 *A*

图3-34　PDF（2D）形式的装配作业指导书

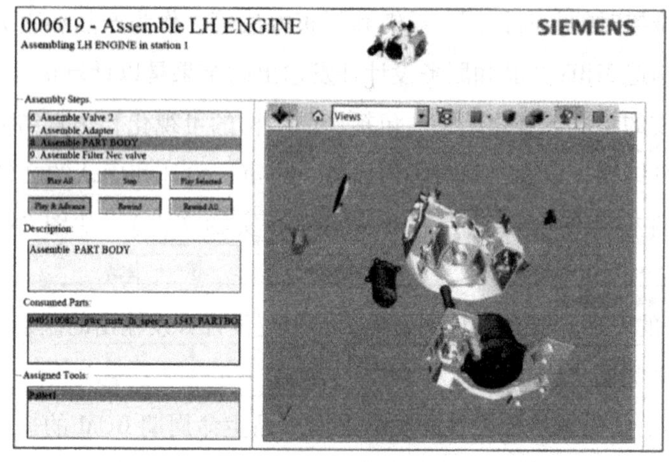

图3-35　基于3D模型的电子作业指导书

保在产品和服务项目的生命周期内所有设计变更都能得到控制，包括组织和其他供方提出的设计更改，必须达到避免不利影响和确保符合要求的目的。组织基于MBD的产品和服务设计开发更改同样要对设计更改的内容以及设计更改引发的不同影响进行控制，应对相关内容重新进行评审、验证和确认，应对后续产品和服务提供过

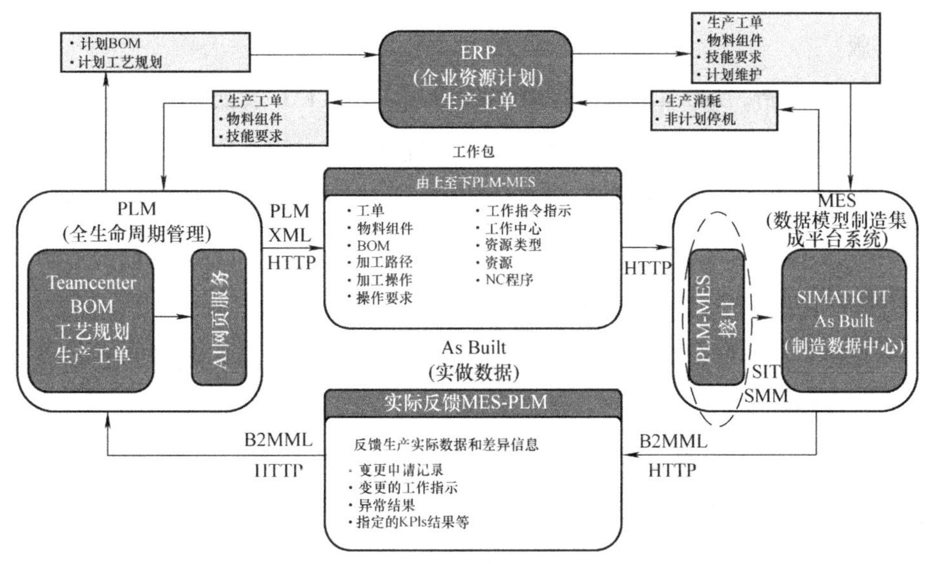

图 3-36　MBD 的数字化制造的实现——订单驱动的完整生产线[3]

程可能的潜在影响及后果进行分析（如 FMEA）并制定相关措施。

以需求为驱动的、以计算机数据管理平台为基础的研发过程是设计变更管理的基础，可实现设计开发过程中产品信息端到端的关联和追溯。对于嵌入式软件产品，组织应确保将软件和硬件实际配置参数传送给顾客。

（六）产品和服务设计开发过程与制造过程的衔接

设计开发输出体现在制造过程设计输出的设计文件化信息中，是产品和服务提供（制造）过程的输入。

组织对在传统制造过程（2D 图）中存在的由样件阶段到试生产阶段再到量产阶段中，需验证和解决产品和服务的质量一致性问题。质量 - 质性保证取决于产品和服务质量问题的反馈和能否有效解决质量问题，是质量管理中质量控制的重点。特别是在组织内部、外部发生产品生产转移（工程变更）和设计变更时，产品和服务的质量一致性问题尤为突出，必须实施有效的变更过程控制予以管理。传统制造过程的输入应获得制造过程信息（2D 图纸或电子文件）包括：规范和产品图纸，材料信息，制造过程流程图或布局，控制计划，作业指导书，过程和产品接受准则，质量、测量、可靠性和可维护性数据，适当时，还需要防错活动的结果（如：

FMEA），以及对于产品或生产过程不合格的快速探测和反馈的方法（资料来源：IRIS 2.1版）

对数字化制造，ISO/TS 22163:2017 标准（8.5.1.1.1 条款）强调组织必须建立、实施和保持一个文件化过程为生产和服务提供。该过程必须：

1）包括：生产计划；确保控制条件的活动；生产和服务提供过程的验证；生产和服务提供过程的确认；控制生产设备的活动；确保标识和可追溯性的活动；对顾客和外部供方财产的管理；防护。

2）引用：首件检验 FAI；配置管理；变更管理；产品和服务的放行；不合格输出的控制；特殊过程。

上述标准还强调组织应在此条款的要求下生产，该条款也可以应用到顾客现场（如调试、安装直至交接）。生产过程中实际还应包括项目管理的计划（里程碑管理）等内容，以及（如图 3-10 中 P2 ~ P3 过程、P2 ~ P4 过程和 P5 ~ P7 过程的）同步工程要求。数字化制造设计开发过程在数字模型阶段进行制造过程的设计开发验证和确认，数字化制造设计开发输出是以 3D 模型和数学数据（包括产品、工艺和工装）一致性，来确保实物件制造过程的产品和服务质量一致性。在产品定义阶段由解决方案确定产品和服务质量一致性。

组织在数字化制造过程中发生产品生产转移、工程变更和工程临时变更时，产品和服务的质量一致性问题的质量反馈，可通过互联网等手段与产品和服务生命周期管理的计算机软件系统连接后进行处理，实现质量追溯（通过技术状态、BOM 管理）到设计开发的某个阶段，应用有效解决方案解决问题，进而提高制造过程的生产效率和产品符合性质量，其所有过程均是借助于计算机及软件平台，运作是不可见的。生产现场管理人员通过互联网和笔记本电脑（或平板电脑，如 iPad）进行产品信息和服务信息沟通，如图 3-37 和图 3-38 所示。

无产品设计责任的组织是从顾客处获得的产品设计开发输出的信息。大致包括：合同、技术协议、产品图样、数学数据、数字模型或实物样件等。还应包括：项目计划中与产品有关的时间计划（里程碑）及顾客特定要求等。因此，组织需要在先期质量策划（APQP）时，实施包括产品设计阶段要求的相关内容，如所要生产的产品设计失效模式分析（DFMEA）。

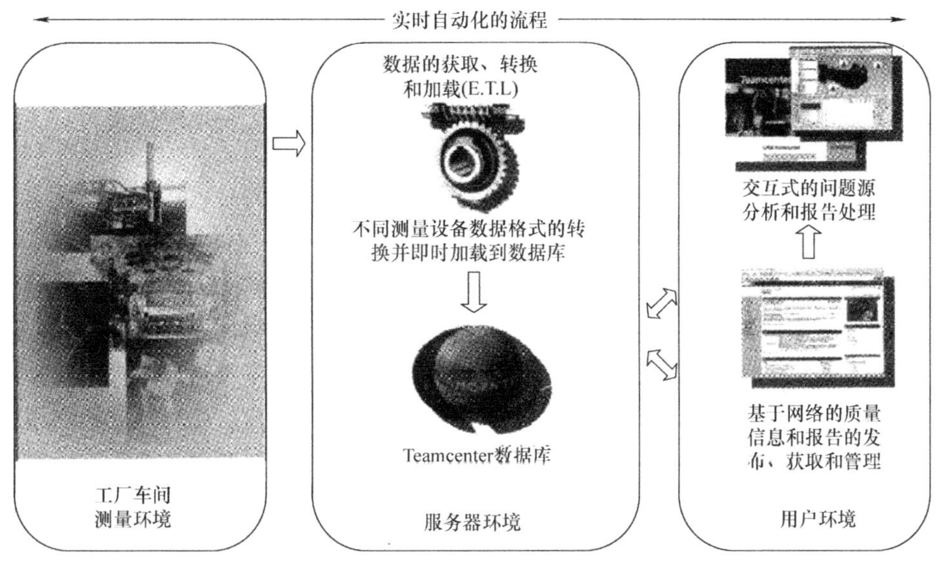

图 3-37　全自动化实施流程

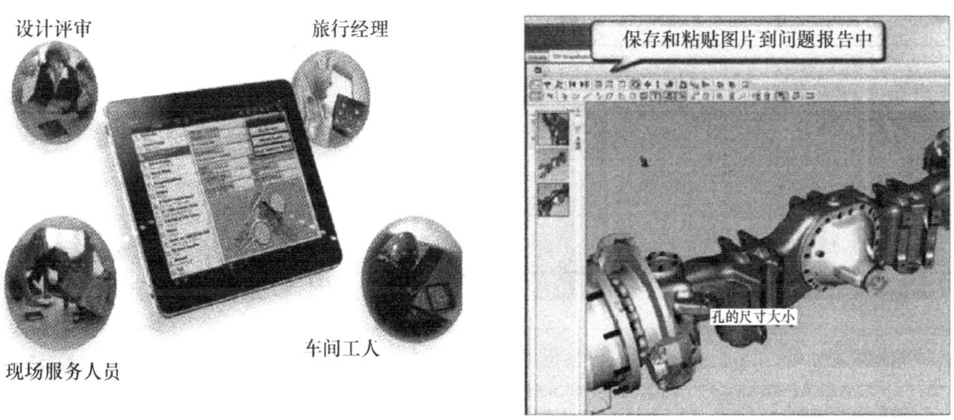

图 3-38　现场管理中的问题反馈[3]

四、嵌入式软件的设计开发过程与成熟度评价

（一）嵌入式软件的设计开发过程

国际电机工程师协会（IEEE）将嵌入式软件系统定义为：**控制、监视或者辅助**

装置、机器和设备运行的装置。嵌入式软件系统是综合体，以应用为中心，以计算机技术为基础。在质量管理体系的过程中，软件和硬件的技术状态管理过程是质量保证的重要管理过程。嵌入式软件的设计开发流程，如图3-39所示。

嵌入式软件开发过程应实施软件工程化方法。嵌入式软件开发过程的控制要点为：在启动时，由责任部门拟定项目开发计划（详见本章第二节），该项目计划包括项目的总体日程计划（包括里程碑管理和关键路径）、人员体制（包括体制图和人员能力）、会议体制（与项目计划的沟通计划衔接）、品质目标、配置管理（技术状态管理，包括CI项及基线管理，见表3-17）和风险计划（与项目管理的风险管理一致）等；该计划在执行之前需要获得管理层的批准。

表3-17　技术状态管理中的基线管理应包含的配置项（CI项）示例

基线名 配置项	功能基线	需求基线（分配基线）	计划基线	设计基线	代码基线	测试基线	发布基线（产品基线）
项目任务书	■						
产品需求规格说明书		■					
用户需求说明书		□					
产品需求列表		□					
项目管理计划			■				
质量保证计划			■				
配置管理计划			■				
沟通管理计划			□				
风险管理计划			□				
概要设计说明书				■			
详细设计说明书				■			
数据库设计说明书				□			
接口设计说明书				□			

（续）

基线名 配置项	功能基线	需求基线（分配基线）	计划基线	设计基线	代码基线	测试基线	发布基线（产品基线）
源代码					■		
可执行程序					■		
测试计划						■	
测试用例						■	
测试报告						■	
软件安装包							■
安装说明							□
用户手册							■

具体过程如下：

在组织的项目计划批准后，需展开要件定义工作；在要件定义书编制完成后，运用多方论证方法进行评审，通过后将要件定义提交给客户评审，并获得客户的签字承认，这时方可展开基本设计的相关工作。根据客户承认的要件定义书进行基本设计工作，需对基本设计过程形成的基本设计书，进行评审，通过后才能进行详细设计。在特殊情况下，基本设计书需要提交给客户进行评审，在客户评审并确认后，方可展开详细设计工作。详细设计工作是基本设计的细化，其详细程度可针对不同客户要求及项目人员的总体匹配情况来决定。在详细设计做成后，进行评审。从要件定义、基本设计到详细设计，对于每个阶段产生的文档评审中发现的缺陷，须全部记录在评审管理表中，并在缺陷问题完全解决后予以关闭。在详细设计书评审通过后，编程人员可根据详细设计书进行编码作业，编制程序单体测试式基准书和单体测试。根据项目的实际情况，按策划安排和系统的单个机能进行区分，展开同步工程的阶段性工作（技术状态管理，包括：CI 项及基线管理、技术状态纪实和技术状态审核）。

嵌入式软件质量特性测试报告见表 3-18。

表 3-18 嵌入式软件质量特性测试报告示例

<table>
<tr><th>软件产品质量特性</th><th>子质量特性</th><th>质量要求</th><th>测试方法</th><th>测试主要记录</th><th>测试结论</th></tr>
<tr><td rowspan="5">功能性</td><td>适合性</td><td rowspan="5"></td><td rowspan="5">□ 功能分解
□ 等价类划分
□ 边界值分析
□ 因果图法
□ 其他方法</td><td rowspan="5"></td><td rowspan="5"></td></tr>
<tr><td>准确性</td></tr>
<tr><td>互操作性</td></tr>
<tr><td>安全性</td></tr>
<tr><td>功能性的依从性</td></tr>
<tr><td rowspan="4">可靠性</td><td>成熟性</td><td rowspan="4"></td><td rowspan="4"></td><td rowspan="4">MTBR（平均修复时间）
= ________</td><td rowspan="4"></td></tr>
<tr><td>容错性</td></tr>
<tr><td>易恢复性</td></tr>
<tr><td>可靠性的依从性</td></tr>
<tr><td rowspan="5">易用性</td><td>易理解性</td><td rowspan="5"></td><td rowspan="5">□ 用户模型法
□ 用户测试法
□ 专家评审法
□ 用户调查法</td><td rowspan="5"></td><td rowspan="5"></td></tr>
<tr><td>易学习性</td></tr>
<tr><td>易操作性</td></tr>
<tr><td>吸引性</td></tr>
<tr><td>易用性的依从性</td></tr>
<tr><td rowspan="3">效率</td><td>时间特性</td><td rowspan="3"></td><td rowspan="3">□ 基准测试
□ 并发测试
□ 递增测试
□ 场景测试
□ 极限测试
□ 疲劳测试
□ 数据存储容量测试
□ 吞吐量测试
□ 网络性能测试</td><td rowspan="3"></td><td rowspan="3"></td></tr>
<tr><td>资源特性</td></tr>
<tr><td>效率依从性</td></tr>
<tr><td>可维护性</td><td>易分析性
稳定性
易变更性
易测试性</td><td></td><td>□ 在检查点进行检查
□ 验收检查
□ 周期性的维护检查
□ 进行软件包检查</td><td></td><td></td></tr>
</table>

（续）

软件产品质量特性	子质量特性	质量要求	测试方法	测试主要记录	测试结论
可移植性	适应性				
	易安装性				
	共存性				
	易替换性				
	可移植性的依从性				

软件系统必须在单体测试全部完毕并达到测试要求时，方可进行系统测试。系统测试分为两个阶段，即结合测试和系统性能测试，每种测试都必须形成相应的测试报告书，并获得评审通过。测试结果中需要详细记录测试发现的不符合项，并记录在管理表中，在发现的问题解决后予以关闭，并经审批。可参考如下标准：①将测试 CASE 覆盖率与计划目标进行比较；②将测试 BUG 率与计划目标进行比较；③测试发现的 BUG 的对应解决情况。

在完成系统测试后，需对该系统进行设计确认，包括与要件的比较分析。确认通过后提交主管审批，审批通过后方可进行产品发布并交付给客户。应对系统开发过程的相关数据进行统计分析，并将该分析结果形成报告提交管理评审。交付时，所有文档性资料需要获得品质管理责任人的审查。

在系统软件产品交付给客户后，由用户进行用户测试，组织可协助用户进行用户测试。并对用户测试时发现的故障进行解决。应关注接入顾客系统时的特殊过程，如入网时的割接过程。

在用户测试完毕后，组织对用户开展如何使用系统的培训，并指导用户进行系统移植或导入准备，使软件系统达到运行（或试运行）状态。在用户测试系统培训过程导入的同时，客户对系统进行验收作业，在现场培训工程师指导软件系统正式运行后，由客户在验收报告上签字确认。组织应召开项目总结会，对整个系统开发过程中的文件化信息及程序代码进行归档整理及备份。

嵌入式软件设计输出的文件化信息，见表 3-19。

表3-19　嵌入式软件设计输出的文件化信息示例

设计开发阶段	工作内容	输出结果	新产品研发类项目	产品升级类项目	维护类项目	合同类项目
立项管理	1. 可行性研究和合同评审 2. 立项评审	立项建议书	√			
		立项可行性分析报告	√			
		立项报告		√		
		项目任务书	√	√	√	
		立项评审记录	√	√	√	√ (合同评审表)
		项目合同书				√
需求管理	1. 需求调查和需求分析 2. 需求评审 3. 需求跟踪、管理	用户需求说明书				√
		软件需求规格说明书	√	√	√	√
		用户需求跟踪矩阵	√	√	√	√
		需求变更申请表	√	√	√	√
项目开发规划	1. 确定项目范围，分解工作，估算工作量，制定项目开发进度 2. 编制配置管理计划和质量保证计划等专项计划 3. 计划评审及变更控制	项目开发计划书	√	√	√	√
		评审记录	√	√ (审批记录)	√ (审批记录)	√
		变更控制表	√	√	√	√
系统设计	1. 进行系统总体结构设计 2. 进行模块详细设计 3. 对概要设计和详细设计进行评审	概要设计说明书	√	√	√	√
		详细设计说明书	√	√	√	√
		评审记录	√	√	√	√
系统开发与测试	1. 编码 2. 单元测试和系统测试 3. 编制测试用例和测试报告 4. 测试报告评审	代码	√	√	√	√
		单元测试用列表	√	√	√	√
		单元缺陷管理列表	√			√
		单元测试报告	√			√
		集成测试计划	√			√
		集成测试用例	√	√	√	√
		集成缺陷管理列表	√			√
		集成测试报告	√			√
		评审记录	√	√	√	√

（续）

设计开发阶段	工作内容	输出结果	新产品研发类项目	产品升级类项目	维护类项目	合同类项目
系统测试及客户验收	1. 进行系统测试，编写系统测试报告 2. 协助客户验收测试及评审	缺陷管理列表	√	√	√	√
		系统测试报告	√	√	√	√
		系统测试评审报告	√	√	√	√
		客户验收报告	√	√	√	√
结项	1. 编制各类用户手册 2. 项目材料归档 3. 项目结项评审会	用户手册	√	√	√	√
		技术白皮书	√	√	√	√
		兼容性列表	√	√	√	√
		培训方案	√			√
		验收评审报告	√	√	√	√

软件设计变更，按技术状态管理要求对变更的内容进行评审、验证，并获得客户的承认。变更后需要从要件定义书、设计书直到代码进行完全修订，保持变更后各阶段成果物的一致性。

组织必须对产品系统运行过程进行维护服务，包括运行过程中出现的故障对应。由于客户要求及其项目的特性，该嵌入式软件的过程中某些环节可裁剪，如项目生命周期内的编码及单体测试，以及不涉及的其他过程。

组织的软件维护（服务）是在软件交付使用之后，为纠正故障、改善性能和其他属性，或使产品适应改变了的现状所进行的修改活动。责任部门或责任工程师应按项目管理过程的要求实施，对软件维护应编制流程，涉及的网络或硬件系统应包括：项目计划、体制图和拓扑图等，其割接过程为特殊过程，应按质量管理体系的要求进行过程确认。

（二）嵌入式软件的成熟度

软件能力成熟度模型（简称 CMM）是对于软件组织在定义、实施、度量、控制和改善嵌入式软件及其各个发展阶段的成熟度定级。CMM 是对嵌入式软件开发过程和维护过程进行监控，以使其规范化和标准化，能更好地实现绩效目标。CMM 是对组织软件过程能力的描述，其框架及分层如图 3-39 ~ 图 3-41 所示。

CMM 适合瀑布型的开发过程，基于有序的过程、过程度量方法和过程管理的规范。而 CMMI 更支持迭代开发过程和由绩效动机推动的组织，是采用基于过程结果

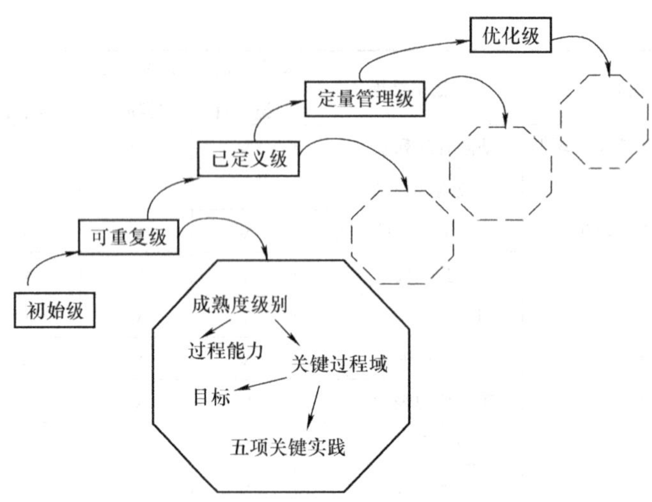

图 3-39　软件能力成熟度模型的框架及分层 1[9]

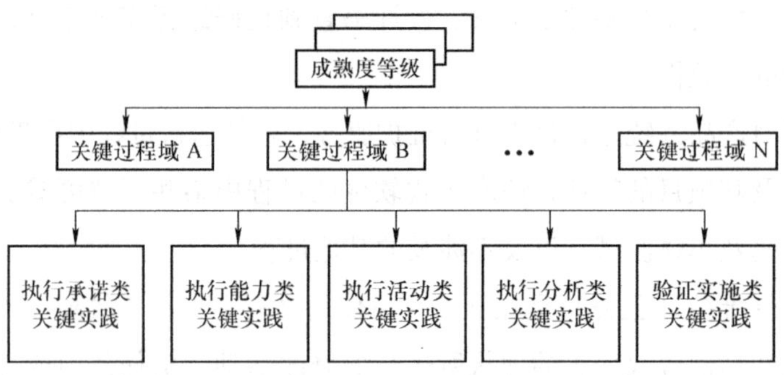

图 3-40　软件能力成熟度模型的框架及分层 2

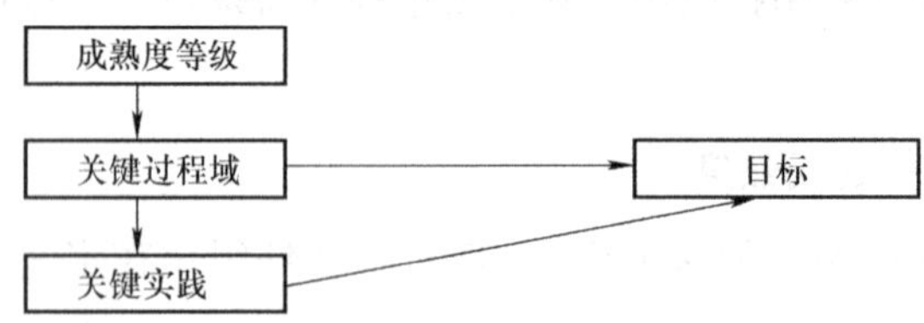

图 3-41　软件能力成熟度模型的框架及分层 3

和绩效评价的方法。组织运用开发业务案例、构想和原型方案，细化后纳入基线结构和可用发布，最终确定为有效版本的发布。

CMMI（Capability Maturity Model Integration）即能力成熟度整合模式，是针对软

件产品与服务发展的过程改进成熟度模式。包含软件维护的最佳方法，涵盖软件产品从概念到交付与维护的全生命周期，目的是改进组织的过程，提高产品和服务的质量能力。

CMMI 认证不仅是对产品质量的认证，更是一种软件过程改进的有效途径。成熟度等级及其过程管理如下：

1. 初始级（ML1）

软件开发过程是无序的、混乱的、未确定的管理过程。无法保证在实施同类项目的时候仍然能够完成任务。项目成功取决于个人贡献，是应急式管理。

2. 已管理级（ML2）

建立了项目管理过程来跟踪计划进度、成本和项目目标。实施对整个过程的监测与控制，能重复类似项目取得的成功经验。有资源准备、规定权责和项目实施人员的培训，与相关方对项目与过程进行审查。组织建立项目管理程序等，保证所有项目都会成功。

3. 已定义级（ML3）

确定软件工程化方面的过程及相关文件化信息，并基于本组织的环境和情景建立标准化质量管理体系。使用经批准、剪切的标准软件过程来开发和维护软件。软件产品的编制过程是可追溯的。并将成功的实践经验运用到知识管理过程。定义级包括：已管理级（ML2）和已定义级（ML3）两个级共包括 18 个过程域（PA）和 4 大类过程：过程管理、项目管理、工程管理和支持类过程。

（1）过程管理　OPD：组织级过程定义；OPF：组织级过程焦点；OT：组织培训管理，各级人员的技能和知识能有效地用于执行任务。

（2）项目管理　（项目管理过程域的关系图略）。PP：项目计划，保证时间计划内的资源利用，分配任务、协调人员及计划调整；PMC：项目监督与控制，监视测量反映项目的进度、费用、风险、规模、关键计算机资源及工作量的结果，并进行分析，制定策略及有效措施，完成项目目标；SAM：供应商协议管理，对外部供方实施有效管理；IPM：集成项目管理；RSKM：风险管理。

（3）工程管理　（工程管理过程域的关系图略）。RD：需求开发；REQM 需求管理；TS：技术解决方案；PI：产品集成。VAL：确认，确认证明产品或产品部件在实际应用下满足应用要求；VER：验证，验证确保选定的工作产品满足需求规格。

（4）支持类过程　（支持过程域关系图略）。CM：配置管理，建立和维护在项目的整个软件生存周期一致性；PPQA：过程和产品质量保证；MA：测量与分析，开发和维持度量的能力；DAR：决策分析与解决方案。

4. 量化管理级（ML4）

组织对软件过程及其质量的详细度量数据的收集和分析，对软件过程和产品都有定量的测量与控制，做到量化与数字化管理。通过量化技术来实现过程的稳定性，达到要求的精度，控制、降低质量波动。量化管理级内容包括：

量化管理级（ML4）除 ML2 和 ML3 的 18 个过程域外，增加了：

OPP ：组织过程绩效；QPM：量化的项目管理，量化管理项目已定义的项目过程，以达成项目既定的质量和过程性能目标。

5. 优化级（ML5）

组织项目管理达到最高的水平。通过信息手段与数字化手段实现对项目管理过程的量化反馈、实施缺陷预防、对先进新思维和新技术进行优化和持续改进。

优化级（ML5）除包含第 2 级到第 4 级的 20 个过程域外，增加了：

OID：组织的创新与推展，选择并推展渐进创新的组织过程和技术改善，应是可度量的，选择及推展改善支持基于组织业务目的的质量及过程执行目标；CAR：因果分析与解决。

CMMI 评估组织应提供文件化信息，包括：研发管理过程规范；组织定义的裁剪标准；组织定义的生命周期；组织定义的资产库；组织定义的度量历史数据分析库；组织定义的工作环境标准；组织定义的团队建设标准。

CMMI 评估的项目应提供文件化信息，包括：项目管理的记录；项目工程的记录；项目辅助活动的记录；项目建议及改善的记录。包括：组织该软件产品项目管理过程的工作记录；组织培训的记录；项目过程培训的记录；采购记录等证实性证据。

CMMI 评估过程示例

项目名称 ：××××；项目功能简介（Project Brief）：×××产品 1.0 版，是本公司针对×××安全生产开发产品的第 1 个版本。组织软件系统以安全生产为主线，制定了适合××××车辆段联合检修库安全生产的连锁关系。实现了生产安全路线，该软件系统的 1.0 版主要实现高压安全送电、断电、平台安全作业管理、库内行车及侧移式接触网等设备的工作授权的安全运行管理系统。其主要功能如：系统管理，包括用户、资源、角色管理，及基于这三者实现的权限管理；该软件系统的基础数据管理，包括库内设备及人员基础数据管理；该软件系统的计划管理，按不同计划对应的作业区域进行计划管理，分为作业区域管理和作业路线卡片管理；该软件系统的职责和授权，包括人员、设备、工位派工及授权；该软件系统的生产数据采集，包括现场人员、设备信息的采集，现场问题的反馈，以及运行故障信息的收集；质量管理，包括作业信息统计存档、状态及问题信息的记录与查阅；交付，包括运行状态记录输出和存档；研发规范的建立，见表3-20。

表3-20　研发规范版本履历

<table>
<tr><td>当前研发规范版本</td><td colspan="3">1.2</td></tr>
<tr><td>CMMI 规范建设履历</td><td colspan="3">201×.10 初始建设
201×.9 规范发布1.0版本
201×.11 规范更新到1.1版本
201×.2 规范更新到1.2版本</td></tr>
<tr><td>CMMI 规范建设负责人</td><td>×××</td><td>是否参与访谈</td><td>是</td></tr>
</table>

项目组成人员及分工：项目经理、高层经理、需求人员、设计人员、编码人员、测试人员、配置管理人员、质量人员和培训人员等，明确是否参与访谈。

CMMI 评估信息—评估小组成员，见表3-21。

表3-21　CMMI 评估信息—评估小组成员

角色	姓名	技术支持	业务管理	是否拥有CMMI证书	是否参与过CMMI评估	是否参与过高等级评估	备注
评审小组成员							
评审小组成员							
整体							
平均							

CMMI 能评估20个研发方面的能力，包括：项目策划、项目监控、集成项目管理、项目采购管理需求开发、需求管理、技术解决方案、产品集成、定量项目管理、

验证、确认、组织过程改进、组织过程定义、组织培训、质量保证、配置管理、决策与决定、原因分析、风险管理、度量分析和组织性能。

能力等级分为1，2，3，4，5共5个等级，CMMI评估能力及成熟度等级见表3-22。

表3-22　CMMI评估能力与成熟度等级

级别	连续表述	阶段表述方式
	能力级别	成熟度级别
0级	不完备	—
1级	已履行	初始级
2级	已管理	已管理级
3级	已定义	已定义级
4级	定量的预测性能	量化管理级
5级	实现过程域目标，持续改进	优化级

当该软件系统的能力达到某一等级时，称为成熟度。成熟度分为1，2，3，4，5共5个等级。FI：CMMI要求组织内完全实施；LI：CMMI要求组织内大部分实施；PI：CMMI要求组织内部分实施；NI：CMMI要求组织内未实施；NY：CMMI要求组织内尚未开始（见表3-23和图3-42）。

表3-23　CMMI成熟度等级评估规则

级别	级别说明	对组织的要求	对项目的要求
FI	CMMI在企业组织实施过程中没有任何弱项	组织内部有严格的工作过程、规范及操作模板等	项目团队严格按照组织的工作过程、规范和操作模板进行工作记录输出
LI	CMMI在企业组织实施过程中有弱项，但不影响目标实现	组织内部有严格的工作过程、规范及操作模板等，但规定不详细	项目团队严格按照组织的工作过程、规范和操作模板进行工作记录输出

（续）

级别	级别说明	对组织的要求	对项目的要求
PI	CMMI 在企业组织实施过程中有弱项，且影响目标实现	组织内部有严格的工作过程、规范及操作模板等	项目团队按照组织的工作过程、规范和操作模板进行工作记录输出，但部分缺少
NI	CMMI 在企业组织实施过程中未开展，但影响目标实现	组织内部有严格的工作过程、规范及操作模板等，部分规定缺少	项目团队严格按照组织工作过程、规范和操作模板进行工作记录输出，但部分缺少

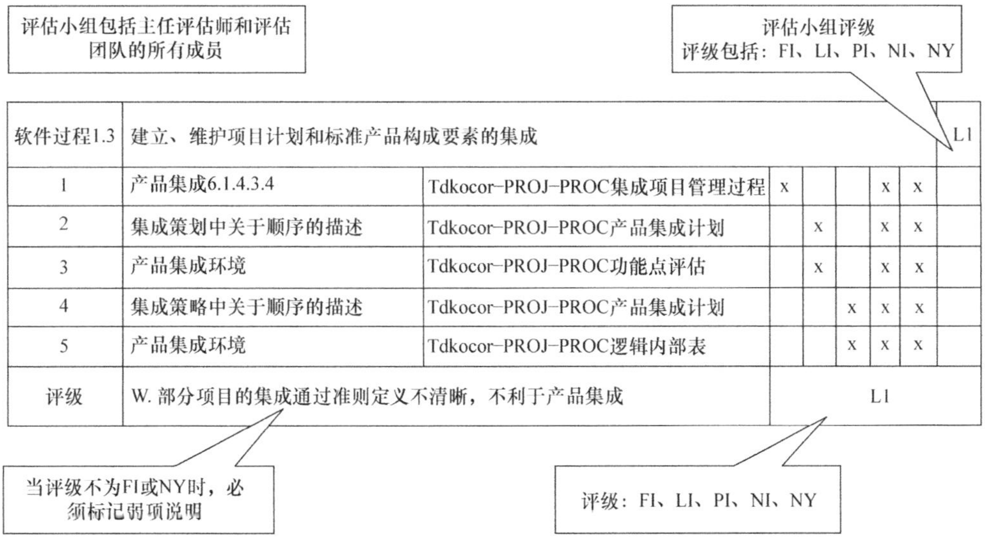

图 3-42　CMMI 成熟度评级示意

嵌入式软件开发过程如图 3-43 所示。

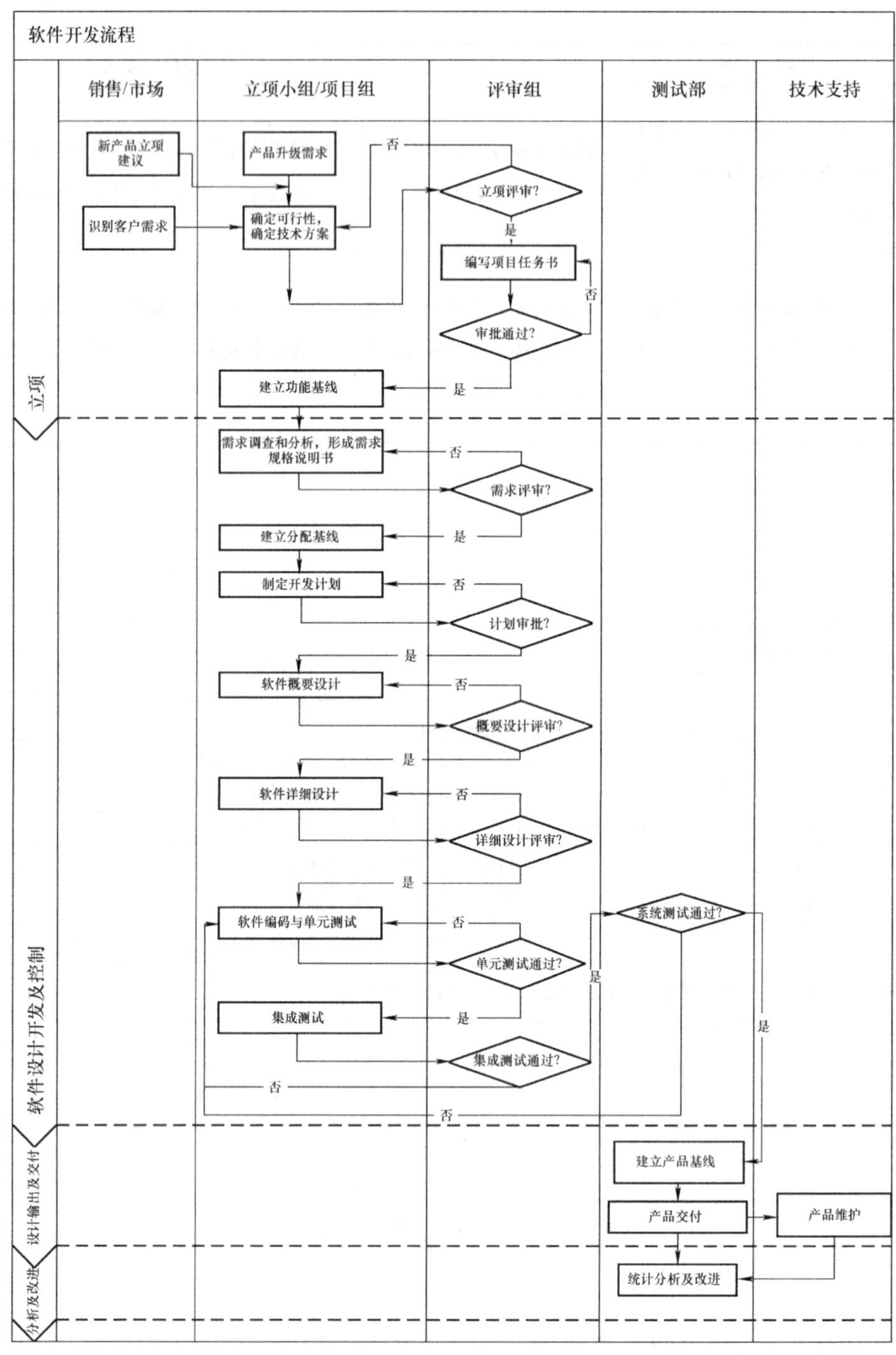

图3-43　嵌入式软件开发过程示例

第五节　技术状态管理过程

质量管理的质量策划过程在项目管理过程之后，组织应启动技术状态管理（配置管理）过程，是在产品实现策划阶段需要建立的重要过程（在 ISO/TS 22163:2017标准中增加为 K. O 项）。组织在产品和服务设计开发（含基于 MBD）中，应用技术状态管理（ISO 10007）过程进行更改控制和质量追溯是有效的方法。

由计算机软件实现的数字化制造产品和服务全生命周期过程中，技术状态管理（技术状态纪实）与产品构型管理的 BOM 单一输入源的产品信息链，是实现产品和过程一致性及质量一致性保证的重要基础。

在 20 世纪 90 年代，ISO 发布了技术状态标准，我国之后对该标准进行了等同转换，产生了 GB/T 19017《质量管理　技术状态管理指南》和 HB 7807—2006《航空产品技术状态（构型）管理要求》等标准。

ISO 9000:2015 标准将“技术状态管理”定义为：**指挥和控制技术状态的协调活动**。技术状态管理通常集中建立和保持在由某个产品或服务及其产品技术状态信息控制的技术和组织活动的整个产品生命周期内。适用于硬件和软件产品。技术状态管理对内部和外部的变更进行控制，包括：建立配置项（CI）、技术状态标识、技术状态控制、技术状态纪实和技术状态审核等内容。

ISO 9000:2015 标准将“技术状态 ”定义为：**在产品技术状态信息中规定的产品或服务的相互关联的功能特性和物理特性**。功能特性是指产品设计指标、设计约束条件和使用保障要求。物理特性是指产品的形体特性，如尺寸、表面状态、形状和公差。技术状态信息是指对产品设计、实现、验证、运行和支持的要求，包括技术要求、设计规范、图样、材料清单、试验规范和使用说明书等。

ISO 9000:2015 标准将“产品技术状态信息”定义为：**对产品设计、实现、验证、运行和支持的要求或其他信息**。技术状态管理过程的策划，应建立基线管理方案。其目的在于规定技术状态管理使用基线的方式，对组织的文档、代码和 BOM 进行流程管控，以保证技术信息、代码和 BOM 的首次发布、变更及再次发布的正确性和唯一性。技术状态管理流程，如图 3-44 所示。

ISO/TS 22163:2017 标准要求组织必须建立、实施和保持一个文件化的适于其产

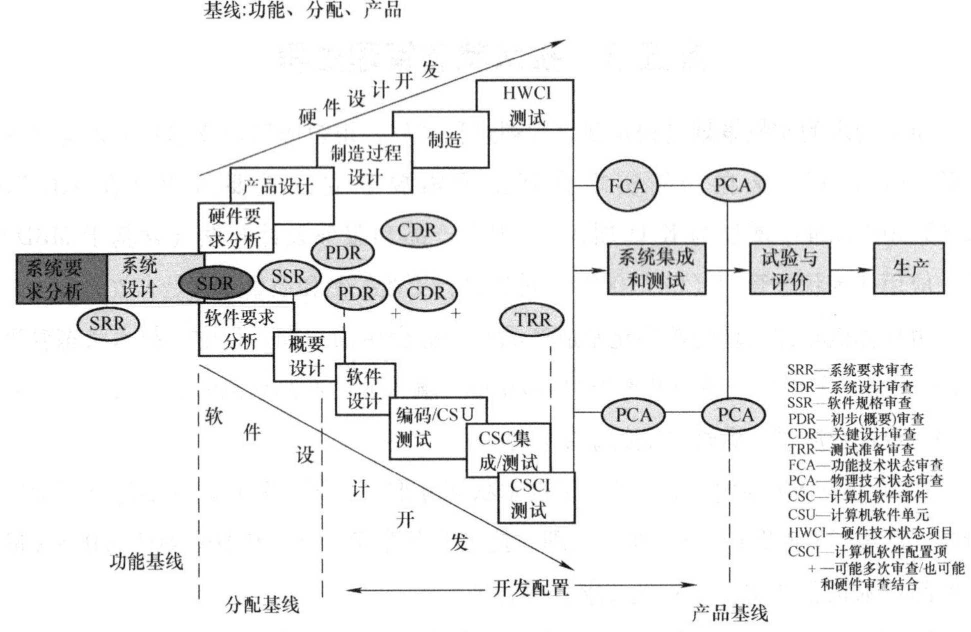

图3-44 技术状态管理流程[9]

品的技术状态管理过程。该过程适用于硬件和软件，实施中必须考虑：①技术状态管理策划；②产品分解结构直至最低可更换单元；③确定技术状态配置项（CI），至少对有关的安全件确定CI项；④建立技术状态基线；⑤实施技术状态的变更控制管理；⑥实施技术状态纪实；⑦建立可追溯性标识的准则（如序列和批次号）。

组织的技术状态管理过程的资源提供和管理，包括：①考虑定期内部技术状态审核；②整合外部提供方的技术状态管理体系（如数据转移接口）；③考虑技术状态项（CI），在设计开发、生产和维护中所用的工具和软件；④应用软件支持，如：西门子PMI产品制造信息驱动的CMM编程软件等。

一、技术状态管理原则

组织应规定产品和服务全生命周期构型管理的职责和权限。ISO 9000:2015标准将**“技术状态控制委员会”**定义为：**被赋予技术状态决策职责和权限的一个人或一组人。**

技术状态基线管理与APQP的示意，如图3-45所示。

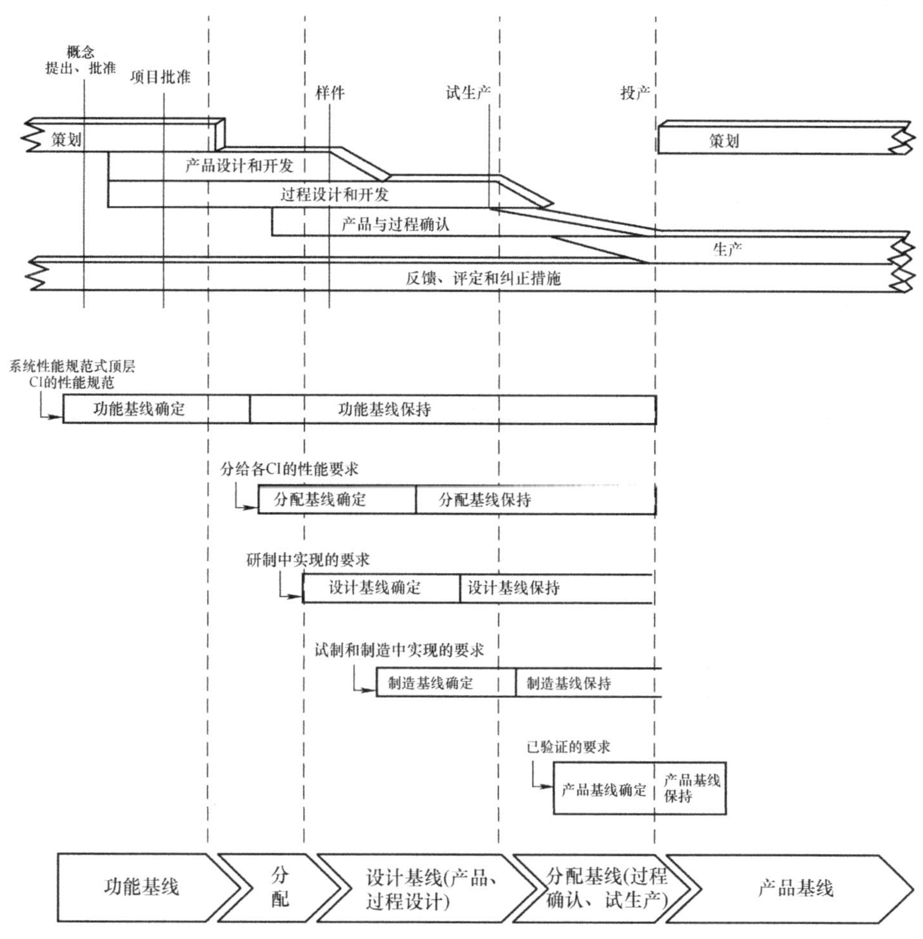

图 3-45　技术状态基线管理与 APQP 的示意

二、技术状态基线管理

组织应确定技术状态管理过程及文件化信息，包括：技术信息、代码、BOM 类型和产品相关人员等，应采用规定基线的方式进行。在创建基线前，必须对技术信息进行评审，并且应满足设计开发要求，评审内容包括 BOM 的单一输入源、CI 项和相关的人员确认等。对代码以单元测试方式进行验证，保证业务流程和业务逻辑测试的一致性。在基线建立时，对技术文件化信息、代码和 BOM 等进行审核，批准后可实施。

基线的创建：由技术状态管理工程师负责，并负责分配使用权限。基线经审核，在批准后发布。基线创建后，如果基线内的产品或相关内容需要变更，则必须执行变更规定或流程。

ISO 9000:2015 标准将**“技术状态基线”**定义为：**在某一时间点确立并经批准的产品或服务特性的产品技术状态信息，作为产品或服务整个生命周期内活动的参考基准**。基线分为：功能基线、分配基线和产品基线。MIL - HDBK - 61A 标准给出了构型基线的定义。

（一）功能基线

组织在该阶段应形成的技术状态文件化信息，包括：产品和服务功能技术状态文件化信息，系统规范，确定的总体方案，CI 项（配置项）中具有独立功能的模块化、系列化的部件或子系统信息等。

ISO 9000:2015 标准将“技术状态项（CI）”定义为：**满足最终使用功能的某个技术状态内的客体。**

CI 项的模块化可视为安装层次上的组件及其方位组合的数据单元。分为基础模块——描述和定义基本项的数据单元；选装模块——描述和定义选装项的数据单元；定制模块——描述和定义定制项的数据单元。EIA - 649B 标准中定义了 CI 项的要点：

CI 项是一个产品或一个复杂产品结构中的主要组件，为最终产品提供重要功能。其指定过程是把需求规范分解到项目，从而进行分别研制的一种实用方法。所指定的 CI 项可标注其组件变更的有效性。它受到构型管理的特别关注，通常是系列化的，并接受设计评审和技术状态审核。

CI 项的指定与供应链中的地位有关，一般把供应商的最高层或最终产品作为 CI 项。CI 项的数量与产品复杂程度有关，也与系统集成有关。CI 项选择过多或过于复杂会影响构型管理的清晰度，增加管理成本。

（二）分配基线

组织在分配基线阶段应形成的技术状态文件化信息，包括：设计基线、制造基线、产品和服务设计开发规范（或技术条件），以及确定的技术协议等。其中设计基线应形成满足设计输入的产品和服务的设计输出文件化信息、制造过程设计输出文件化信息和试生产阶段的技术状态文件化信息（包括产品、工艺验证、过程确认及顾客批准等)。

(三) 产品基线

组织应形成产品制造(连续生产、生产批次)的技术状态文件化信息,包括交付和交付后活动。在技术状态文件化信息、代码和 BOM 基线变更后,需要经过审核、批准,再行发布。

组织确定的三个基线应用对应技术文件来描述,指定对应的技术文件包,即功能技术状态文件包、分配技术状态文件包(产品、过程和试制)和产品技术状态文件包,及技术文件包的阶段性技术审批。

三、技术状态管理过程

(一) 建立技术状态配置项(CI)

组织建立技术状态配置项(CI)是指满足最终使用功能的某个技术状态内的实体。应具备的条件是:

1) 能满足最终使用功能,即:具有功能特性和物理特性。

2) 被指定为某个实体。

技术状态配置项(CI)是由产品结构管理通过工作分解(WBS,详见项目管理过程示例)结构确定的。是硬件软件产品层次配套系统,应与产品全生命周期 BOM 的展开相一致。一般在项目管理阶段予以确认或与项目管理(如项目质量管理过程)相一致。复杂产品结构(如发动机)一般分为三层,如图 3-46 所示。

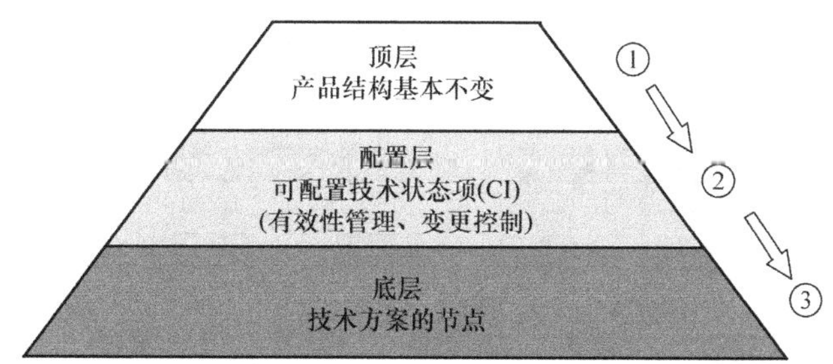

图 3-46 复杂产品结构层次示例(技术状态项 CI)[3]

(二) 技术状态标识

图 3-47 给出了通过产品 BOM 到工艺 BOM 演化与技术状态管理标识在产品生命

周期各阶段的衔接。具有独立功能、可进行单独实体管理的硬件软件产品或项目均可实施技术状态管理并进行标识。

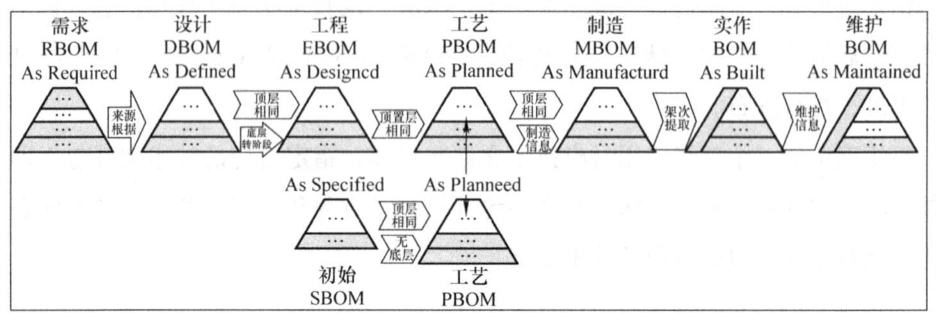

图3-47　产品BOM的演变与技术状态管理示意

技术状态标识配置项（CI）是技术状态标识管理的基本单元。一种型号的产品应建立多个技术状态标识配置项（CI），应经过相关管理机构批准，并形成文件。

从产品设计BOM→工艺设计BOM→工程BOM→实作BOM（量产）→维护BOM，在数据（TC）平台实现全面拓展。其中技术状态标识为产品序列号或批次号及衍生的标识号，与阶段对应的技术文件版本号；技术状态控制是以“可配置技术状态项（CI）”（见图3-46中的配置层）有效版本号和授权审批发布进行控制。

产品批次管理与技术状态项（CI）的层次关系如图3-48所示。

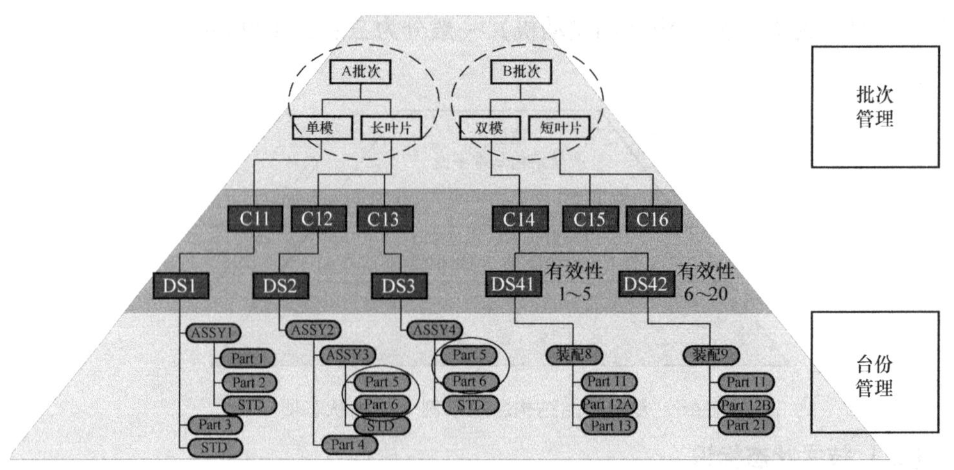

图3-48　产品批次管理与技术状态项（CI）的层次关系

技术状态标识方法，例如组织按国家航空行业 HB 7805 标准的要求，进行技术状态项（CI）的结构树建立对应的型号规范和标识；按标准进行技术文件分类以及工程图样和数字模型的标识。组织规定的标识范围的技术文件化信息包括：系统规范、设计开发产品和服务规范、工艺规范和材料规范等的标识、工程图样和数字模型的标识、技术文件及相关记录等的标识、基线标识和更改状态标识等。以航空行业生产组织产品为例，一般分论证阶段、方案阶段、工程研制阶段和定性阶段，标识方法如图 3-49 所示。

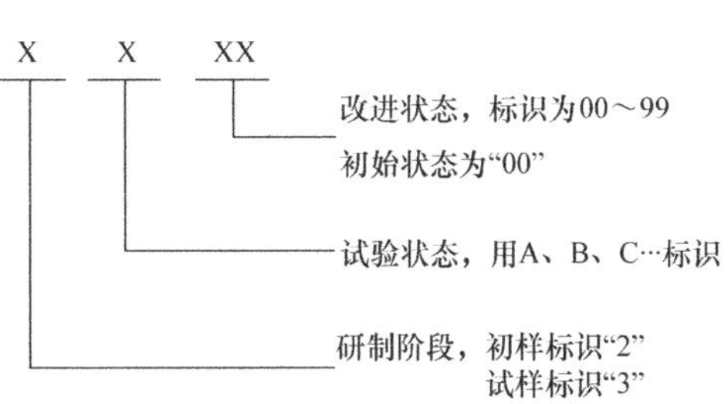

图 3-49　技术状态标识方法示例

系统设备工程研制包括样品研制阶段和样品试制阶段

1）样品研制阶段标识为 C，表示为

$$C = C_1 + C_2 + C_3$$

其中，C_1 为数字模型遥测状态（MY）；C_2 为独立回路遥测状态（DY）；C_3 为闭回路遥测状态（BY）。

2）样件试制阶段标识为 S。

其中，研制试验状态标识为 ZY。

技术状态标识方法如图 3-49 所示。

组织各基线内的技术信息标识，按版本号和文件化信息标识号进行区分，与单一流信息输入源一致。

数字化制造在系统中自动产生的标识号，应与系统外产生技术文件化信息的技术状态标识保持一致，或应另行进行一致性和可追溯性说明。

（三）技术状态纪实

ISO 9000:2015 标准将**"技术状态纪实"**定义为：**对产品技术状态信息、建议的更改状况和已批准更改的实施状况所做的正式记录和报告。**

技术状态纪实应有责任部门负责形成报告并存档，见表 3-24。

技术状态纪实是各阶段的证实性证据，例如制造实作阶段的首件检验记录（见表 3-25）、制造中产品的偏离和超差记录、装配状态记录等的电子履历和验证记录、维护中的故障状态记录、易损件的更换和运行状态记录等，形成完整的产品实物履历和构型状态。技术状态审核可借用数据（TC）平台的可重用性实现。

表3-24 技术状态纪实报告示例

技术状态纪实报告

年 月 日　　　　编号：JZ×××× （年号） -×× （序号）

<table>
<tr><td colspan="2">零件图号</td><td>(1)</td><td colspan="5">工艺更改单号</td><td>(8)</td><td colspan="2">工艺更改日期</td><td>(9)</td><td>工艺员</td><td>(10)</td></tr>
<tr><td colspan="2">零件名称</td><td>(2)</td><td colspan="5">零件首批批次</td><td>(11)</td><td colspan="2">出厂装配处</td><td>(12)</td><td>计划员</td><td>(13)</td></tr>
<tr><td colspan="2">技术状态项号</td><td>(3)</td><td colspan="5">合格数量</td><td>(14)</td><td colspan="2">交付日期</td><td>(15)</td><td>检验员</td><td>(16)</td></tr>
<tr><td colspan="2">设计更改单</td><td>(4)</td><td colspan="4">组件图号</td><td>组件批次</td><td>出厂装配处</td><td colspan="2">计划员</td><td>合格数</td><td>交付日期</td><td>检验员</td></tr>
<tr><td rowspan="4">主要更改内容</td><td colspan="2" rowspan="4">(5)</td><td></td><td></td><td></td><td></td><td>(7)</td><td>(17)</td><td>(18)</td><td>(19)</td><td>(20)</td><td>(21)</td><td>(22)</td></tr>
<tr><td></td><td></td><td></td><td></td><td></td><td></td><td></td><td></td><td></td><td></td><td></td></tr>
<tr><td></td><td></td><td></td><td></td><td></td><td></td><td></td><td></td><td></td><td></td><td></td></tr>
<tr><td></td><td></td><td></td><td></td><td></td><td></td><td></td><td></td><td></td><td></td><td></td></tr>
<tr><td>产品决定</td><td colspan="2">(6)</td><td colspan="11">备注 (23)</td></tr>
</table>

注：(1)栏指变更件号；(4)栏可填写临时工艺规程或试验卡片号；(7)栏指变更件号装配处；(8)栏可填写工艺超越单号或临时工艺规程号。

表3-25 技术状态首批产品通知单示例

技术状态首批产品通知单

年 月 日　　　　编号：JT×××× （年号） -×× （序号）

名　称	内容	名　称	内容
零件图号	(1)	组件图号	(8)
零件名称	(2)	组件名称	(9)
设计更改单号	(3)	组件批次	(10)
工艺更改单号	(4)	装配处	
首批批次	(5)	计划员	
投产数量	(6)	发出日期	
合格数量	(7)	检验员	

QR/JS—002

注：(1)～(7)栏填写首批合格品的数量；(8)～(10)栏填写本生产部门最终的组件图号和组件批次号。

（四）技术状态审核

技术状态审核是依据技术状态管理标准、规范和技术文件，对产品和服务技术状态项实施符合性的检查。组织应确定审核范围、功能技术状态和物理技术状态，按审核方案编制审核计划。现场审核记录应包括：变化状态项及其基线；技术状态实施情况；偏离、超差情况；设计更改、过程更改和工程更改（Ⅰ类更改和Ⅱ类更改）的风险分析等内容；技术状态文件化信息和技术状态纪实证实性证据。审核组应形成审核发现和审核报告，不符合的纠正和纠正措施的验证结果，应输入管理评审。

技术状态审核与质量管理体系、制造过程审核的区别在于，其审核对象是在产品单一技术状态项的信息中与规定的产品或服务的功能特性和物理特性相互关联的纪实信息、标识状态和更改状态，包括更改状态和已批准更改的实时状态，应检查技术状态实施的有效性和一致性。

四、技术状态纪实与构型管理、变更控制

组织应在数字化制造产品和服务的全生命周期管理中，对顾客定制需求进行分析，将产品质量功能展开（QFD）转化为产品技术特性，建立基于产品的功能结构单元（PFSC）是构型管理的基础。设计部门基于 PFSC 建立的产品数字模型数据以 BOM 的形式展开（见图 3-29），自产品结构（顶层）向下层进行产品结构分解（见图 3-48 和图 3-49），并以技术状态形式呈现产品数字模型的技术信息，表现为以产品功能结构单元和相应的数字化数据的技术文件化信息。在图 3-46 中，产品结构②配置层（CI 项）即产生技术状态的相关信息，以实现数字化产品和过程的一致性和可追溯性，以及产品质量一致性保证。

（一）技术状态纪实与变更控制

ISO 9000:2015 标准将“更改控制 ”定义为：**技术状态管理在产品技术状态信息正式被批准后，对输出的控制活动。**

组织必须建立技术状态纪实过程及其文件化信息以贯彻执行，实施现场控制。指定责任人定义对影响产品和服务实现的变更（包括产品、过程和工程变更）和变更需要，必要时提交顾客予以授权，以保持与顾客要求相一致。

组织为确保变更产生的影响应进行风险分析和控制，包括由供方引起的变更

（如供方、地址、生产过程和标准的变更）和由顾客引起的变更（如新产品导入）。指定或授权责任人必须在变更实施前对风险分析和控制措施进行评估和验证、确认和批准，以确保同顾客要求的一致。对于包含知识产权的设计，当其变更影响形式、装配和功能（包括性能和/或耐久性）时，必须和顾客一起评审变更，确保所有影响都能够得到评估。

变更控制，包括内部和外部变更的控制，如设计变更、工艺变更和工程变更（见图3-50）。

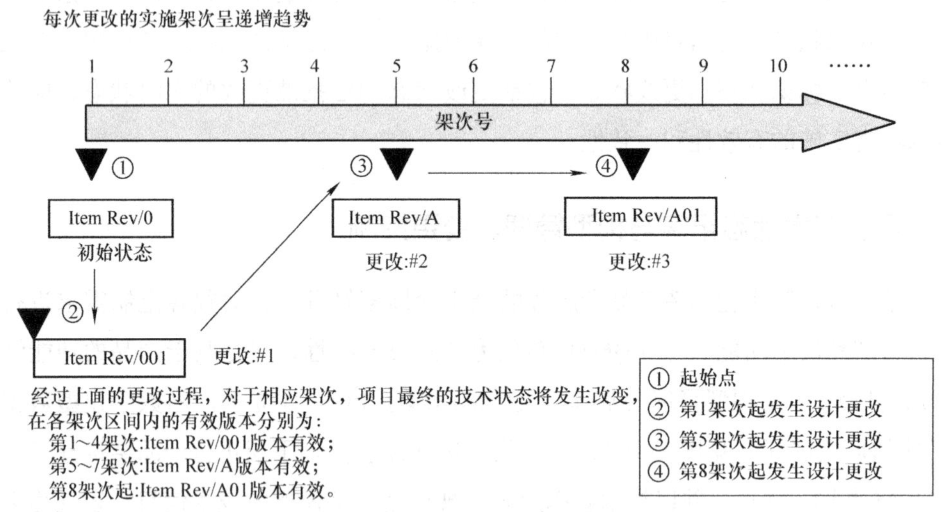

图3-50 符合CMM的变更控制管理过程分解图[3]

（二）技术状态信息变更审批

组织必须规定控制的方法以防止外部引起的变更没有得到授权人批准就执行。数字化制造过程的变更控制的技术信息、审批及发布如图3-51所示。审批过程是风险控制的必要手段，应严格执行。

指定或授权责任人对变更相关技术文件化信息或BOM单，需按变更点的全部内容进行再验证和再评审，确认变更后的技术文件化信息应满足设计开发要求。技术状态工程师需确认软件代码，保证通过变更后的业务流程实施和逻辑测试，执行后，必须再次进行基线审核。指定或授权责任人在BOM变更后，提交项目管理的相关文件化信息，必须重新验证技术信息、BOM单的单一输入源，进行技术评审。包括CI项 相关的技术信息，以满足设计开发要求。指定或授权责任人代码以单元测试方式进行验证，来保证业务流程和业务逻辑测试的一致性。变更后的技术文件需要经过审核、批准后，再行发布。GB/T 19017—2008标准中规定的Ⅰ类更改一般指外部或大的更改（外部引发的更改，如顾客）；Ⅱ类更改是指内部或小的更改。组织变更管理要考虑产品的安全、性能、功能、维护、重量、互换性或备件，产品有关的规范，产品相关的顾客技术协议和顾客特定要求，设备规格和能力（Cmk），外部供方的再评价、生产过程的影响和成本、生产延误和相关控制标准的变更管理。变更管理中的构型变更影响装配、外形和功能（3F：Fit、Form、function）的更改零件编号，不影响3F的直接版本升级，应审批后发布。

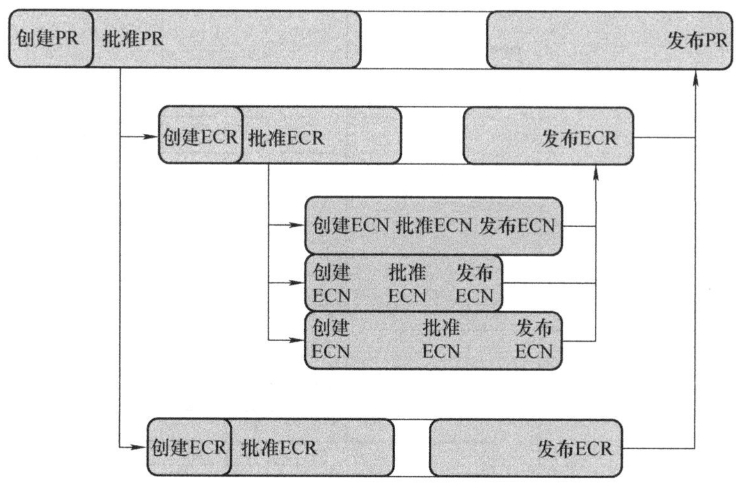

图3-51　变更控制的技术信息审批及发布[3]

注：PR为问题报告；ECR为工程更改请求；ECN为工程更改通知。

技术状态管理的流程图如图3-52所示。

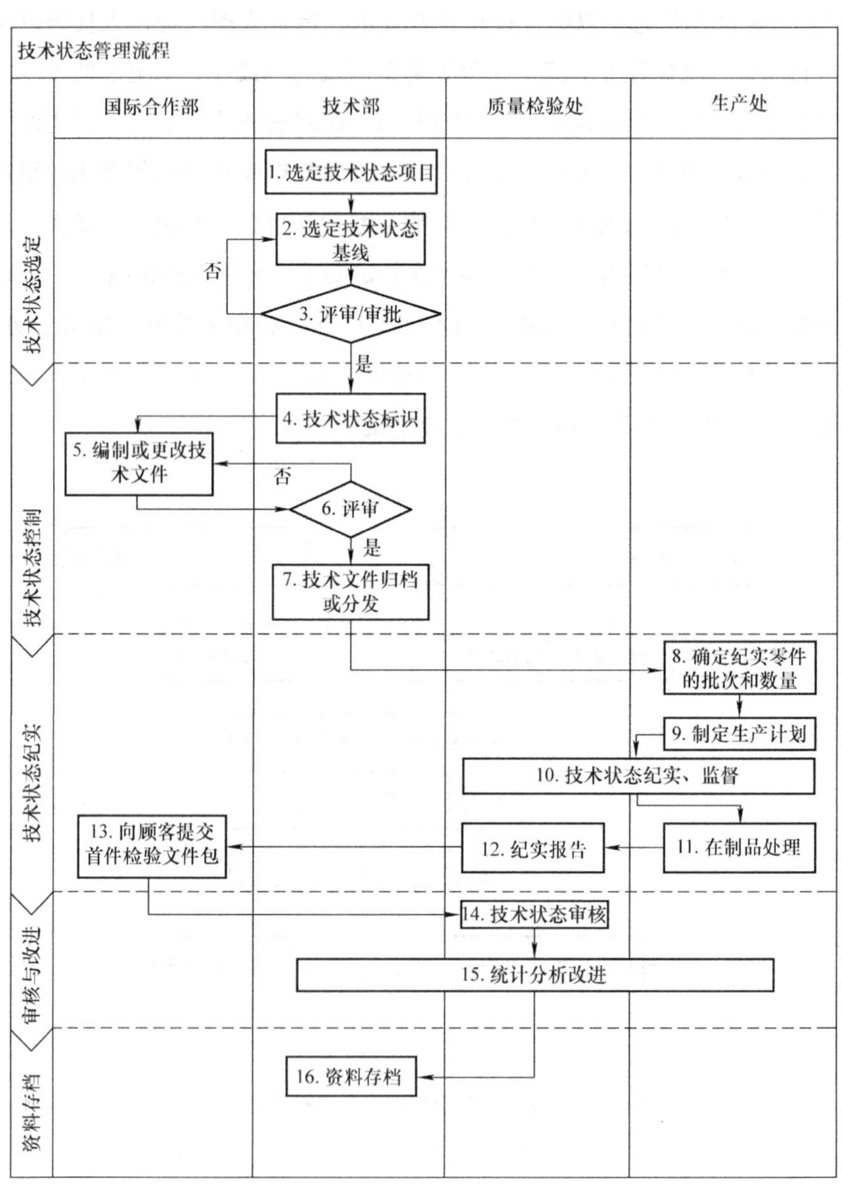

图3-52　技术状态管理的流程图

第四章　质量管理体系与技术管理

第一节　技术管理的概念

技术管理分为国家层面的技术管理、行业层面的技术管理和组织层面的技术管理，是战略规划的重要内容之一。其目的是实现国家、行业和组织的愿景，按战略规划展开技术路线形成核心竞争力。技术管理是质量管理的基础，是质量管理体系的核心内容。

无论增值组织还是非增值组织，在其战略规划中，必然会直接或间接地涉及技术管理的内容。例如国家机构是非增值组织，但其制定出的战备发展规划是国家科学技术水平的体现，包含了技术管理内容，如我国的“十三五”规划和“中国制造2025”、德国的“高科技战略2020”（含工业4.0）和美国的“制造业复兴战略”给出了殊途同归的技术路线图，目的都是打造未来企业以形成国家核心竞争力。“中国制造2025”为我国各级组织的转型升级提供了技术管理的框架。

技术管理主要体现为技术管理的成熟度。美国国家标准与技术研究院从超过10家美国的大型企业及其供应商的现场评估中，参照MBE的定义得到的一个能力指数定义，通过一套详细的标准来定义MBE的能力，以帮助企业判定当前的技术水平及现存状态，并制定企业MBE的发展路线图[5]，给出了组织转型的技术路线图及能力（或成熟度）评价的标准。MBE能力矩阵如图4-1所示。

图4-1右侧所示的4个技术能力等级形式，是从传统的2D图样和纸质的作业指导书模式向现代化的3D模型智能反馈的在线作业指导系统模式转型。组织数字化制造升级过程是组织技术管理转型和能力提升的必经之路。组织应从战略规划出发，进行环境的情景分析和顾客的需求现状分析，找出差距或发展方向，形成技术路线和资源投入，达到技术管理的技术能力发展。技术管理规划如图4-2所示。

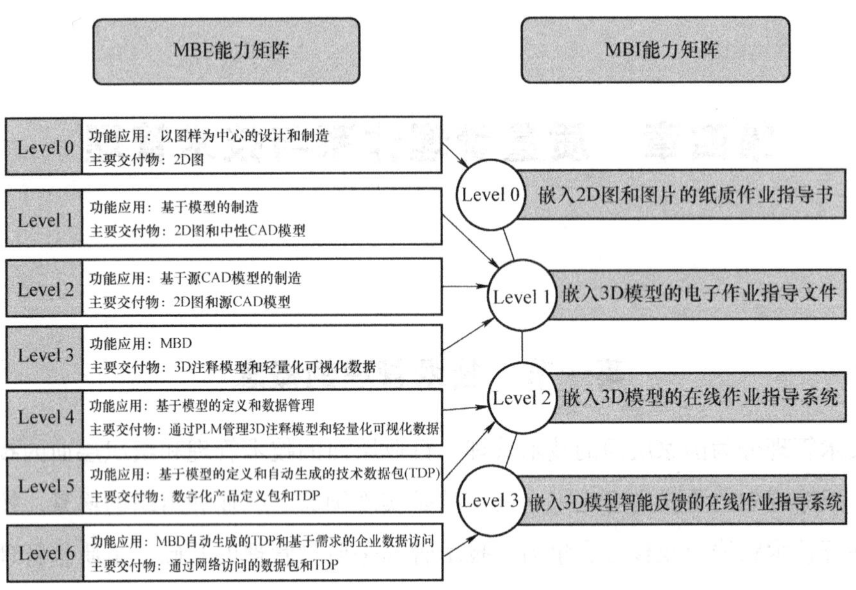

图 4-1 MBE 能力矩阵[3]

注：MBI 为基于模型的制造业。

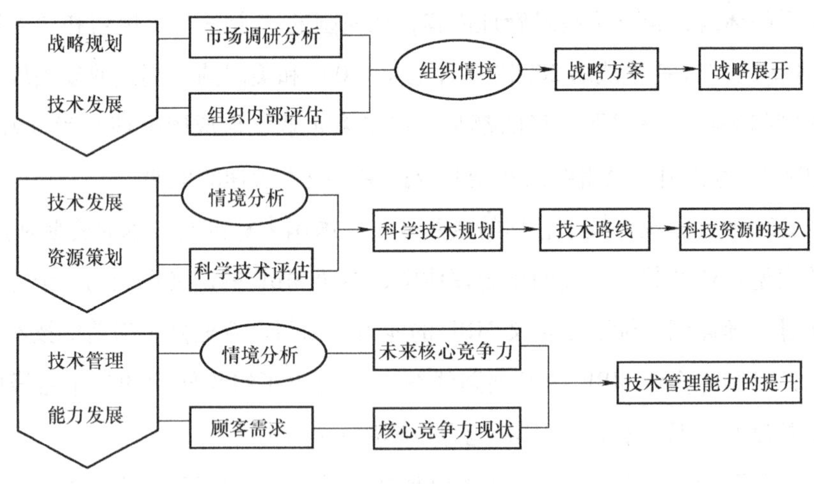

图 4-2 技术管理规划

在组织战略确定的前提下，组织的质量管理体系中包含经营/绩效管理、技术/技术管理和质量管理三方面的内容，其中技术/技术管理是核心内容，如图 4-3 所示。

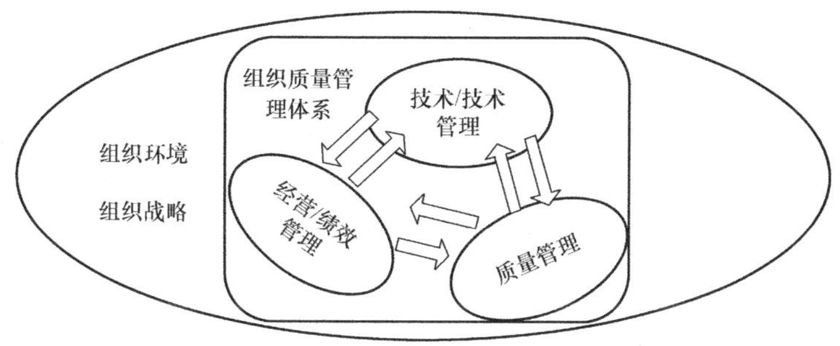

图 4-3 组织质量管理体系与技术管理的关系

技术管理不是管理技术。技术（Technology）是指系统的知识与方法结合的一种或多种综合表述，可以表述为技术状态、技术技能和专业技术等。正面的或能被有效利用的技术被应用于改善及控制人类的生产和经营活动，技术在被有效利用的基础上能够增加人类活动的效能和改善生活质量，反之，技术的不利因素（风险因素）会给人们生活或人类社会带来不可预期的潜在的不利影响或灾难。因而，技术管理的目的在于使技术的有效利用得以充分发挥，规避技术的不利影响，改善人们的生活或造福人类社会。

技术有别于技能（Technical ability）。技能是技术应用的能力或是使用一种方法的能力或技巧，是能力体现的方面之一。两者的共同特点是都具有相应的标准或规范。突破或更新其原有的标准或规范，创建新标准或规范是技术和技能发展的显著标志之一，即创新，而只在原标准或规范的范围内提高了相关的要求则可称为革新。图 4-4 所示为在生产实践中从改进层面（遏制、纠正措施）到持续改进层面（根本原因及措施、标准化管理）再到创新层面（突破原有标准建立新的规范）的创新过程。

ISO 9000:2015 标准将创新定义为：**实现或重新分配价值的、新的或变化的客体**（以创新为结果的活动通常需要管理。创新在其结果方面通常非常重要）。

创新是在技术管理实践过程中的知识积累或是借鉴前人经验（或概念）的实践结果。组织基于在生产实践中对产品和服务的偏离（不符合或不满意）的纠正（遏制），应分析根本原因并采取纠正措施，即图 4-4 中的修正层面；在组织针对根本原因所采取的措施有效实施后，会使产品和服务的实现过程处于统计控制状态（受

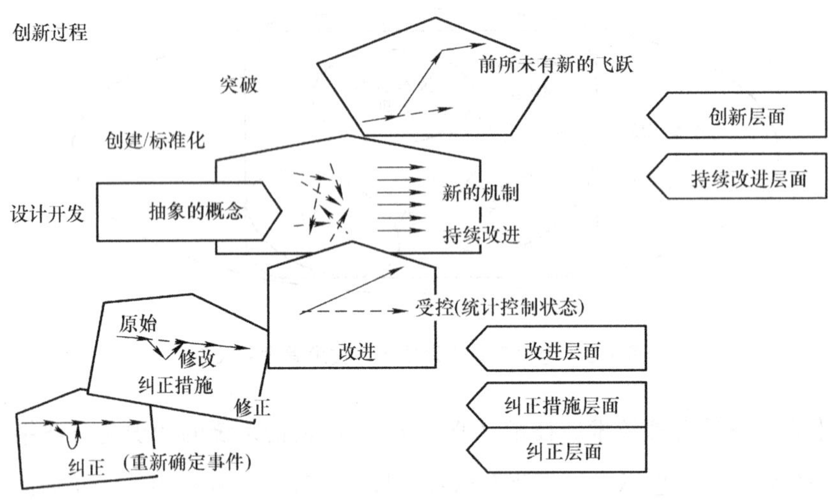

图 4-4 技术管理与创新过程

控状态)，在此基础上所采取的措施，能提升原有的产品和服务实现过程的有效性和效率，即图 4-4 中的改进层面（包括革新）；组织将有效的措施和方法进行标准化并形成文件化信息，使之成为组织知识管理的一部分，建立标准化管理和持续改进机制以达到组织管理的目的，即图 4-4 中的持续改进层面。组织成功的原创的设计开发形成的知识产权技术项和突破原产品标准建立的新技术规范，均可称为创新，例如更新换代的产品均为创新产品，新材料的应用以及由此导致的新工艺和技术管理方法的创新等。没有创新就没有发展，创新是社会发展的原动力。

现代管理学之父彼得 · 德鲁克（Peter F · Drucker）指出，组织的两个基本功能是市场营销和创新产生出的成果，其他功能都是成本。

ISO/TS 22163:2017 标准（8.11）中规定创新管理是组织应建立、实施和保持一个文件化过程以管理新产品、服务和技术的创新。该过程应包括：①识别组织业务环境的变化；②规划创新；③基于平衡其紧迫性、资源可用性和组织战略，确定创新的优先次序；④相关方的参与（如外部供方）。组织应注重技术创新，将新产品和服务的研究和开发活动作为创新过程，并作为质量管理体系的过程管理。

在质量管理体系中，技术管理的目的是获得满足顾客和法律要求的预期产品和服务，在持续改进中预防缺陷、控制变差和减少浪费。在产品和服务生命期内避免、减少和控制环境污染，规避产品安全隐患和人身安全隐患。

组织技术管理过程的活动主要体现在：产品和服务设计开发活动、制造过程设计开发活动、监视和测量资源管理活动、检验试验开发和管理活动、产品监视和测量过程（含 FAI）、生产控制活动、制造过程的监视和测量管理活动，以及制造过程改进管理活动等。还应包括可靠性、可用性、维修性、安全性，以及产品生命周期成本管理活动（RAMS/LCC）；产品和服务全生命周期管理、技术状态管理活动、变更控制活动、知识管理（含技术信息管理）活动、技术人员能力和培训（如数字化制造设计及计算机辅助设计、数字建模、仿真与可视化软件应用；RAMS/LCC 、FMEA、SPC、MSA 等）管理活动等。组织的这些技术管理活动建立在技术管理的基础之上。

一、技术管理

技术管理概括起来可表述为经营管理效能集合，可表示为

$$UE(F/N) = f(R, Hr, Em, M, T, IT)$$ [13]

式中 UE——各种经济活动的效能；

F——各种经济活所产生的正面效益；

N——各种经济活所产生的负面效益；

R——资源提供，泛指厂房、基础设施、支持性服务和土地资源；

Hr——人力资源；

Em——能源或动力；

M——一般生产资料，如原料和零部件；

T——生产和消费活动的技术；

IT——信息化环境，互联网、物联网、大数据等。

二、技术管理架构（STPP）

技术管理架构的 4 个方面：战略管理层面、技术管理基础、过程管理层面和人员发展层面，如图 4-5 所示。

（一）战略管理层面

组织外部环境是技术管理的条件之一，如所处国家和区域的政策、法律规定、自然条件和公共资源的提供和获取。战略决策取决于组织的情景分析和技术路线的

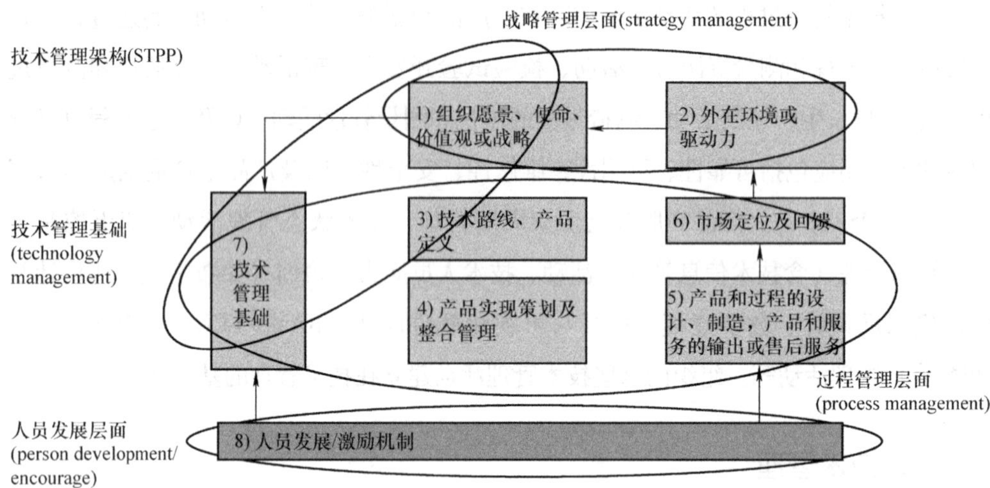

图4-5 技术管理架构（STPP）[13]

确定。组织技术预测和战略规划应描述出（或说明）未来历史情境，即由某一时空开始，投射至未来的纵断面轨迹，追踪它在实践过程中的发展描述，以形成具体某一产品族的技术路线，如图4-6所示。

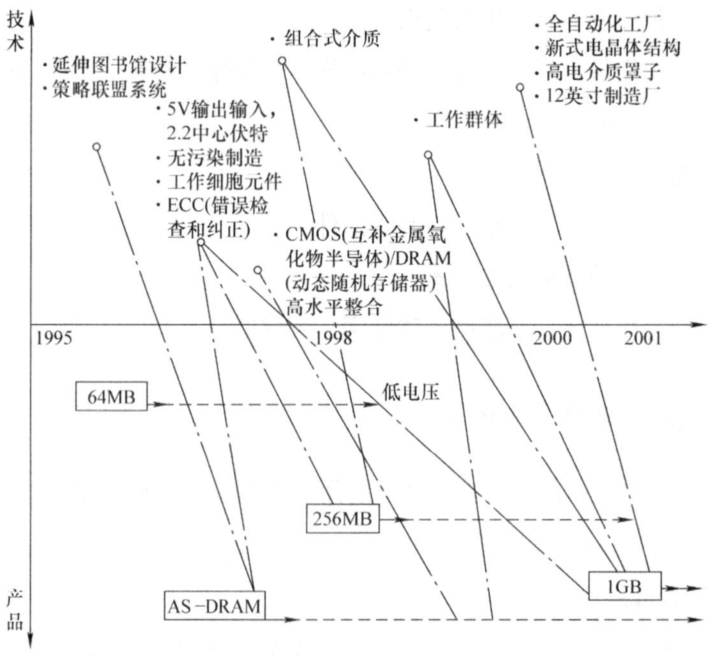

图4-6 技术路线[13]

对于数字化制造中人工智能产品的组织情景分析及其展开的技术预测和战略规划，不仅要关注技术和物理层面的组织情景，还必须关注社会、政治、人文和伦理层面的组织情景。

（二）技术管理基础

组织在“知识创立”（创新）的基础上建立产品和服务的战略定位及其技术路线，技术路线中具体的产品和科技成果必须经过工程实践予以实现。科技人员在产品知识创立的同时必然考虑是否能造出来。不考虑能否造出来的产品知识创立，人们将其称为理论或科幻。要想落实战略定位及其技术路线，需进行组织环境的情景分析，通过技术管理展开到具体产品和服务的项目管理，并确定项目管理相关因素的影响，包括风险分析及应对措施。

1. 知识创立和工程发展层面

技术管理基础的层面包括知识创立、战略定位和工程发展，如图 4-7 所示。

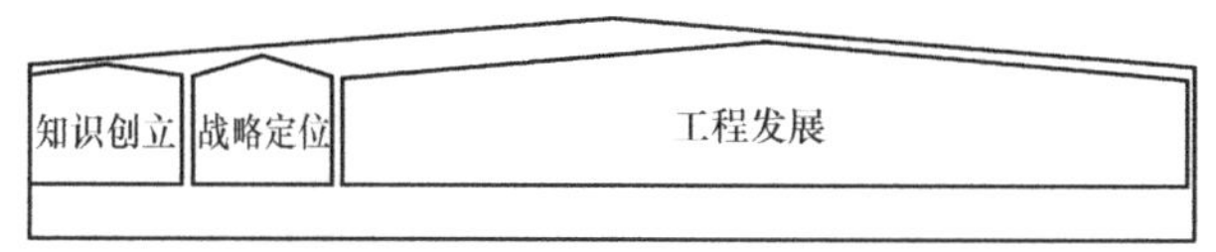

图 4-7　技术管理基础的知识创立、战略定位和工程发展层面

组织的数字化制造技术成果在产品和服务诞生过程中，属于计算机和信息化应用知识创立范畴，如云计算、大数据、3D 打印技术的应用和策划等。组织数字化制造的知识创立在概念阶段很大程度上取决于工程实现的解决方案。解决方案与传统工艺方案的区别在于，应用计算机和信息化平台集成虚拟建模，通过可视化技术结合实际制造过程和产品一致性质量验证来确保产品和服务的质量一致性，通过 MBD 依据 3D 模型的单一数据源数据链传递技术信息。有效地将基于概念的解决方案在数字化产品定义阶段用同步工程的方法，使三维产品设计、工艺实现（规划、工装、工艺编制、设计验证和确认、可视化结果和车间执行）制造和检验等协同一致，实现新产品和服务制造的可行性。

组织的知识创立是知识管理的重要内容，是组织技术管理的核心和资源。知识创立在于组织的战略定位，在于组织战略中的技术路线，要用系列的、有技术含量的产品来确保市场定位、确保组织经营绩效的不断增长。在组织内部以技术管理确保实现知识共享和工程发展，改进组织的过程效率，改善产品的质量、成本和交付期，提升组织绩效。技术管理的知识创立，首先应包含组织建立的产品企业标准，如产品和工程的标准和设计规则，包括相关行业标准、国家标准和国际标准其次还应包含最佳实践和优化的工艺规程和制造技术等过程文件、软件。具体体现在工程发展上，是对产品设计开发的典型流程和产品 3D 建模的数据形式文件信息（如数据过程工具）的开发，如图 4-8 所示。

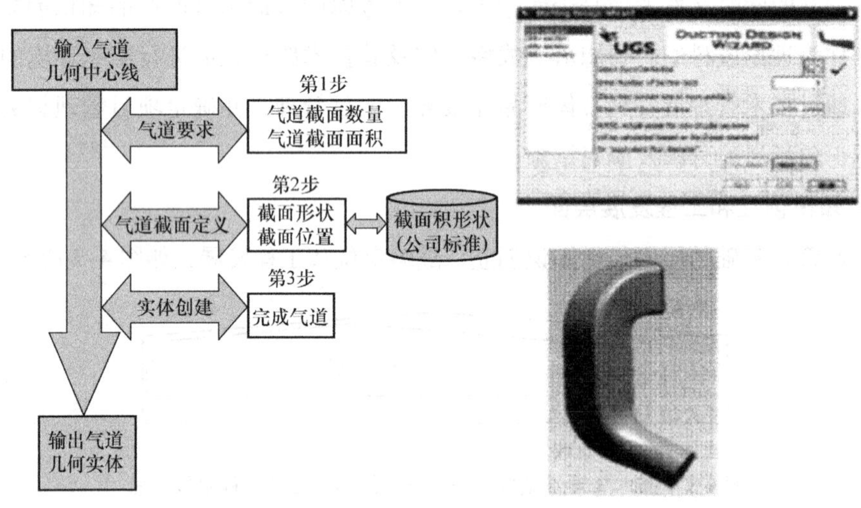

图 4-8　过程工具的开发过程示意

在组织的产品设计开发中，典型的或特定的过程开发的经验和实践的文件化信息，是供数字化制造设计开发人员所用的过程软件和工具集。可以引导设计开发人员按过程顺序实施设计、获得设计结果、提高设计效率。例如，在西门子数字化制造基于 MBD 的产品和服务设计开发中，利用计算机辅助设计系统创建的过程导向工具的知识管理途径。该途径包括：对典型流程进行总结和评审、确定过程导向开发工具、创建过程导向开发说明书、进行过程导向开发、进行过程导向测试，以及准备培训资料。可重用的产品和过程特性、零件库等的文件化信息，是以数字形式表述的产品和过程特性的电子文档，和以产品定义为前提的产品型谱（产品系列）和产品模块的电子文档。其功能是为设计开发人员和设计过程提供技术支持和质量保证。

组织应当规定和实施该过程来识别、获得、保护、使用和评估信息、知识和技术。这在传统产品设计和制造过程设计中是不能实现的。组织最高管理者对相关资源的提供和管理是实施工程发展的重要基础。

2. 设计开发管理（含 MBE）层面

组织在知识创立和产品战略定位确定后，一般以项目管理的形式进行产品的工程展开，包括产品和服务技术预测规划、设计开发策划和状态管理、设计开发管理（含 MBE）、制造过程控制加护管理（技术改进管理，产品、物流和制造过程改进）、产品和服务技术确认，以及改进管理。在设计开发管理（含 MBE）层面是实施产品和服务的全生命周期管理。在策划时，应引入技术状态管理进行基线管理和技术状态标识及可追溯性管理，这在数字化制造中尤为重要（见第三章），以产品定义和产品构型贯穿于产品全生命期中，与产品项目管理衔接建立技术管理的 CI 项，建立基于产品构型 BOM 的技术状态标识实现质量追溯，如图 4-9 所示。

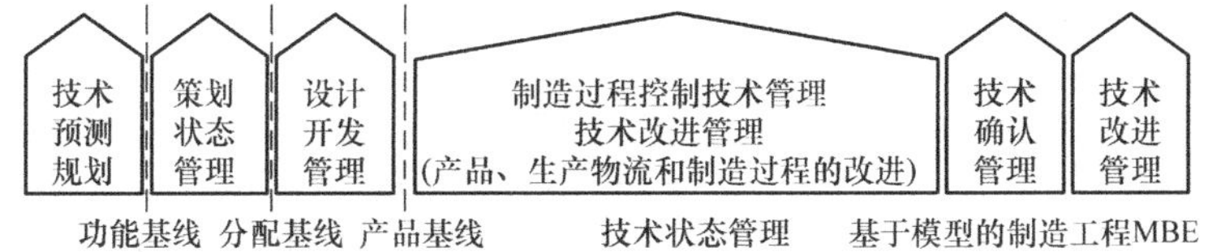

图 4-9　技术管理基础的设计开发管理层面

组织由二维图向数字化制造（3D 模型）转型到基于数字模型的工程（MBE）的过程，包括基于数字模型的系统过程（MBSE）和基于数字模型定义（即 MBD）的建立和实施，数字化制造使得技术管理在质量管理意识和方法方面发生了根本改变。组织基于数字模型的工程（MBE）在整个产品生命周期的管理过程中，应用技术状态管理和构型管理进行产品和服务实现变更和质量追溯，确保制造过程的输入、输出的衔接协同一致，包括标准化管理和电子文档的保存及维护等。组织技术管理应实施同步工程、信息技术（IT）管理及其解决方案等。信息技术尤为重要，它是技术管理基础的重要组成部分。在组织实施的同步工程中，多种解决方案是现代技术管理的特点，解决方案中必须涵盖质量管理的内容和接口管理。西门子 MBE 解决方案的总体构架，如图 4-10 所示。

3. 产品和服务实现层面

技术管理基础在产品和服务的生命周期中得到了产品和服务的实现，如图 4-11 所示。

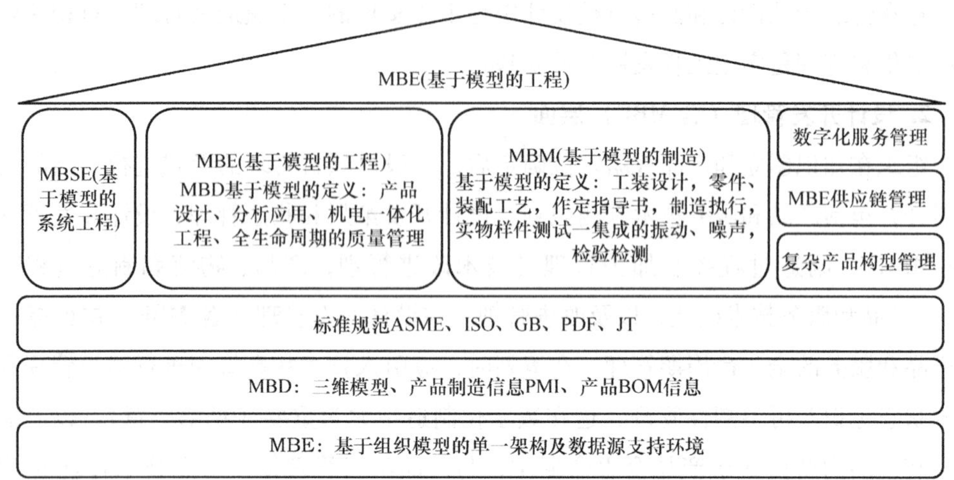

图4-10　西门子MBE解决方案的总体构架[3]

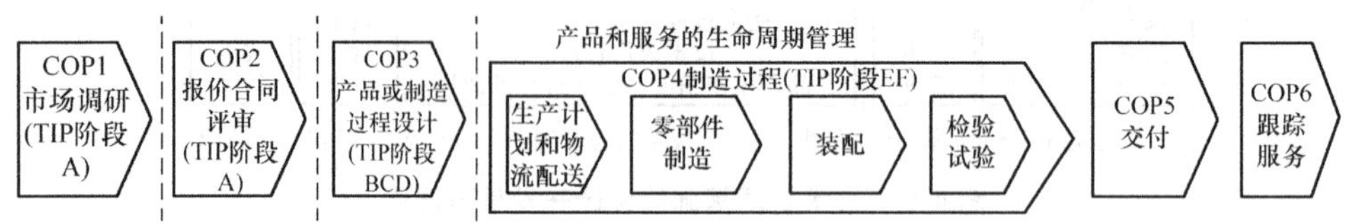

图4-11　技术管理基础的产品和服务实现层面

组织传统的技术管理通过二维图样（或实物模型）和技术管理文件（含电子文件）使信息跨部门传递，使设计开发的输出不能将产品的全部信息传递到制造过程的设计和生产部门，需反复进行产品技术规范的评审来确认。组织技术管理的缺失或不充分体现在：制造过程设计没有按设计开发过程来进行控制；部分组织将属于设计输出的“控制计划”理解为质量控制文件，责成质量部门编制等。组织技术管理的数字化制造转型所面临的MBD行业标准规范的建立，需改变现有的设计开发理念和习惯等问题。组织传统的技术管理由于缺乏数据提取工具和技巧而使工作效率变低，同时还存在具备数字化管理和使用能力的人才短缺等问题。为此，解决上述问题的出路在于组织应采用过程方法全面梳理组织内部、外部的产品和服务流程，规范实施先进的信息化技术，逐步构建具备和满足MBE能力的技术管理体系。技术管理基础内的关系如图4-12所示。

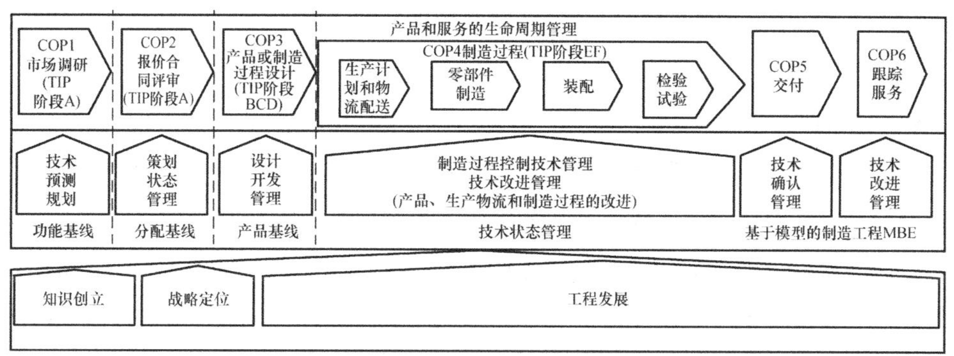

图 4-12　技术管理基础内的关系

(三) 过程管理层面

技术管理的过程管理层面包括系统过程管理、过程维护和过程改进，其目的是确保过程的有效性和效率。

1. 系统过程管理

集成化工作过程示例如图 4-13 所示。

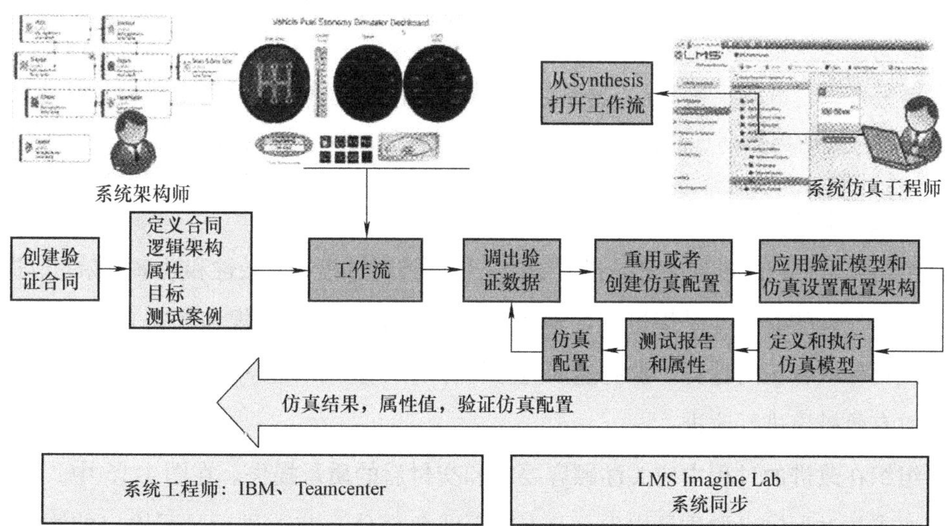

图 4-13　集成化工作过程示例[3]

组织的系统过程管理，应识别和分析本组织的系统过程环境，包括确定系统过程和过程所有者，并确定其职责和权限，规范方法，指定专职专责人员实施过程维护，技术、制造和质量部门综合评价过程的反馈信息，针对过程的有效性和效率指标进行过程改进。

2. 过程维护

组织过程管理的过程维护，包括在嵌入式软件系统、互联网和物联网等运行环境中进行的自动过程分析、控制和功能保持维护活动等。图4-14所示内容强调组织应在产品和服务的生命周期内的统一环境条件下，进行可视化验证、确认和制造数据信息的一致性保证。各职能部门通过计算机集成平台重点监视关键的控制过程特性，对产品数据、工艺数据和过程能力等信息进行收集和分析，形成关键特性仿真结果及其贡献因子报告，设计人员根据相关信息进行优化，提高MBD的成熟度。

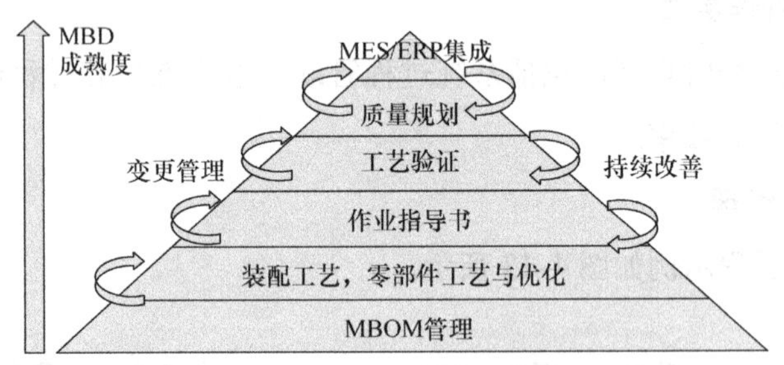

图4-14　数字化制造中的过程维护和改进[5]

注：MES为制造执行系统，ERP为企业资源计划，MBOM为制造物料清单。

3. 过程改进

组织技术管理的过程改进是指在受控条件下针对过程的有效性和效率指标的改进。

组织过程的有效性是指过程的输出能满足要求（包括法规和相关方要求），达成过程目标或有正向趋势。没有达成过程目标的或有负向趋势的过程是不符合过程，应采取有效措施进行改进。

组织在改进的过程中应关注顾客要求和交付后的质量损失。在图4-15中，满足顾客要求的过程输出的质量损失（*E*点以下浅色部分）与改进后过程输出的质量损失（*B*点以下深色部分）是不同的。*E*点以下浅色部分的面积（即质量损失）大于*B*点以下深色部分的面积（即质量损失）。在这种情境中，如果组织与顾客签订的技术协议（或供货合同）是按满足顾客要求的过程输出（质量损失，*E*点以下浅色部分）签订的，在现场审核中顾客方（或顾客委托方）审核发现实际生产过程已经改进，且改进后的过程输出（质量损失，B 点以下深色部分）优于改进前的情况（过程能力指数大于 1.33），顾客（或顾客委托方）认为组织将质量损失的风险转嫁给顾客，因而有可能要求进行合同中交付质量准则的修改，如果原合同交付的质量指标为 800×10^{-6}，那么顾客会要求修改为 300×10^{-6}以下。

过程效率的改进是技术管理效能提升的目的，也是组织绩效改进和提升的基础。数字化制造中的产品和服务设计开发过程的过程改进更能体现上述的优势。

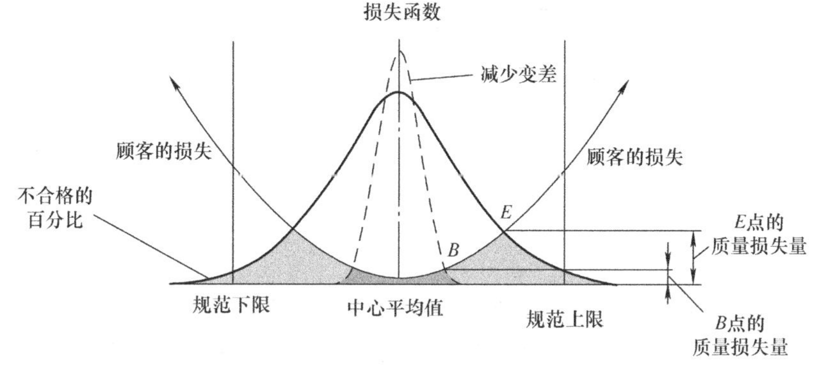

图 4-15　过程改进——将过程与顾客要求相联系的质量损失示意

（四）人员发展层面

组织战略发展的人才战略规划应满足数字化、智能化制造的技术人才引进和培养、员工个性化发展及建立组织内部的激励机制等要求。以创新过程为基础的技术路线体现了产品和服务的时代特征，掌握创新知识和技能的人才是核心。组织的人才战略规划应适应其中、长期战略规划，应有超前人才和知识储备，这样组织才能持续发展。

在技术管理的框架中，技术基础和人才发展是核心内容。组织如果没有核心技术、没有创新人才，想要实现未来企业的转型规划是不可能的。

第二节　产品和服务的生命周期过程管理

产品和服务的生命周期过程管理，是指对组织的产品和服务生命周期全过程的管理，包括从产品和服务的诞生到对最终顾客提供产品和服务、从使用保障到废弃的全过程管理，如图 4-16 所示。

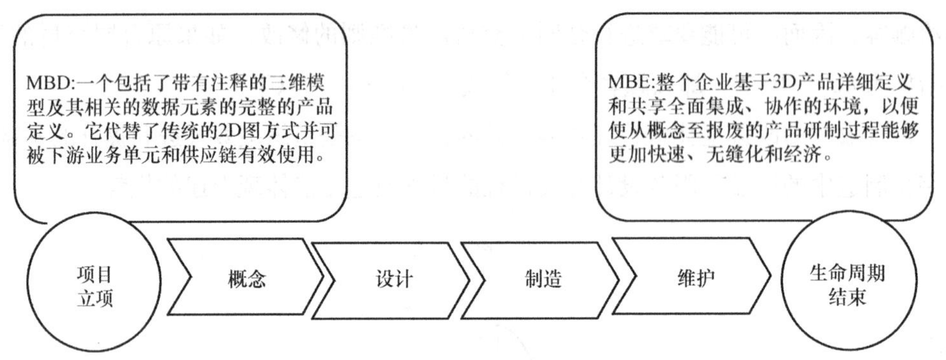

图 4-16　数字化制造中产品和服务的生命周期管理过程示意[3]

产品和服务的生命周期管理过程，涵盖了项目管理过程中产品和服务的实现过程，包括 5 个部分：概念阶段；评估和控制影响阶段；策划和实施阶段；提供产品和服务阶段；运行维护及停用处理阶段。RAMS 的生命周期阶段如图 4-17 所示。

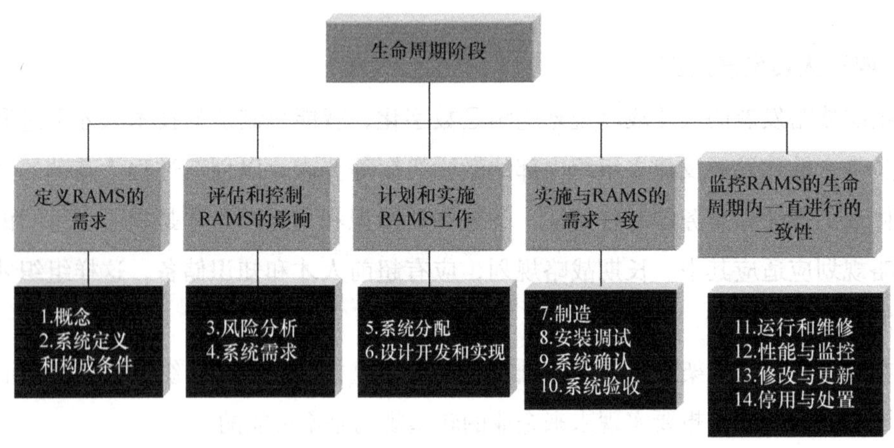

图 4-17　RAMS 生命周期阶段[14]

全生命周期过程管理的目的是保证质量一致性和保障生命周期内 RAMS（可靠性、可用性、维修性和安全性）的有效性。其中，每个阶段具体的工作内容包括：

策划、实施、监控和改进。产品和服务的生命周期管理过程与项目管理过程中的进度、成本、质量和交付期管理要求相结合，是产品和服务提供过程管理的基础（见图4-18）。

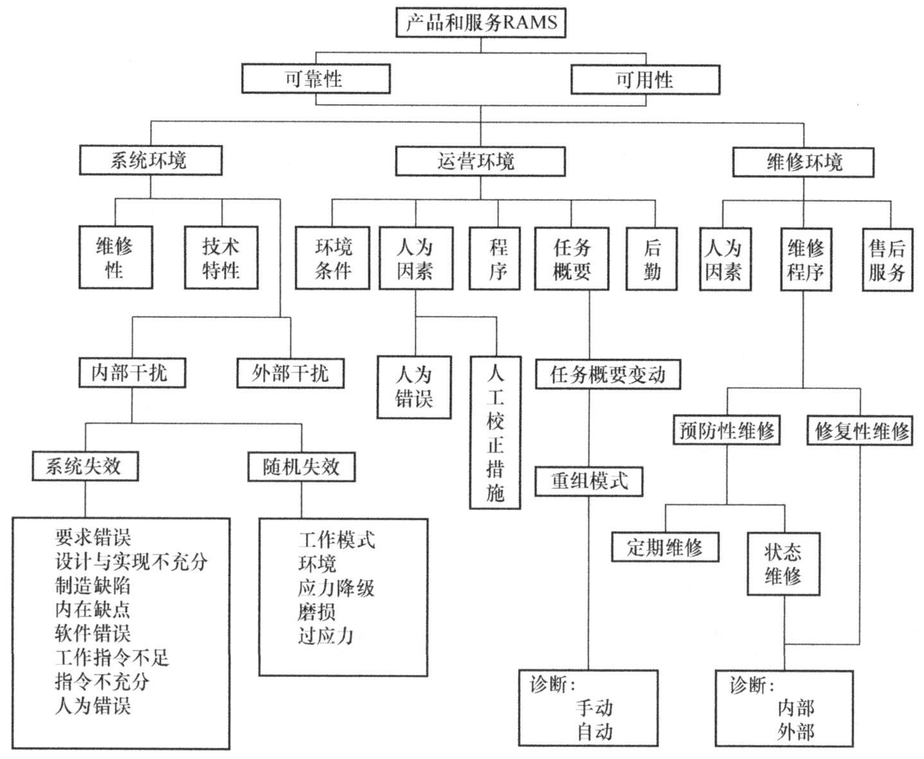

图4-18 产品和服务生命周期（RAMS）的概念[14]

一、产品和服务的实现过程与全生命周期过程管理

质量管理体系“运行”部分（见ISO 9001:2015标准8章）的各个阶段是以顾客导向过程及其相关支持过程组成的，是产品和服务全生命周期的过程管理，可划分为3个部分：产品实现策划部分、产品和服务提供部分，以及交付和交付后活动部分，将它们与全生命周期管理过程的5个阶段有机结合进行管理。

（一）产品实现策划部分（招投标、项目管理、技术状态管理和变更策划）

组织的产品实现策划部分对应产品和服务生命周期中的概念、系统定义、风险分析、系统需求和系统分配这5项活动，主要包括产品和服务的理念、定义、规范和必须满足的要求等活动。组织的项目部或项目经理应确保与每一项要求的符合性有关的所有风险分析得到落实，进行可行性分析，确定基于目前经验和以往数据可得到的最合理的业绩；还应考虑到任何新的任务剖面和/或新的系统定义。项目经理或指定责任人在该项目管理过程中，使用类似应用得到的经验，以及故障树分析和失效模式分析（可靠性框图）等分析模式，落实到设计开发策划活动，形成文件化信息。项目经理在进行绩效风险分析时，根据可行性分析采取措施，获得最合理的绩效。

（二）产品和服务提供部分（顾客要求确定、设计开发、生产和交付）

组织的产品和服务提供部分对应产品和服务生命周期中的设计和实现、制造、安装、系统验收和系统确认这 5 项活动。主要包括产品和服务的设计开发过程、制造过程控制、产品提供验证和制造过程确认，以及提供合格的产品和服务。

（三）交付和交付后活动部分（放行交付、协议服务、售后服务、顾客反馈及处置）

组织的交付和交付后活动部分对应产品和服务生命周期中的运行和维护、性能与监视、维修与更新和停用与处置这 4 项活动。主要包括产品和服务的交付和交付后活动、协议服务（如三包）、售后服务（维修、配件供应）直到产品的废弃和处置。

二、产品和服务全生命周期各阶段的内容和要求

组织实施产品和服务全生命周期中的 5 个阶段的 14 项活动（见图 4-17），分述如下：

（一）定义产品和服务 RAMS（可靠性、可用性、维修性和安全性）

1. 产品和服务的概念

1）组织确定产品和服务概念的活动内容包括：确定成品和服务的用途和范围、定义产品和服务的概念、进行财务分析和可行性研究、设立机构、实现产品和服务的相关绩效，以及实现产品和服务的蕴涵。

2）本活动域的风险管理内容包括：组织需确定以往安全或不利影响的情况和绩效，以及以往安全或不利影响的措施和目标，见本书第三章第五节。

2. 产品和服务的系统定义和构成条件的确定

1）组织在本阶段的活动内容包括：确定产品和服务的任务概要，拟定对产品和服务的描述（MBD 建模）、确定运行和维护（服务）策略，确定运行环境，确定

维修环境，验证所有基础设施约束的影响，评审可靠性、可用性和维修性的历史数据，进行初步可靠性、可用性和维修性分析，制定质量方针（可靠性、可用性和维修性），确定长期运行环境，确定基础设施约束对产品和服务（可靠性、可用性和维修性）的影响。以上内容应由责任部门或责任人形成相关的文件化信息。

2）本活动域的风险控制措施包括：责任部门或项目组评审安全性和不利因素的历史检验和数据；进行安全性和不利因素分析；建立整个生命周期的风险不利因素控制（安全）计划；定义风险控制准则（容许风险的程度），见本书第二章第三节中的示例或按本组织所在行业的要求来确定风险控制准则；确定基础设施对安全性和不利因素的影响。

（二）评估和控制（产品和服务的质量一致性和 RAMS）

1. 风险分析

1）组织在本阶段的活动内容包括：责任部门或项目组开展与产品和服务项目相关的风险分析；（详见第三章第五节）应按项目网络图逐项进行风险分析，并确定相关的措施，如图 4-19 所示。

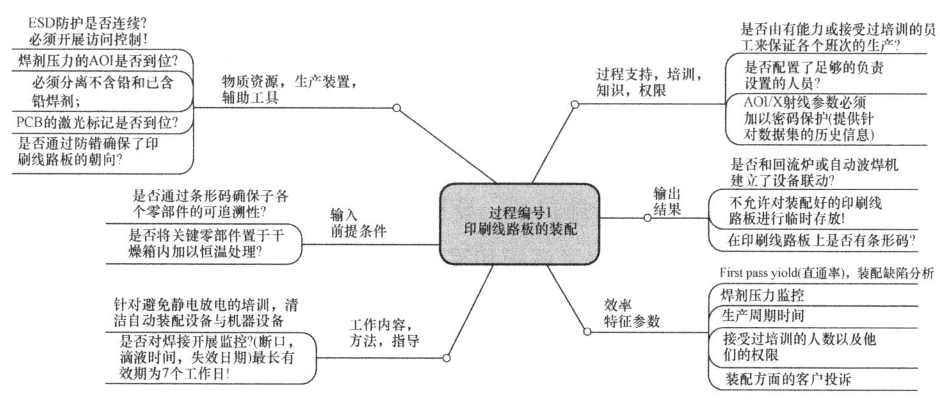

图 4-19　工序（过程域）的风险分析——乌龟图示例

2）本活动域的风险控制措施包括：针对活动域完成产品和服务实现的危害性和安全性分析，并形成文件化信息（包括危害性记录和风险管理表）；完成风险评价，形成风险矩阵、定级和有效性措施，如应急计划。

2. 产品和服务的系统需求

1）组织在本阶段的活动内容包括：责任部门和指定责任人展开产品和服务实现系统的需求分析；制定产品和服务实现系统的所有要求；指定产品和服务实现系统的环境；定义产品和服务的验证和验收准则；确定产品和服务，确认计划，确定产品和服务的实现管理、质量管理和组织需求；实施变更控制过程（实施变更控制程序，详见第三章第五节），规定产品和服务的功能和RAM（可靠性、可用性、维修性）要求；规定产品和服务的功能和RAM验收准则；规定产品和服务的功能结构；建立产品和服务的功能和RAM规划；建立产品和服务的功能和RAM管理；责任部门和指定责任人按上述内容形成文件化信息，含评审和审批文件。

2）本活动域的风险控制措施包括：责任部门和指定责任人制定产品和服务实现全面的安全要求；定义产品和服务实现全面的安全验收准则；定义产品和服务的安全功能要求；建立安全管理，包括安全计划。

（三）计划和实施（产品和服务的质量一致性和RAMS）

1. 产品和服务的系统分配

1）组织在本阶段的活动内容包括：设计部门和指定责任人进行产品和服务实现系统的分配；明确子系统和零部件的要求；规定子系统和零部件的验收准则；产品和服务的RAM分配；制定子系统和零部件的RAM要求；规定子系统和零部件的RAM验收准则。

2）本活动域的风险控制措施包括：设计部门和指定责任人进行产品和服务的实现系统的安全目标分配；制定子系统和零部件的安全目标要求；规定子系统和零部件的安全目标验收准则；确保责任到人，形成授权文件。

2. 产品和服务的设计开发和实现

1）组织在本阶段的活动内容包括：设计部门和指定责任人编制产品和服务的设计开发和实现计划，包括质量计划和产品质量先期策划（APQP）；产品和服务设计开发过程的实施（详见第三章第四节）；设计分析和测试；设计评审和验证，包括数字模型和可视化验证；设计实施（实物样件）和确认方案；设计后勤保障资源的分配方案，包括设计维修服务的提供方案；通过评审、分析、验证和数据评估来实施产品和服务的功能和RAM规划，包括：可靠性、可用性、维修性、最佳维修策略和后勤保障等，形成文件信息并进行审批。

2）设计部门和指定责任人展开设计开发过程控制的措施包括：管理产品和服务的功能和 RAM 规划；控制分包方和供应商；评审、验证、确认和设计审批；将阶段性评审结果输入到管理评审。

3）本活动域的风险控制措施包括：①设计部门和指定责任人通过评审、分析、验证和数据评估实施安全计划，涉及危害记录、危害分析和风险评估；②评审、论证产品和服务安全相关的决策和计划控制，包括安全管理、对外部供方的控制（外包产品和外包过程）、收集和整理安全方面的证实性证据。

（四）实施与 RAMS 的需求一致

1. 制造

1）组织在本阶段的活动内容包括：营业和制造部门按订单驱动编制生产计划；制造部门实施产品制造、零部件制造和检验、测试；收集整理制造文件化信息；建立岗位培训方案；完成应力筛选；质量部门进行产品功能和 RAMS 的改进测试；进行产品和过程失效模式分析，实施纠正措施过程（FRACAS，故障报告、分析及纠正措施系统）；实施技术状态纪实的证据收集。

FRACAS 是分析产品和服务潜在失效模式及其影响的方法。只针对单一失效模式的定级，并在 FMEA 的设计基础上进行危害性分析（CA）。由潜在失效模式分析（FMEA）和危害性分析（CA）两部分组成。FRACAS 是可靠性分析的重要工作项目，是进行 RAMS 分析和实施的基础。在产品和服务生命周期的各阶段，运用 FRACAS 的方法和目的都不同，见表 4-1。

2）本活动域的风险控制措施包括：设计部门、制造部门、质量部门及指定责任人通过评审、分析、验证和数据评估来实施安全计划；使用危害记录；实施的有效性结果应形成文件信息并进行审批。

表 4-1　在产品和服务生命周期各阶段运用 FRACAS 的方法和目的

阶段	方法	目　　的
论证方案阶段	功能 FMECA	分析研究产品功能设计的缺陷与薄弱环节，为产品功能设计的改进和方案的权衡提供依据

（续）

阶段	方法	目　　的
工程研制与定型阶段	功能 FMECA 硬件 FMECA 软件 FMECA 损坏模式及影响分析（DMEA） 过程 FMECA	分析研究产品的硬件、软件、生产工艺和生存性与易损性设计的缺陷与薄弱环节，为产品的硬件、软件、生产工艺和生存性与易损性设计的改进提供依据
生产阶段	过程 FMECA	分析研究产品生产工艺的缺陷和薄弱环节，为产品生产工艺的改进提供依据
使用阶段	硬件 FMECA 软件 FMECA 损坏模式及影响分析（DMEA） 过程 FMECA	分析研究在产品的使用过程中可能或实际发生的故障、原因及其影响，为提高产品的使用可靠性，进行产品的改进、改型，新产品的研制，以及使用维修决策等提供依据

注：FMECA 是故障模式、影响和危害性分析，包括 FMEA 和 CA。

2. 安装调试

1）组织在本阶段的活动内容包括：制造部及车间进行部件组装及测试；进行产品安装测试；制造部门和相关部门进行维修人员培训；制定生产件和工具供应方案；形成培训有效性评价和安装调试文件化信息。

2）本活动域的风险控制措施包括：设计部门、制造部门、质量部门及指定责任人确定安装程序满足安全要求；确保实施的安装程序达到安全要求，包括现场吊装、搬运的安全标识、监视和管理（见图 4-20）。

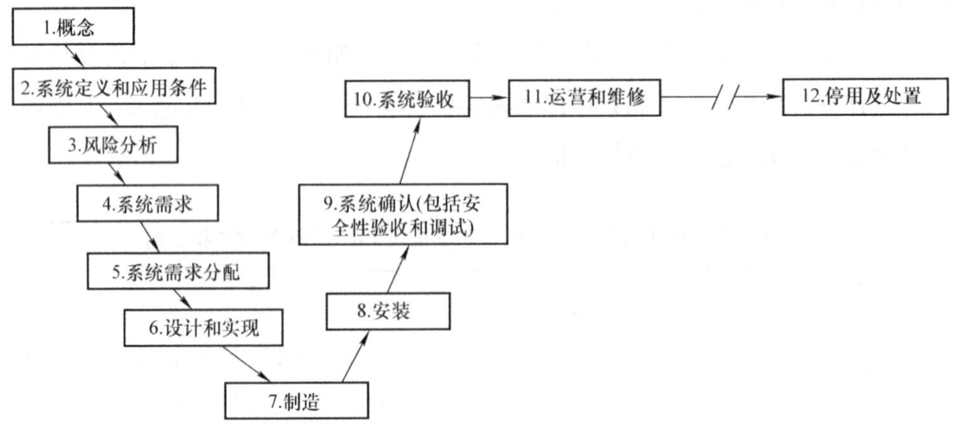

图 4-20　产品和服务生命周期的“V”形表示法[14]

3. 系统确认（包括安全验收及调试）

1）组织在本阶段的活动内容包括：设计部门、制造部门、质量部门及指定责任人进行产品调试；进行运营（交付前）试运行；进行产品使用培训；完成产品和服务的功能和 RAM 论证（见图 4-21）；形成文件化信息并进行审批。

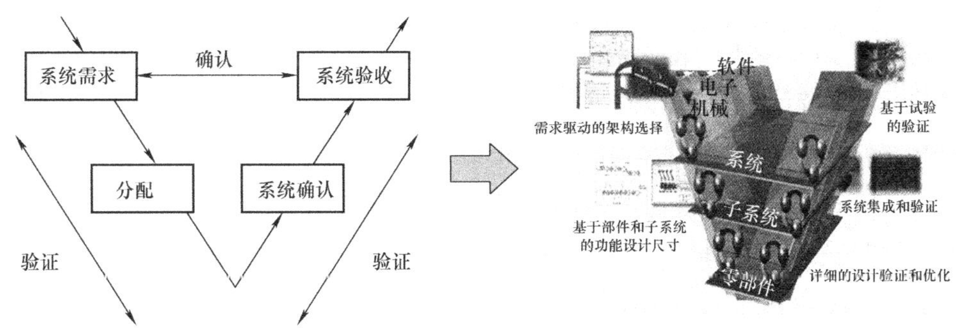

图 4-21　产品和服务生命周期的“V”形表示法示意[3][14]

2）本活动域的风险控制措施包括：工艺部门、质量部门及指定责任人建立产品调试（安全性）程序；实施产品调试（安全性）程序；收集整理产品调试（安全性）特定的安全性能或指标的证实性证据；按产品和服务生命周期的“V”形表示法或产品和服务生命周期的顺序表示法（略）进行确认，使之满足设计要求。

4. 系统验收

1）组织在本阶段的活动内容包括：质量部及授权检验放行人员以产品和服务验收准则实施验收程序；汇总、归档产品和服务验收证实性证据；将产品投入运行。在系统适用时，技术、制造或技术支持部门进行试运行工作；设计部门评估产品和服务的功能和 RAM，形成“RAMS 报告”，内容包括顾客意见反馈。

2）本活动域的风险控制措施包括：设计和质量部门对特定的安全性和证实性证据的有效性进行评估及审批。

（五）监视产品和服务生命周期的质量一致性（包括 RAMS）**保证**

1. 运营和维修

1）组织在本阶段的活动内容包括：使用部门（或顾客）实施产品和服务的长期运营；质量部门、售后部门及相关服务机制（服务站）实施计划内维修；执行计划内培训方案；在计划内采购及供应维修件和工具；在计划内实施以可靠性为中心的维护及后勤保障，并及时反馈产品和服务的质量信息和措施实施情况。

2）本活动域的风险控制措施包括：质量、售后部门及相关服务机制（服务站）实施运行计划，以安全为中心进行维护；相关部门在运行计划时，进行安全性能监控、危害记录及维护，包括预防性和预见性维护的实施。

2. 性能与监控

1）组织在本阶段的活动内容包括：设计和质量部门对产品和服务的运行性能数据进行获取统计分析和评审等；不能仅停留在获得分析数据，应用统计分析数据进一步采取行动，如优先级排序、制定相关措施等；形成文件化信息并归档。

2）本活动域的风险控制措施包括：设计和质量部门实施统计分析数据应用，用安全性数据进行安全统计，形成文件化信息并归档。

3. 修改和更新

1）组织在本阶段的活动内容包括：设计、质量和制造部门实施修改和变更申请程序；实施修改和变更控制程序；考虑修改和变更对RAM的影响。

2）本活动域的风险控制措施包括：设计和质量部门考虑修改和变更对安全性的影响，形成评审、验证和确认的文件化信息，并进行审批和归档。

4. 停用与处置

1）组织在本阶段的活动内容包括：相关部门进行停用和处置计划编制；执行应用；进行处置。

2）本活动域的风险控制措施包括：安全部门、环保部门及相关部门进行环境和安全危害评估；相关部门实施停用和处置安全计划。形成停用、处置和评估的文件化信息，并归档。

产品和服务的生命周期管理应关注研发费用和所有全费用（或生命期成本LCC：life cycle cost）之间的平衡。上述生命周期各阶段的顺序表示法便于各阶段之间工作关系的衔接。[14]

三、数字化制造中基于MBD的产品和服务生命周期的过程管理

（一）产品和服务生命周期的解决方案

组织在数字化制造中，实施产品和服务生命周期的解决方案，突出的优势在于提供生命周期内产品和服务的质量保证问题。从利用计算机设计平台直接提取进行

虚拟的产品设计建模、可视化结果到实物产品和后续维护活动等，利用数据和信息单一输入源，结合技术状态管理实现质量跟踪和反馈，包括变更控制，以实现产品和服务的质量一致性保证。

在组织的产品和服务生命周期的构型管理及解决方案中，产品和服务生命周期的构型管理属于产品实现管理范畴，必须依赖于计算机设计平台和软件实现产品和服务生命周期的各项任务和阶段工作内容，建立全生命周期的数字化维护（服务）管理及解决方案。

（二）产品和服务生命周期的构型管理

组织的产品和服务生命周期的构型管理，是质量管理体系过程的关键过程。通过由产品结构到实际制造的单一源数据信息的衔接实现产品和服务生命周期的过程，以确保该过程的有效性和效率，必须确定以下内容：

1）产品规格：顾客规格和要求、相关（法规、行业标准）规格和要求、使用环境和案例说明、功能及说明、产品特性及功能验证计划，以及相关的活动。

2）里程碑管理（主时间表）及任务安排：与项目衔接的主时间表（里程碑）及相关任务节点、技术状态管理 CI 项的选定及子时间表、展开的任务（活动）及成果物。

3）依据上述确定内容形成的产品和制造过程的设计开发策划：产品架构和特性及相关需求、产品架构特性（功能）的验证准则及活动；形成的产品定义：机械部分的产品和制造过程设计（MCAD）、电器部分的设计（PCB&WH），以及软件设计（源代码）等。以上内容是相关联的、按同步工程实施的。

第三节　技术管理的思考

数字化制造技术和技术管理是以信息和通信技术（ICTs）驱动的，对人类社会进行全面重塑，提供了重新认知自我的机会。《第四次革命：人工智能如何重塑人类现实》（卢西亚诺·弗洛里迪）一书提出了从设计的角度去探讨哲学的观念，从哲学视角给出了如下的概念：技术作为媒介的方式，分为三级，如图 4-22 和图 4-23所示。

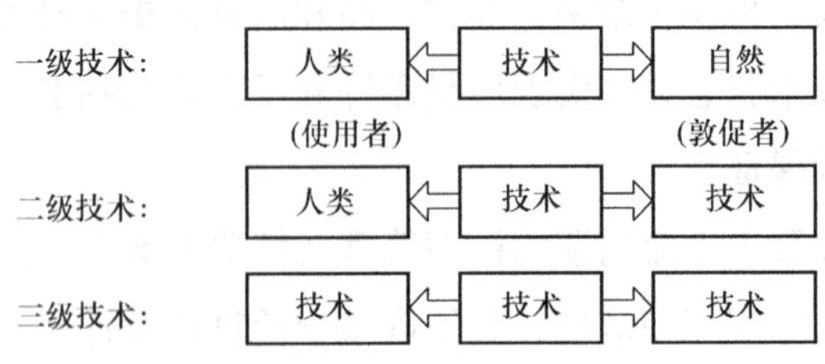

图 4-22　技术的三级分类

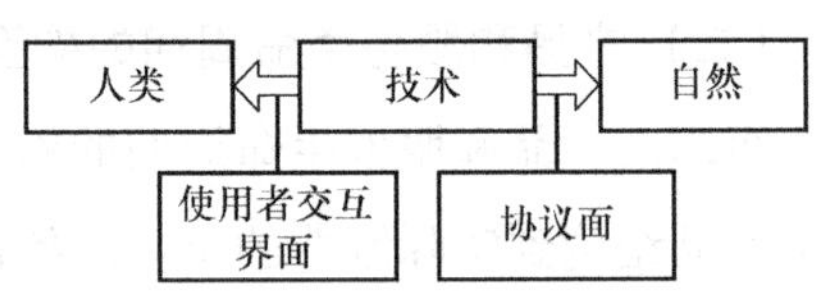

图 4-23　技术的交互界面

该书指出：三级技术（包括互联网）的目的，在于将低效率的人类媒介从技术循环中去除；智能和自主不再是人类独有的特性。从理论上来说，一个超历史的、依赖于三级技术的社会可以脱离人类而独立存在。实际上人们已经面临或即将面临三级技术的技术循环，融入或正在融入世界的信息圈中。作者给出了在使用者 - 技术 - 敦促者的序列中存在两个连接的交互界面的情景。这种情景已经显现，如由于数字化支付技术的应用，在我国以至于世界范围内出现了银行业对纸质货币作业流程及人员的裁剪。

该书还指出：随着技术级别的不断提升，协议面可能会逐渐变得不可见。实际上技术管理的重点正是对该书表述的交互界面接口的管理和控制。设计开发成功与否取决于设计过程的接口是否成功衔接和处理。设计接口在传统设计开发过程中占 70% 以上的工作量，在数字化制造中设计接口的比重还要增加。实际上数字化制造的解决方案是某一产品和服务模块的设计接口在总体和局部策划中的集合表述，这种表述可以是抽象的也可以是具体的。

呼之欲出的 5G 时代，使第二代通信技术转化为数据信号，将人类生活带入智能时期。香港城市大学的薛泉教授认为，5G 技术能够改变人们的生活模式，带来的是对技术管理的挑战，包括：技术标准（带宽、通信协议、标准）、信息安全、时间碎片化、记忆外包使得人脑空心化、虚拟现实与生命虚拟化等。他认为 5G 技术的应用不仅是技术问题更是政治问题。

实际上技术管理从来就离不开政治环境，技术的使用和发展也离不开政治需求。如果说战争是政治的继续，技术发展和技术管理则是政治继续的需求。在局部战役中争夺控制权时，技术起到了至关重要的作用，如第二次世界大战时的原子弹技术的发展和使用。

更为明显的例证是日本质量管理发展的过程，其得益于1950年朝鲜战争的爆发，美国军购使得日本获得了美国军方价值十几亿美金的“特别采购”订单。美国人麦克阿瑟成了日本的救星，其任务不仅仅是解散日本的军政，还包括协助日本恢复经济。首先他批准日本成立日本科工联合会（JUSE），将休哈特撰写的《产品的经济质量管理》一书作为质量管理的教材提供给日本，同时将美国军方在1940年制定的战时生产标准纲领手册《Z1、2、3》引入日本。JUSE开始研究休哈特的理论并实施了全面质量管理。在美国军购的刺激和西方世界质量管理的影响下，日本制造业为满足美国军方采购产品质量标准的要求，逐步进行了质量管理深化，并提出了全面质量管理理论，该理论的核心是降低浪费、过程控制和持续改进。

技术管理离不开政治环境，如同数学、统计技术离不开哲学思考一样。技术管理发展的必备条件是良好的政治环境和社会环境，否则，技术管理发展就将背离人们的良好愿望，朝着危害社会、人文和自然环境的方向发展。新的变革和浪潮引发人们重新认知自我和重新定位。卢西亚诺·弗洛里迪总结人类自我认知的前三次工业革命为：“今天我们已经承认自己并不是亘古不变地处于宇宙中心（哥白尼革命）；愿意承认人类是自然万物中的一分子（达尔文革命）；愿意承认我们不能像笛卡尔所说的对意识的绝对控制（弗洛伊德学说或精神革命）。……我们正在经历第四次革命。……我们在宇宙中所扮演的角色将会得到重新定位。”

组织在转型创新过程中，必须经历认知自我的过程，即基于本组织的业务过程来确认质量管理体系的过程。转型升级是从组织外部和组织内部两个方面进行认知的过程，能够从技术管理中获得核心竞争力。

技术管理的价值取向，取决于组织对外部的情景分析，取决于对组织内部的认知。了解本组织的社会责任，认识到本组织如何为实现目标做出贡献才能获得组织的绩效。

技术管理的有效实施，取决于组织对本组织质量管理体系过程的识别、确认和过程管理。过程管理是组织质量管理体系的重要组成部分，也是组织（或地域）文化的体现。组织（或地域）间文化的差异促进质量文化的交流和沟通，其特点是互补性。我国自古以来形成的农耕和儒、道文化是基于人的生产生活和社会活动的适用性，所需要的是人生归宿，是愿景层面的文化内涵；佛教传入的觉悟、解脱生死轮回、得到永恒安乐的思想，补充了这一层面（愿景）的文化需求，因此佛教在我国得以发展。同样，质量管理的需求也体现在技术管理的互补性上，体现在组织（或区域）的产品和服务提供的文化差异上。例如组织的技术管理和技术引进，可能存在几个先进国家的技术标准同时应用的情境。组织不仅要解决技术壁垒问题，还要解决语言和文化差异的问题才能促进组织发展。质量管理体系标准对产品标准（要求）的补充，是对组织自在的管理体系需求的补充，建立有效的质量管理体系才能获得持续成功的绩效。

技术管理是质量管理体系的重要组成，涉及各个管理层面。仅将设计开发过程的要求视为技术管理是不全面的，必然造成与质量管理体系过程的接口管理的混淆。理解基于 ISO 9001:2015 新版质量管理体系过程的要求，应分清技术管理基础层面之间的衔接或接口，才能得到充分理解和正确应用，如在质量管理体系的策划阶段，技术管理的工程展开应与项目管理、技术状态管理产品先期质量策划等过程活动相衔接；在质量管理体系的产品实现阶段，技术管理的设计开发（产品和过程）应与全生命周期管理、产品实现过程、绩效管理和持续改进等过程相衔接。否则，就会出现过程管理的内容相互取代、界限不清，存在潜在的质量风险。

第五章　产品和服务质量特性的过程管理

第一节　产品和服务特性管理

产品和服务的质量是以其特性的可证实程度（优、劣）来评价的。国际标准化组织（ISO 9000）给出了质量的定义是客体的一组固有特性满足要求的程度，并强调特性在质量管理相关条款要求中的重要性。组织所处的环境变化加快、市场全球化及知识作为主要资源而被应用，使得质量评价超出了顾客满意的范畴。产品和服务是过程的结果，其质量取决于特性的等级，是产品质量和服务质量这两个方面与顾客对质量的感受程度的综合。

ISO 9000：2015 标准给出的特性的定义是可区分的特征。特性可以是固有的或赋予的，特性也可以是定性的或定量的。有各种类别的特性，如：物理的（如机械的、电的、化学的或生物学的）；感官的（如嗅觉、触觉、味觉、视觉或听觉）；行为的（如礼貌的、诚实的或正直的）；时间的（如准时性、可靠性、可用性或连续性）；人因工效的（如生理的特性或有关人身安全的特性）；功能的（如飞机的最高速度）。

组织提供的产品通常是有形的，并具有计数性的特性。软件由信息组成，其特性需借助介质传递（如计算机程序、移动电话应用程序或操作手册等）以体现软件的特性（如功能）。服务是产品，是无形的。产品和服务都具有质量特性。

ISO 9000：2015 标准给出的质量特性的定义是与要求有关的，客体的固有特性。“固有”指本来就有的，是永久的特性。赋予客体的特性（如客体的价格）不是它们的质量特性。

质量管理归根到底是对特性的管理。产品和服务的特性管理过程是质量管理体系中的关键和重要过程。在风险识别和控制过程中，未达标的产品和服务质量特性会产生不利影响，其形式为“潜在事件”和后果，并构成风险因素，是风险管理和控制的对象。

在产品和服务的实现过程中，组织对产品和服务、过程和相关活动所做的识别和确认工作，即是对查明一个或多个特性及特性值的活动的结果的分析和认可，是特性管理过程。

一、产品和服务特性管理过程的目的

组织实施特性管理过程的目的是使产品和服务满足要求。通过管理活动使得产品和服务的特性达到要求或使用用途达到要求，包括：产品和服务的符合性特性，即材料特性、几何尺寸和理化特性等；RAMS的要求；有关特性的培训、初始特性识别、展开和确定（产品特性和过程特性）等。

特性管理过程的单一流过程，可表示为：需求分析→特性识别→特性确认→产品特性展开（产品定义）→制造过程特性展开（过程定义）→特性控制→特性分析→特性改进。

质量特性展开和控制的阶段衔接如图5-1所示。

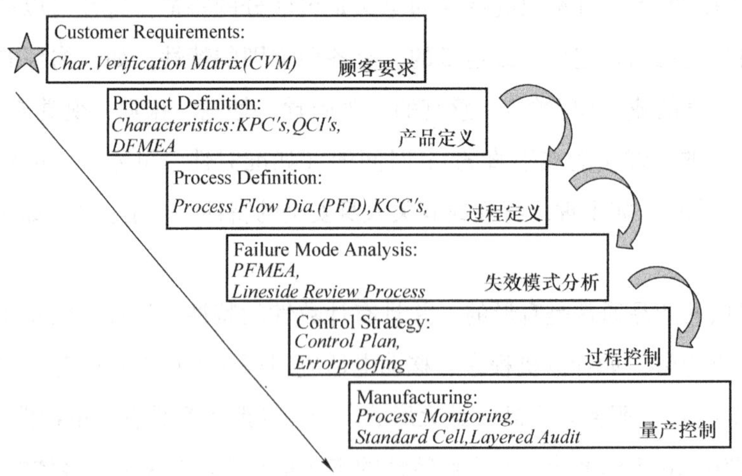

图5-1 质量特性展开和控制的阶段衔接

组织应对特性管理过程的过程所有者授权，进行顾客特定要求（可追溯的特性矩阵）的确定。顾客特定要求包括技术协议及其外部供方手册的所有要求。销售、质量部门及授权责任人应形成文件化信息，如由初始特性清单编制顾客特定要求及满足要求的措施，见表5-1。

表5-1　×××组织按顾客提供的供应商手册确定顾客特定要求及满足要求的措施示例

序号	客户文件		过程	过程管理文件	过程所有者	评价		问题点	需要采取的措施	完成日期		备注
	编号	要求摘要				是	否			计划	完成	
1	××	运输 a. 指定运输商 b. 指定路径	C5 交付	××客户运输作业指导书	物流	×						
2	××	标识 a. 外包装标签 b. 内包装合格证	C4 生产	××客户标识作业指导书	制造	×						
3	××	包装 a. 井字打包 b. 包装方案	C5 交付	××客户包装作业指导书	技术/制造	×			品保部主导跨部门改善			

授权责任人将顾客特定要求和初始特性信息，传递到产品设计开发责任部门进行特性展开，并形成DFMEA以进行风险控制。设计部门应建立与质量特性相关的KPI指标，以及以产品特性为基础的质量一致性检验（QCI′s）。

工艺部门将确定的产品特性作为制造过程设计输入，对应展开为过程特性，即：过程（工艺）流程图（PFD）中的关键控制特性（KCC′s）。

工艺部门或授权责任人在过程特性基础上进行制造过程（工艺）风险分析，形成PFMEA，使制造过程处于受控状态（统计过程控制状态，SPC）。在制造（量产）过程中对产品特性和过程特性进行过程监视和控制；达到标准化作业要求和制造过程审核（产品审核）的要求，以确保产品质量一致性保证和质量水平。

组织的数字制造特性管理过程是以计算机辅助设计系统平台来实现的，但产品和服务的设计输入阶段同样要实施图5-1所示的特性管理过程。即通过顾客要求的确认展开为产品特性和过程特性，并形成针对产品及产品定义的特性技术规范。如图5-2中“产品”一栏所示。

产品和服务的质量是组织对顾客需求的管理承诺。组织应按顾客需求进行分析并转换成质量特性标识方法，用清晰的、技术或工程的语言表述出来，并形成文件化信息。在质量管理体系标准（ISO 9001:2015）中要求对产品、过程或体系与要求

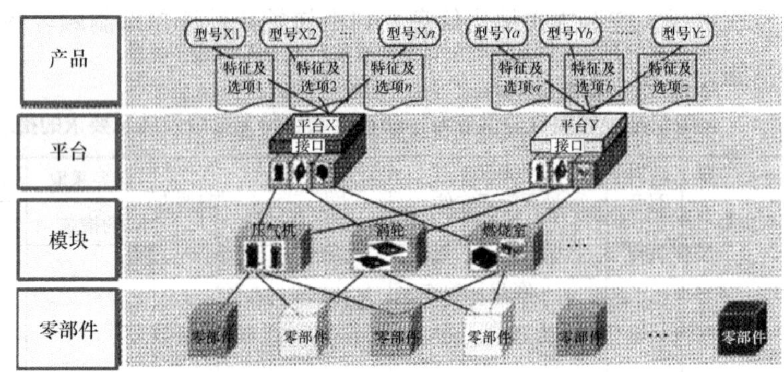

图5-2　数字化制造中的特性管理过程示意[3]

有关的固有特性进行分类标识（见图5-3）。

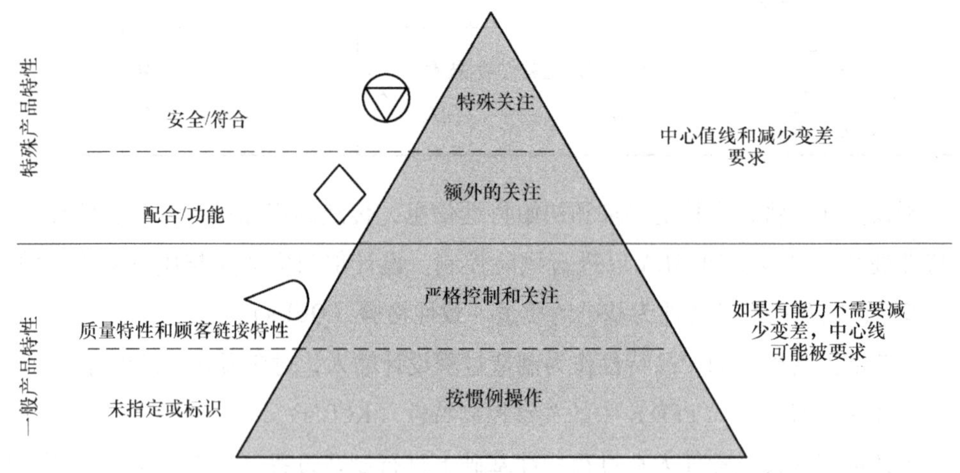

图5-3　某汽车公司的特殊产品特性标识示意

汽车工业行业标准IATF 16949（第1版）标准强化了对特性管理的要求，如在设计输入时要求运用多方论证方法实施一个或多个管理过程识别特性，在设计输出时要求形成文件化的特殊产品特性和规范。

产品和服务的质量特性可分为：①理化性方面的，如机械零件的刚性、弹性和酸度；②心理方面的，如服装式样、食品味道和审美价值；③时间方面的，如交付及时性、等待时间、运送或传输时间；④功能方面的，如可靠性、可用性和维修性等；⑤安全方面的，如法律规定、避免财产损失、人身伤害等；⑥社会方面的，如法律和环保等。

产品质量特性包括：固有特性：性能、寿命、可靠性、安全性、材质和尺寸等；

附加特性：成本和交付日期；

制造过程特性包括：固有特性（过程参数）：压力、温度、速率和过程能力等；

附加特性：生产能力和节拍（标准工时）；

服务特性包括：固有特性：差异性、不可分离性、无形性和不可储存性；

附加特性：及时性、经济性、舒适性、文化性（或魅力特性）和安全性。

服务特性体现了组织的文化特征，如果魅力特性不充分也会产生顾客不满意，反之会增加顾客忠诚度。

质量特性的性质可分为以下类型：A 类特性（关键特性）：即安全特性。该特性的失效会对人造成危害和不安全，或违反政府安全法规的规定。**B 类特性（重要特性）：非关键特性。**该特性的失效将会导致产品功能失效或使用性能大幅下降，不能完全按照规定的用途使用。**C 类特性（一般特性）：**该特性的失效对产品按规定的用途使用不会造成很大影响；当适用标准有偏差时，对设备、装置的使用、操作和运行会有轻微的影响。

AS 9100：2016 标准将关键特性定义为：是一种属性或特征，其变化会对产品安装、形成、功能、性能、使用寿命或可制造性产生重大影响，因而需要采取特殊措施对其变化进行控制。

二、产品和服务特性管理的过程

组织的产品和服务特性管理的过程，包括：确定产品和服务特性管理的过程；运用 FMEA 方法确定特殊特性的风险等级及标识，形成特性管理规范及特性矩阵；使用适当的手段来确定、监控流程，识别影响变差的因子，如：运用 DOE 方法确定或优化特性参数值，并编入控制计划、工艺流程和关键过程（工序），确定对应控制措施，在制造过程中使其处于统计控制状态，以减少变差。组织应通过检验、试验和产品审核等评价产品和服务特性的质量能力，实现零缺陷交付；通过产品和服务特性的质量信息反馈，分析、改进产品特性和制造过程特性。

（一）产品和服务特性管理的过程

1. 确定本项目产品和服务特性管理的目标

组织特性管理的目标，应由顾客需求分析和项目目标来具体确定。一般以设计任务书的形式或质量计划中质量目标的要求下达。

2. 确定本项目产品和服务特性管理的目的和范围

组织特性管理的**目的**：质量特性的重要度分级是为了在实施质量控制中分清主次，控制重点工序，保证产品质量的稳定性和一致性，同时在满足适用性要求的前提下，合理安排检验活动以降低管理成本。

组织特性管理的**范围**：规定产品和过程质量特性的分级及标注方法。适用于设计开发的所有产品、在制产品和交付后产品的维护。

（二）确定产品和服务特性管理的团队

1. 组织成立特性管理团队

产品和服务特性管理的团队应是多功能的团队或小组，应和产品先期质量策划（APQP）的团队或小组一致。团队或小组应用同步工程缩短开发周期，降低开发成本。多功能的团队应由设计部门的人员主导，潜在失效模式及后果分析（FMEA）工程师负责此项工作。参加人员包括设计、工艺、制造、设备、采购、销售、维护和售后服务等部门的人员。

2. 产品和服务特性管理的活动内容

1）确定产品项目范围。主要目的是识别顾客需要、期望和要求。

2）多功能的团队活动。

3）建立小组间的联系。如举行定期会议。

4）顾客和外包相关组织人员的参与。

5）评审和确定特性及其风险等级和应对措施。

6）评审确认特性管理规范。

7）检查、评价实施结果（产品检验试验、产品审核、制造过程审核和技术状态审核）。

8）改进（包括设计更改、工艺更改和工程更改）。

三、产品和服务特性管理的方法和步骤

（一）运用FMEA进行特殊特性识别

1. 特殊特性识别

由潜在失效模式及后果分析（FMEA）工程师负责产品和服务系统的质量特性

分析；由产品设计工程师负责产品的 DFMEA；由制造过程工程师负责产品的 PFMEA。用 FMEA 方法进行特性分析，也可以应用多种技术，如：产品数据管理（PDM）、计算辅助设计与制造（CAD/CAM/CAE）等。

小组采用头脑风暴法对某产品特性进行分析时，由多功能小组成员对产品的某一特性的单一潜在失效（可能发生但不一定发生）模式进行讨论后，大家各自思考 5～10 分钟，将各自思考的结果写在卡片上，由主持人分类汇总公布在黑板上，供给大家讨论确定某一特性的单一潜在失效模式的严重度、频度（发生频次）和探测度的定级。由 FMEA 工程师依据评价准则确定该特性的单一潜在失效模式的风险等级。依此类推完成识别所有特性的风险定级。

2. 故障树分析

团队或小组应运用故障树分析方法对产品系统、子系统、部件失效原因和相互作用进行分析。

在潜在失效模式可被量化的情况下，用故障树法和故障模式影响与危害分析（FMECA）来分析产品和服务特性，并对系统、部件、零件，以及在运行过程中存在故障（事件）的逻辑关系来进行排序。在图 5-4 中，以布尔代数符号对单一事件运用或门和与门表示逻辑关系，确定故障（事件）独立的原因。单一事件除考虑产品的物理、尺寸和功能特性外，还必须考虑过程特性（例如维护和操作方法等），来确定零部件或子系统故障的共存原因。例如制造过程中维护规范的不正确使用是故障的共存原因。不充分的维护能导致单一部件潜在失效的发生，如维护人员未进行维护培训。包括防止未授权人员接触用电设施等，都应属于 PFMEA。

系统功能失效事件的发生条件：故障 A1、A2 同时发生；系统部分失效事件的发生条件：故障 A2 发生为首要事件，故障 B1、B2 或 B3 发生，故障 B1 或 B2 或 C1 与 C2 组合发生。结论是需提高子系统的可靠性。

3. 选用特性的标准和规定的准则（示例）

准则 1：根据组织产品及行业标准的规定；在产品设计阶段，设计部门应对零部件和产品特性进行重要度分级，在新产品试制和设计改进时应进一步修正和完善。按重要件清单和质量特性表编制单独的重要度分级文件。过程特性在设计文件化信息（如 FMEA、过程流程图和控制计划）上标识，一般不形成单独的文件。数字化

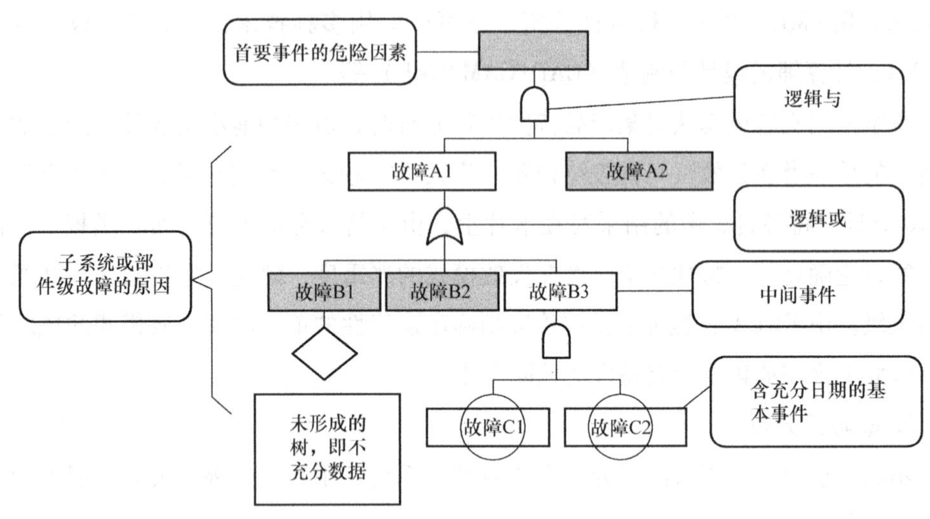

图 5-4　故障树分析方法示例

制造的关键特性（KPC）应运用计算机数据管理平台的尺寸管理方法（DM），建立关键特性（KPC）和影响关键特性（KPC）的相关特性，建立转换为尺寸链的装配函数，如 KPC = f（PF1，PF2，…，PFn，APV），分析评价产品和过程特性是否满足设计目标要求。

准则 2：零部件的重要度按影响程度划分为三级：A（关键）、B（重要）和 C（一般），其中 C 级零部件在重要件清单中一般不列出。质量特性的重要度按影响程度划分为五级：CC（关键）、SC（重要）、HIC（高影响）、MIC（中等影响）和 LIC（低影响），MIC 和 LIC 级特性可以在质量特性表、FMEA、控制计划、过程流程图及 QPS 卡（质量工艺卡）中不标识，而只在相关标准中说明。

质量特性的重要度分级与 FMEA 的严重度和频度定级表相对应来确定。质量特性的重要度划分的原则，以某汽车总成件为例分为：

CC（关键特性）：严重度 S = 9 ~ 10。

SC（重要特性）：严重度 S = 8；严重度 S = 7，频度 O ≥ 4；严重度 S = 6，频度 O ≥ 5。

HIC（高影响特性）：严重度 S = 7，频度 O≤3；严重度 S = 6，频度 O≤4；严重度 S = 5。

MIC（中等影响特性）：严重度 S = 1 ~4，频度 O≥4。

LIC（低影响特性）：严重度 S = 1 ~4，频度 O≤3。

4. 进行产品和过程的 FMEA

DFMEA 是一种评定失效可能性及失效影响的分析技术，应随顾客需要和期望的更新而进行动态管理。小组对 DFMEA 文件进行评审，并对产品和过程特性的选择做必要的补充、修改和删减。

小组应在开始生产前，在产品质量先期策划规定的阶段中进行 PFMEA 的编制和评审，包括对新的或修改的过程的评审与分析，以及制定预防措施、解决或监视潜在的过程问题。当新的失效模式出现时，小组应进行评审和更新 PFMEA 文件。

5. 统计 FMEAs 的分析结果

按准则 2 中的重要度分级原则、等级划分和标记符号规定，小组用 DFMEA 方法（见表 5-2）统计产品和过程特性的失效模式的严重度、频度和频次结果，分别以产品的系统、部件、重要零件的形式，汇总特性失效模式的严重度、频度和频次形成产品质量特性分级统计表，见表 5-3。不是所有的零部件和质量特性都列在表中，小组应进行选择。

组织也可选用 AIAG – VDA《潜在失效模式分析》手册（FMEA 第 1 版）给出的 DFMEA 七步法，进行风险评估和措施优化（AP）等级的确定，包括在客户操作条件下可能发生的潜在失效对系统或车辆的影响（FMEA – MSR）。通过分析诊断、监视和系统响应在维护功能安全方面的有效性来补充 DFMEA（除了考虑安全之外，该方法还可用于法规遵从性主题的分析）。可能存在的财务风险、时间风险和战略风险的评估不在本过程的考虑范围。

6. 建立产品和服务特性的文件化信息

设计责任部门形成组织特性管理规范、特性记录表和可追溯性记录表等，经审批后进行归档、发布和实施。小组将产品（系统、部件和零件）的质量特性评价结果进行汇总，形成表 5-3。

表 5-2 DFMEA 评价表示例[4]

项目功能	潜在失效模式(现象)	潜在失效后果	严重度 S	潜在失效起因机理	频度 O	现行过程控制预防	现行过程控制探测	控测度 D	RPN	建议措施	责任及目标完成日期	措施结果				
												采取的措施	S	O	D	RPN
铆接 零部装配，将两端连接零件与气弹簧连接在一起，便于气弹簧安装在车身规定位置	铆钉脱落	连接支架与气弹簧分离，气弹簧无连接支架不能安装在车身上	8	铆钉端部变形量未达到规定要求，使铆钉抗拉强度低于要求值，铆钉不能承受足够的外力	6	在工艺文件中规定了铆钉变形尺寸要求，专人操作，专人检验	规定铆钉端部变形量不得小于0.5mm	5	240	购入一台铆接机	责任目标完成部门：生产部，责任目标完成时间：2004年8月27日	购入一台铆接机，保证铆接质量。规定铆接直径变形量不得小于0.8mm 高度变形量不得小于2mm	6	2	2	24

表 5-3　××产品的质量特性（部分）分级统计表示例

序号	质量特性（产品）		重要度	参考频度	重要度等级				
					CC	SC	HIC	MIC	LIC
1	噪声（分贝数）		6	4			√		
2	异响（由飞边或齿轮啮合干涉等引起的异常噪声如啸叫）		7	4		√			
3	变速器的承载能力（许用输入扭矩）		7	2			√		
4	各档的传动比		5	1			√		
5	变速操作的感觉（平顺性）		7	4		√			
6	静态选换档所需操作力		6	3			√		
7	密封性（不漏油或渗油）		7	4		√			
8	变速器总成的清洁度		5	4			√		
9	倒车灯开关的通断		8	3		√			
10	磕碰或飞边（在安装接合面上）		5	4			√		
11	××变速器的空载拖动阻力矩		6	4			√		
12	××变速器的标识		5	2			√		
13	与曲轴轴承孔相配的轴颈直径		5	2			√		
14	支承分离轴承的套管直径		5	2			√		
15	与发动机连接的定位销孔的孔径		5	4			√		
16	与发动机连接的定位销的孔位置尺寸（x、y 坐标）		5	4			√		
17	输入轴各档的转动间隙（角度）		3	4				√	
18	输入花键	花键大径	6	2			√		
19		花键键宽/跨棒距	6	3			√		

7. 建立产品和服务特性的严重度和频度二维特殊性矩阵

小组按表 5-3 中产品的质量特性的严重度和频度进行重要度分级汇总，形成产品和服务的特性矩阵，见表 5-4。

表 5-4　××产品和服务的特性矩阵示例

严重度S \ 频度O	10	9	8	7	6	5	4	3	2	1
10	CC	CC	CC	CC	CC	CC	CC	CC	CC	CC
9	CC	CC	CC	CC	CC	CC	CC	CC	CC	CC
8	SC	SC	SC	SC	SC	SC	SC	SC	SC	SC
7	SC	SC	SC	SC	SC	SC	SC	HIC	HIC	HIC
6	SC	SC	SC	SC	SC	SC	HIC	HIC	HIC	HIC
5	HIC	HIC	HIC	HIC	HIC	HIC	HIC	HIC	HIC	HIC
4	MIC	MIC	MIC	MIC	MIC	MIC	MIC	LIC	LIC	LIC
3	MIC	MIC	MIC	MIC	MIC	MIC	MIC	LIC	LIC	LIC
2	MIC	MIC	MIC	MIC	MIC	MIC	MIC	LIC	LIC	LIC
1	MIC	MIC	MIC	MIC	MIC	MIC	MIC	LIC	LIC	LIC

注：在本示例中产品和服务特性的严重度无 9 ~ 10 级定级，因此本表中 CC 级一栏中无定级。

设计责任部门形成组织特性管理规范，应引用的标准为：《产品质量分等标准编制导则》（JB/T 8829—1999 已作废，仅供参考）和《机械工业产品质量特性重要度分级导则》（JB/T 5058—2006），包括顾客要求特性标准及编号（如 GFT - 3001），以及组织中使用的特性记录表单和需标注质量特性的技术文件要求等。

（二）产品和制造过程质量特性的试验设计

组织运用田口方法（DOE）来确定或优化特性的参数值，目的是寻求最佳的产品特性与制造过程特性的设计参数值，并保持产品特性的稳定性，将干扰因素的影响降到最小。利用特性因素间非线性与线性的关系，找出控制因素与误差因素间的交互作用来减少变异、提高质量水平。为减低成本而使用便宜的材料，或在不利的环境之下，使特性达到健壮性（robustness）的设计要求。把影响产品特性与制造过程特性的不良原因消除，可能会提高成本。如果在原有的基础上把影响特性产生的因素设法消除，则可能不需要提高成本，也能提高品质，如图 5-5 所示。

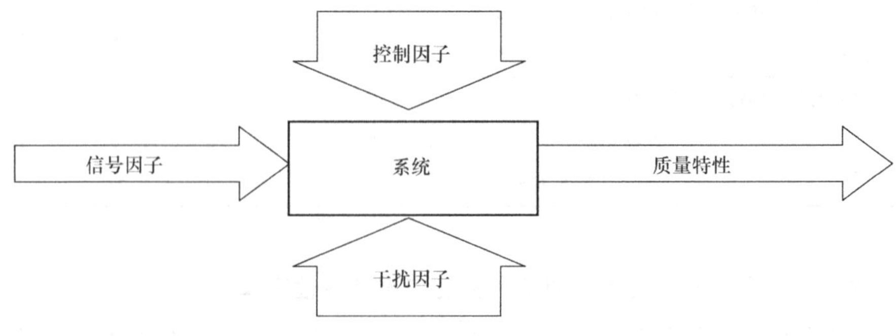

图 5-5　质量特性与影响因素

1. 田口方法（DOE）

田口方法（DOE）的步骤包括：确定产品和制造过程的质量特性；确定产品和制造过程的质量特性的目标和指标值；选择正交表，并完成完整试验计划；进行试验；如实测量数值并记录，形成文件化信息；统计分析形成结论（S/N信噪比计算、极差和方差分析）；确认试验，一般通过正交表试验的预测来确定特性参数的最佳组合，应进行确认试验验证。田口方法重点是讨论干扰因素，并假设当质量特性 y 偏离目标 m 时，就会产生质量损失 L 并以二次函数曲线的形式递增。

图5-6中的质量损失 L 是二次函数，均值以 $\bar{y}$（虚线所示）表示。平均质量损失一般作为衡量产品一个批次质量的指标。

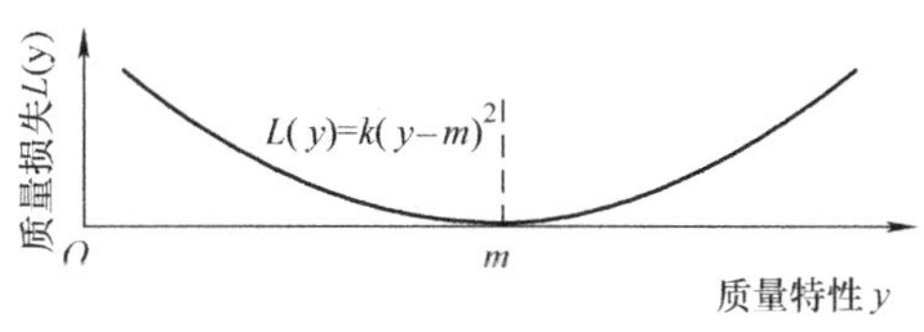

图5-6　田口质量损失函数1

田口博士将计算公式去除系数 k 后，进行对数转换，再乘以10，并取负号，形成的表达式称之为信噪比，记为S/N

$$S/N = -10\log(MSD)$$

在产品特性与制造过程特性的参数设计中，用参数S/N表示产品特性与制造过程特性的水平及其误差因素影响的程度。信噪比（S/N）的望小特性和望大特性如图5-7所示。

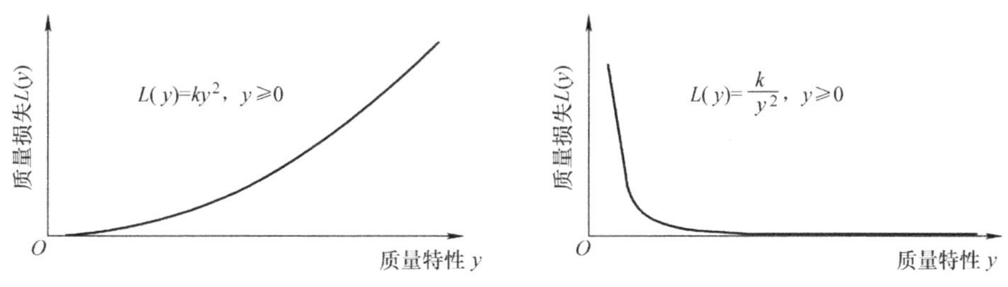

图5-7　田口质量损失函数2

2. 产品特性与制造过程特性的参数进行正交试验设计

组织在设计中运用统计分析工具“正交表”（Orthogonal Array）分别列出控制因素与杂音因素，然后找出具有最小交互作用的控制因素，以便研究控制因素与杂音误差因素之间的交互作用问题。正交表是运用组合数学中的拉丁方和正交拉丁方的思维方式制作成的一种表格。正交表是提供给设计人员用于试验计划的一整套规则的设计表格。正交表的构造需要用到组合数学和概率学的知识，现在广泛使用的是 $L_n(T^c)$ 或 $L_n(T^c, D^e)$ 类型的正交表，它们的构造思想比较成熟，见表 5-5。

表 5-5　正交表的构成

水平	正交表类型
2	L_4 (2^3)、L_8 (2^7)、L_{12} (2^{11})、L_{16} (2^{15})、L_{32} (2^{31})
3	L_9 (3^4)、L_{18} ($2^1 \times 3^7$)、L_{27} (3^{13})、L_{36} ($2^{11} \times 3^{12}$)、L_{32} (2^{31})、L_{36} ($2^3 \times 3^{13}$)、L_{54} ($2^1 \times 3^{25}$)
4	L_{16} (4^5)、L_{32} ($2^1 \times 4^9$)
5	L_{25} (5^6)、L_{50} ($2^1 \times 5^{11}$)

设计人员将受控因素放在正交表内侧；将结果放在正交表外侧；将确定的水平放在中部。根据因素数、水平数和因素之间的交互数，利用自由度选择因素最小组适合的直交表。具体计算方法是以策划调查的因素的交互作用数量加以累加后得到的自由度，来决定正交表。例如：包含两个水平的因素 A、B、C、D 和交互作用 A∗B，A∗C。可选用的正交表为 L_8 (2^7)，见表 5-6。

表 5-6　L_8 (2^7) 正交表

次数	A	B	C	D	E	F	G	结果
	1	2	3	4	5	6	7	
1	1	1	1	2	2	1	2	Y1
2	2	1	2	2	1	1	1	Y2
3	1	2	2	2	2	2	1	Y3
4	2	2	1	2	1	2	2	Y4
5	1	1	2	1	1	2	2	Y5
6	2	1	1	1	2	2	1	Y6
7	1	2	1	1	1	1	1	Y7
8	2	2	2	1	2	1	2	Y8

正交表的性质：

(1) 对称性　如表 5-7 所示的因素排列，以实验 1 的结果和试验 2 的结果来看，可以认为两组试验水平的差异是由因素 1 导致的。因为因素 2 和因素 3 的贡献在

（表中第 3、4 列）两种情况下分别抵消。

表 5-7　因素排列

<table>
<tr><th>试验 \ 因素</th><th>1</th><th>2</th><th>3</th><th>结果</th><th>总和</th></tr>
<tr><td>1</td><td>1</td><td>1</td><td>1</td><td>Y1</td><td rowspan="2">Y1 + Y2</td></tr>
<tr><td>2</td><td>1</td><td>2</td><td>2</td><td>Y2</td></tr>
<tr><td>3</td><td>2</td><td>1</td><td>2</td><td>Y3</td><td rowspan="2">Y3 + Y4</td></tr>
<tr><td>4</td><td>2</td><td>2</td><td>1</td><td>Y4</td></tr>
</table>

（2）再现性　正交表具有以下两项性质：

1）在每一列中，不同的数字出现的次数相等。例如，在两水平正交表中，任何一列都有数字 1 与 2，且任何一列中它们出现的次数都是相等的；在三水平正交表中，任何一列都有数字 1、2 和 3，且它们在任何一列中出现的次数均相等。

2）在任意两列中数字的排列方式齐全而且均衡。例如在两水平正交表中，任何两列（同一横行内）的有序对数共有 4 种：（1，1）、（1，2）、（2，1）、（2，2）。每种对数出现次数相等。

通俗地说，**每个因素的每个水平与另一个因素各水平各相遇一次，这就是正交性**。

在 L_{12}（2^{11}）正交表中，交互作用的效果平均地分配到该表的 11 个纵列上。当试验因素交互作用不明显时可使用该表，因为它的再现性很好，是田口博士推荐使用的。

计算 S/N 比值：对应分析信噪比（S/N）的望小特性和望大特性。信噪比（S/N）的望小特性不包括负值，不良率为 0，最佳条件下的最理想状态为 0。

设计人员用试验设计检查表进行检查，提问的内容包括：是否明确所需解决的问题？目标是否包括产品和服务的质量特性可测量的期望值？确认的因素和试验条件是否可测量？因素是否分为受控和非受控？是否确定因素的水平？是否对质量特性进行评审？试验计划是否选择了适当的正交表？是否分配可控因素于正交表内侧？是否分配非可控因素于正交表外侧？图 5-8 和表 5-8 为焊接工序参数选择的实例。

表 5-8　某汽车零件焊接工序过程特性（参数）选择的正交试验实例

压力在×××范围下												
焊接电流	缝隙/mm	扭矩/N·m	判定状态	缝隙/mm	扭矩/N·m	判定状态	缝隙/mm	扭矩/N·m	判定状态	缝隙/mm	扭矩/N·m	判定状态
13kA	0.2 以上	未焊接	×	0.2 以上	<40N·m	×	0.2 以上	<50N·m	×	0.2 以上	<55N·m	×
14kA	0.2 以上	<40N·m	×	0.2 以上	<40N·m	×	0.15～0.2	<60N·m	×	0.15～0.2	<70N·m	×
15kA	0.2 以上	<40N·m	×	0.2 以上	<40N·m	×	0.15～0.2	<70N·m	×	0.15～0.2	<800N·m	×
16kA	0.2 以上	<70N·m	×	0.1－0.2	<80N·m	△	0.15～0.2	<80N·m	×	0.15～0.2	<90N·m	△
17kA	0.2 以上	<70N·m	×	0.1－0.2	<80N·m	△	0.15～0.2	<90N·m	△	0.15～0.2	<100N·m	△
17.5kA	0.2 以上	<90N·m	△	0.1－0.2	<120N·m	△	0.15～0.2	>140N·m	△	0.15 以下	<140N·m	○
18kA	0.2 以上	<100N·m	△	0.1－0.2	<120N·m	△	0.15 以下	>160N·m	○	0.15 以下	>160N·m	○
18.5kA	0.2 以上	<120N·m	△	0.1－0.2	<120N·m	△	0.15 以下	>180N·m	○	0.15 以下	>180N·m	○
19kA	0.2 以上	<120N·m	△	0.1－0.2	<120N·m	△	0.15 以下	>180N·m	○	0.15 以下	>180N·m	○
19.5kA	0.2 以上	<120N·m	△	0.1－0.2	<140N·m	○	0.15 以下	>180N·m	○	0.15 以下	>180N·m	○
20kA	0.2 以上	<140N·m	△	0.1－0.2	>140N·m	○	0.15 以下	>180N·m	○	有焊瘤	>180N·m	×
焊接时间	30ms			40ms			50ms			60ms		
○—优（OK）；　△——一般　×—不合格（NG）												
结论：根据判定标准，选取适合此产品的焊接规范：时间为 50～60ms，电流为 18～19.5kA												

初期规范							
×××座椅××车型×××－×××凸点焊规范选定(设备选定焊接工场的中频焊接机)××××品×××——000							
条件1		条件2		条件3		条件4	
焊接压力	4kN	焊接压力	6kN	焊接压力	6kN	焊接压力	5kN
焊接时间	60ms	焊接时间	30ms	焊接时间	60ms	焊接时间	50ms
焊接电流	15kA	焊接电流	19kA	焊接电流	18kA	焊接电流	14kA
测试结果		测试结果		测试结果		测试结果	
缝隙	0.1～0.2mm	缝隙	0.2～0.3mm	缝隙	≤0.15mm	缝隙	0.2～0.3mm
扭矩	>140N·m	扭矩	>120N·m	扭矩	>180N·m	扭矩	>140N·m
结论：根据测试结果选定条件3进一步细化试验							

图5-8　某汽车零件焊接工序过程特性（参数）

选择的初期规范实例

风险评估：确定试验组合对质量和成本的风险定级，与试验前的进行比较，判断结果是否达到预防的目的。

（三）产品特性与制造过程特性的文件化信息和控制措施

1. 产品特性与制造过程特性的文件化信息

设计人员通过优化和确定的产品特性、过程特性和“特性管理规范”中的管理要求，在产品和过程的“FMEA”“工艺流程图”和“控制计划”、图样和相关规范等技术文件化信息中予以标注。

2. 产品特性与制造过程特性的控制措施

组织应关注制造过程中的产品特性与制造过程特性，使其处于统计控制状态，以减少变差（见图5-9）。

在实际生产过程中，完全符合所要求的条件、假设及参数的过程很少，也很难用一个单独的指数或比值来评价或真正理解一个过程。统计学家产生或激发出满足顾客需求的期望，即组织生产出的零件都符合规范要求，是基于质量柱的概念，即对规范之内的零件，不管它位于规范内的什么位置都认为它是好的（可接受）；反之，超出规范的零件的，不论它偏离多远都认为它是坏的（不可接受）。

通过检验、试验和产品审核评价的产品和服务特性，可以确定质量能力，实现零缺陷管理。质量能力是由产品审核结果和过程审核结果的综合评级决定的。德国汽车工业标准（VDA）给出了评价准则及评级标准（质量能力评价详见第六章）。

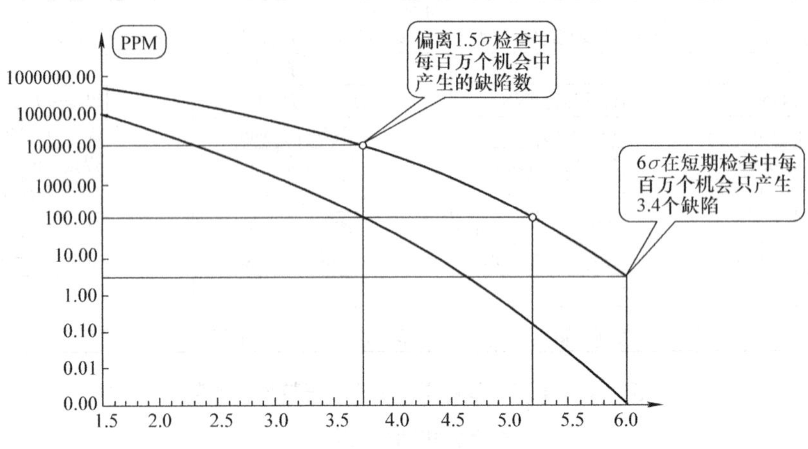

图 5-9　质量特性的 PPM 统计

通过产品和服务特性的质量信息反馈，分析并改进产品特性和制造过程特性。

第二节　产品和服务特性与构型管理

一、MBD 构型管理的标准

随着我国数字化制造的迅速发展，基于数字模型定义（MBD）的标准 MBDS 已由 SAC/TC 146 全国技术产品文件标准化技术委员会相继颁布。数字化制造的 MBD 的管理规范规定了产品定义数据的通用要求、几何建模特性规范、注释要求、数字模型数值及尺寸要求、基准应用、几何公差应用，以及数字模型几何细节层级。应用 MBD 的管理规范需要从顾客需求分析转化为顾客特殊特性，根据产品构型及分解形成产品、部件、零件的产品特性和过程特性。构型管理作为一套管理理念，要在企业应用中真正落到实处，离不开严密的标准体系支撑。其现行主要标准如下：

电子工业协会（EIA）颁布的构型管理标准 ANSI/EIA－649，用来作为构型管理基本原理的指导性文件。该标准提供了基本的构型管理原则以及工业界实施的最好经验，用以确认产品的构型和产品更改的影响。国际构型管理协会（ICM）的 CMII（即 CMMI 第 2 版）已经成为衡量企业构型管理水平的业界公认标准，并作为衡量产品数据管理系统更改管理能力的一个重要依据[8]。如图 5-10 所示。

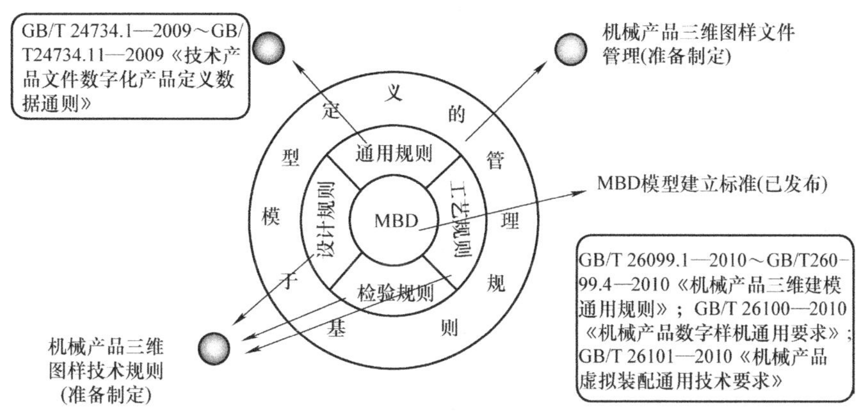

图 5-10　MBD 的管理规则示意

二、需求管理、构型管理与 BOM 管理（见图 5-11）

组织依据顾客的定制需求来管理展开的产品功能特性和物理特性。组织在数字化制造过程中按产品系统、总成件、部件和零件分层展开，以 BOM 的形式在产品和服务全生命周期内展开，以产品质量功能展开（QFD）转化为相关和功能特性的物理特性，并以产品功能结构单元（PFSC）的构型管理，实现数字化产品质量特性单一源输入的可追溯性和产品质量一致性保证。在数字化制造技术管理中，由产品定义的数据元素及相关质量特性的管理衍生并形成产品构型管理的一系列标准，逐渐使得产品构型管理形成一门重要学科。美国国家标准学会（ANSI）相继颁布了行政管理标准，并于 2011 年颁布更新的 ANSI/EIN 649 B—2011 构型管理标准，该标准广泛用于工业企业。有效应用构型管理标准及原理可以降低生命周期成本（LCC）。[8]

BOM，是以单一输入源数据的产品尺寸和质量特性为核心进行的。基于 MBD 的标准 MBDS 的应用起到了保证质量一致性的作用，通过计算机信息化集成实现从数字模型到物理样件的制造。在产品实现策划时，应建立产品构型管理规范、技术状态管理规范及 CI 项，应考虑基于数字模型定义的构型管理、集成与数据集，如图 5-12和图 5-13 所示。

产品定义数据集的特性值，同样需要通过本章有关特性管理的方法进行识别、分析和确定。在数字化制造过程中，只有通过特性管理的方法才能有效地进行产品的全生命周期管理。特性管理过程是质量管理的基础。

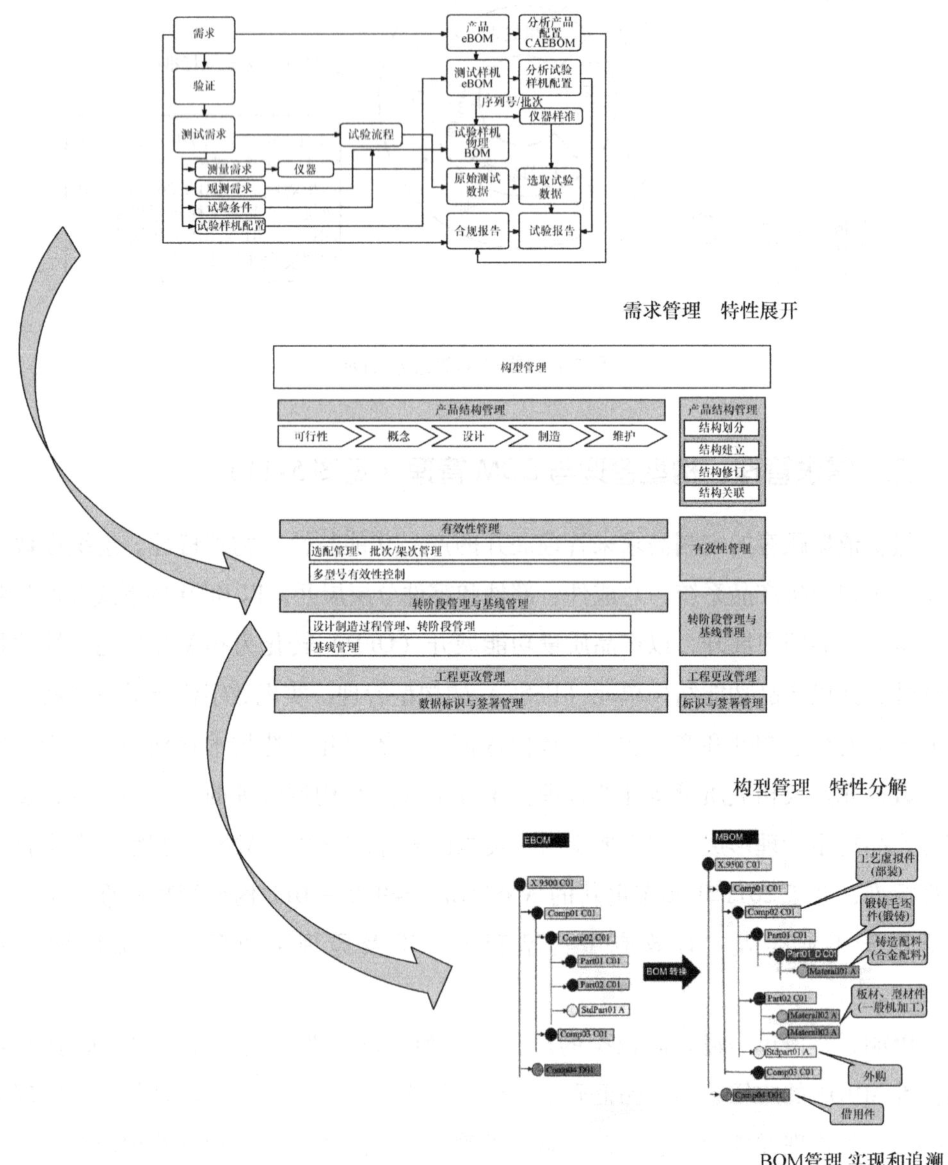

图 5-11 需求管理、构型管理与 BOM 管理的组成部分

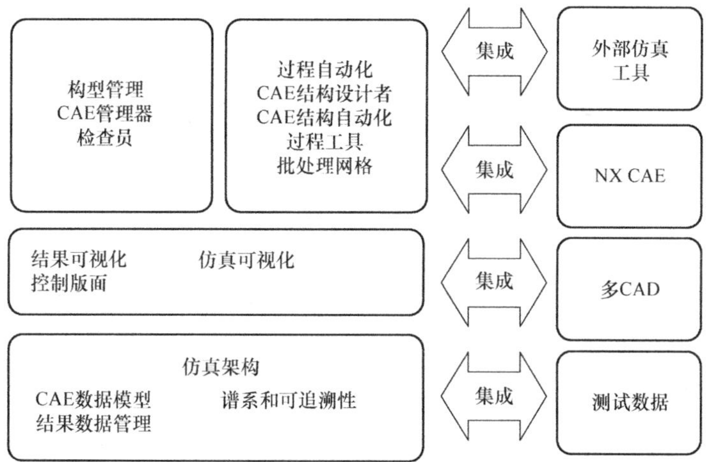

图5-12　基于数字模型定义的构型管理与集成

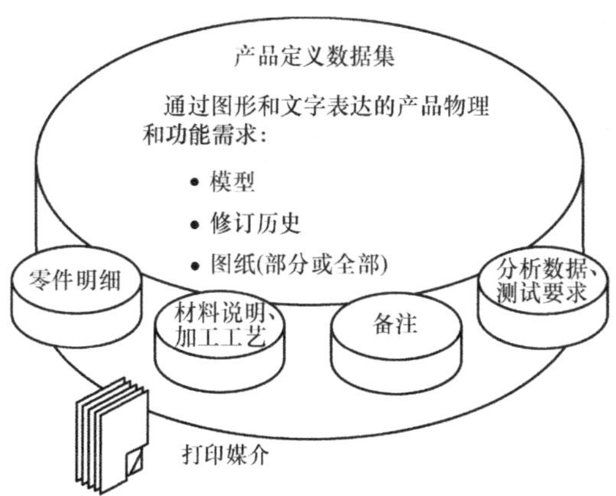

图5-13　基于数字模型定义的数据集（来源：西门子）

第六章　绩效评价和改进

质量管理体系中的绩效评价是指将组织质量管理体系过程有效性的结果与策划的目标和指标进行比较。包括绩效目标的测量、统计工具的识别、知识应用、适用的测量方法、评价结果的改进机会和措施。

ISO 9000：2015 标准将绩效定义为**可测量的结果**。并将**提高绩效的活动**视为改进活动。

组织的绩效评价是按照 CAPD 顺序进行的，可以是循环的或一次性的活动，通过绩效评价来评价产品和服务、过程、体系的有效性和效率。

第一节　质量管理体系的绩效评价

一、过程的监视和测量

（一）质量管理体过程的监视和测量

质量管理体系过程的监视和测量，是过程实施结果与本过程有效性和效率指标的比较。组织必须确定、建立、实施和保持文件化的过程有效性指标和过程效率指标，包括关键绩效指标（KPI），以监视和改进质量管理体系过程的绩效、产品和服务的绩效及项目的绩效。组织必须规定过程指标（KPI）所属过程，定义计算公式和达成、监视测量的周期。最高管理者应明确职责、报告的期限及沟通的对象，明确过程指标（KPI）应包括的过程范围。以制造业组织为例，绩效测量应包括对顾客满意度的测量、按计划的及时交付、顾客提出的不合格、组织内部的不合格、外部供方的不合格、外部供方的按时交付、不良质量成本、项目成本、顾客需求管理过程、内部审核过程，以及设计和开发过程。应测量过程指标（KPI），如顾客投诉及所提不合格的反应时间、生产能力、过程能力、问题解决时间、首件检验（FAI）、全局设备效率（OEE）、平均故障间隔时间（MTBF）、平均维修时间（MTTR）等。

组织通过管理评审评价过程的有效性和效率，包括目标达成程度和趋势的统计分析。当指标未达成，或有负向趋势时，该过程为不符合过程，应进行原因分析，制定纠正措施。若产品和服务的符合性指标与法规相关的指标未达标，那么不仅该过程不符合，还可判定其组织的质量管理体系失效。如3C产品、汽车整车产品未通过型式试验或定型试验。评价质量成本过程（内部和外部不符合的成本、预防成本和鉴定成本），控制不良成本。确保向顾客提供高质量、低成本、短交期的产品和服务。

（二）制造过程的监视和测量

制造过程的监视和测量是组织绩效评价的重要内容。目的是评价制造过程的有效性和效率。制造过程的有效性和效率是以其过程目标达成为基准的，还包括产能和过程能力统计分析。

IATF 16949（第1版）标准中的9.1.1.1条款给出了制造过程的监视和测量的具体要求。包括：①对新的制造过程进行过程研究，验证过程能力，并为过程控制提供附加输入（包括过程特殊特性）；②对新的制造过程的初始研究，以及后续量产阶段的长期研究结果。

过程能力是通过统计方法获得过程输出产品变差的统计分布数据（计量型、计数型）信息，以判定该变差的统计分布类型（如计量型数据的正态分布），是在过程稳定的状态下由普通原因引起过程变差的统计分布。

过程能力的初始研究（短期研究）不受输入材料或过程反馈的影响。因此，过程能力的初始研究分析只考虑影响制造或装配过程变差（人员、设备和方法）的因素，如图6-1中的虚线部分所示。

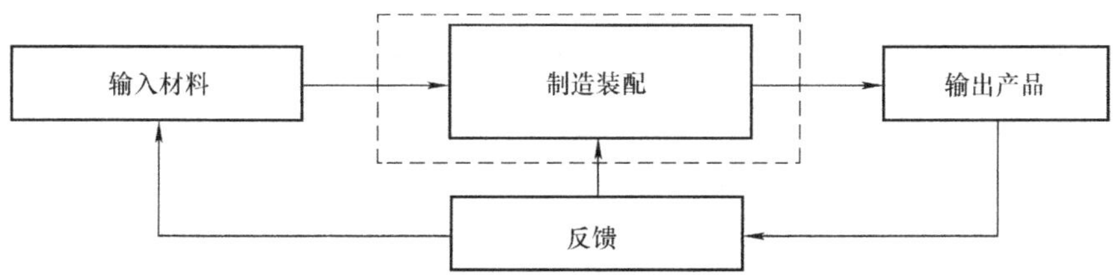

图6-1　过程能力的初始（短期）研究示意

组织通常在试生产阶段进行初始能力研究（短期研究），以了解过程变差，而不仅是为了得到一个具体的指数值。初始能力研究要计算设备能力指数（Cmk）和过程性能指数（Pp、Ppk），其接受准则如下：

当 Cmk≥1.67、Pp ≥1.67、Ppk≥1.33 时，实际过程输出数据信息的分析结果满足上述准则，过程可接受；当 $1.33 < \text{Ppk} < 1.67$ 时，过程不稳定，有条件接受；当 $\text{Ppk} < 1.33$ 时，过程不可接受。初始能力研究不要求过程处于统计受控状态，但应满足接收准则。

过程能力的长期研究，如图 6-2 的虚线部分所示。从输出产品中看到的变差是由各种原因造成的。因此，这种研究能够反映出生产环节中的所有变差源，只对处于统计过程状态（受控）的过程有意义。

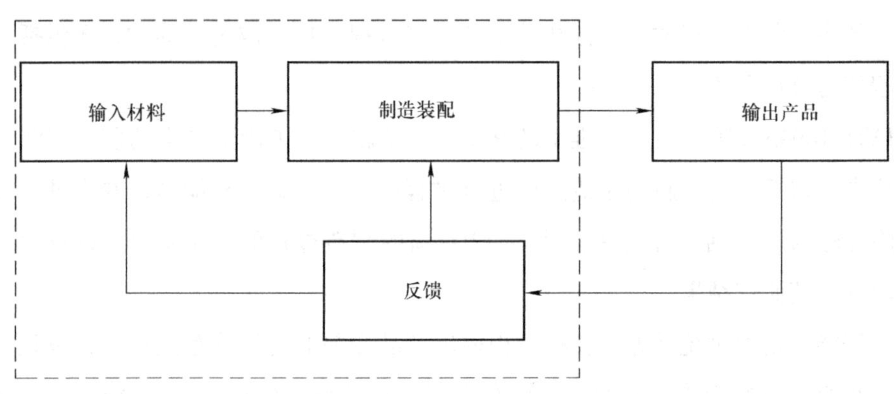

图 6-2　过程能力的长期研究示意

过程能力的长期研究需要计算过程能力指数（Cpk），并满足接收准则要求，长期研究的接收准则如下：

当 Cpk≥1.33 时，过程处于统计过程状态，可接受；当 1.00≥Cpk≥1.33 时，过程不稳定，有条件接受；当 Cpk≤1.00 时，过程不可接受。

组织进行长期研究时，当 $\text{Cpk} < 1.33$ 时，应特别注意关键特性的分布情况，并采取相关措施，如检查、预控制、统计过程控制和防错等。

对组织制造过程的监视和测量，包括对该过程的文件化信息的评价，例如：有关制造的有效性、效率、过程能力、可靠性、可维修性和可行性的目标和指标，以及接受准则等。用于确保实施（顾客批准）的控制计划和工艺流程图，其一致性规定了以下内容：测量技术、抽样计划、接受准则和详细记录（计量型和计数型数据记录不接受及格/不及格的记录）。对于过程能力不足或不稳定的特性，应启动反应计划；用能够对制造过程监视和测量的统计工具来确定，这一过程应作为质量先期策划过程的一部分。制造过程监视和测量统计的概念，应明确以下定义：变差、控制（稳定状态）、过程能力和过度调整（见下文）。

统计知识（如 SPC、MSA、FMEA 和 IATF 16949：2016 中附录 D 给出的其他统计方法等）是质量管理有关人员必备的基础知识。

数字化制造过程的监视和测量是从解决方案输入，到制造过程的监视和测量输出，由计算机软件自动完成。

（三）服务过程的监视和测量

1. 服务过程的绩效测量

组织服务过程的监视和测量是制造过程的监视和测量的一部分。无论是有实物载体的服务（如汽车销售）过程输出还是无实物载体的服务（咨询服务）过程输出，其对象均是制造过程输出的实物产品直接或间接的顾客。

由于产品和服务的一致性，服务规范与服务提供过程是不可分的，因而，测量是在服务过程中的提供服务活动中进行的。一般采用成熟度评价方法进行，如 VDA6.3 标准的服务审核部分的评价方法，该方法用于一汽大众奥迪汽车的销售和售后服务。

组织进行服务过程的监视和测量时，应建立文件化信息。对于服务过程的实施结果与本过程绩效指标之间出现的偏差（不达标和负向趋势），相关人员（过程所有者）应识别、记录和分析这些偏差的根本原因。

2. 服务过程能力的评价

服务能力的测量是通过服务过程的审核来评价等级的。德国汽车工业标准《制造过程审核》（VDA6.3 中的服务部分）给出了服务过程测量的方法。

二、顾客满意程度测量

（一）顾客满意度评价

顾客满意程度是度量一个国家、地区、行业或组织（增值或非增值）绩效的综合指标。顾客满意程度测量体现了组织以顾客为焦点的各项活动所达成的结果的程度，是一个综合的评价指标。制造型组织定期进行顾客满意程度测量的内容包括：交付质量、按计划交付的业绩、顾客拒收、组织招回、顾客满意度、市场占有率、表扬、担保索赔和经销商报告等。

顾客满意程度测量应是持续的测量活动，不仅评价单项指标是否达标，同时还进行趋势评价。不达标和具有负向趋势的应采取纠正或改进措施，并评估其对风险机会的影响。顾客满意度调查应包括内部顾客、外部顾客和利益相关方的调查结果。调查方式包括问卷调查和走访等多种形式。在顾客满意度调查中，采用算数平均方法的统计结果可称为顾客满意率，采用加权平均方法的统计结果可称为顾客满意度。顾客满意程度测量是一个多方参与和提供相关信息的活动过程，应建立文件化信息，包括程序、规范、方法、调查表和统计报告。

（二）顾客满意程度测量规范示例

下面通过组织结合某产品和服务制造组织的顾客满意程度测量的实例，来介绍制定顾客满意程度测量的办法。

顾客满意程度测量的综合评定信息收集的内容包括：交付质量性能（PPM）、中断或外部退货（次数）、按计划交付业绩、问题顾客通知（招回）次数，以及顾客满意度（或满意率）等。综合评定的赋值方法是满意度赋分原则，既计算顾客满意度调查的实际加权计算分值。示例如下：

1. 交付质量性能（PPM）的计分原则：0～300为100分、300～500为90分、500～1000为80分、1000～2000为70分、2000～5000为60分。

2. 中断或外部退货次数的计分原则：0次为100分、1～3次为90分、4～6次为80分，7～10次为70分，10～15次为60分。

3. 按计划交付业绩的计分原则：半年度合同综合执行率。

4. 问题顾客通知次数的计分原则：0次为100分、1～5次为90分、6～10次为80分，11～15次为70分，16～20次为60分。

5. 以半年度为基准跟踪变化趋势，综合评分值保留2位小数，分值越大则综合评定满意度越高。

6. 其他（略）。

7. 顾客满意程度测量的综合评定信息统计表见表6-1。

表 6-1　顾客满意程度测量的综合评定信息统计表示例

项目	顾客满意度（分值）	交付质量性能（PPM）	中断或外部退货（次数）	按计划交付（率）业绩	问题顾客通知（次数）	综合评分
权数	0.4	0.2	0.2	0.1	0.1	加权计算
××年度下半年	89.60	100	100	76.30	100	93.47
××年度上半年	88.25	90	100	82.50	100	91.55

表 6-1 中的 5 项指标统计值的趋势分析结果是：综合评定分值从 93.47 到 91.55 分，为负向趋势，应进行原因分析，制定改进措施。本报告及分析结果和改进措施的实施结果应输入管理评审。

三、质量能力评价

组织的质量能力是组织质量保证的基础。目前有多种质量能力的评价方法。能力评价是一般能力和特殊能力综合评价的结果，其结果应给出具体量值或确认的等级。

德国汽车工业联合会（VDA）的标准给出了质量能力的概念和定义，以及测量和定级的方法。组织的质量能力取决于产品和服务质量的等级评价结果和本组织制造过程审核评价等级结果的综合评价定级。质量能力是指组织保证本组织通过质量管理达到一定质量水平的能力。质量能力的评价和质量绩效的测量结果体现了质量管理体系的有效性，质量能力评价的内容如图 6-3 所示。

质量能力是由制造过程的审核定级和产品质量水平的审核定级综合评价的。德国汽车工业标准《制造过程审核》（VDA6.3）给出的评价准则和定级标准为：A 级为具备质量能力；B 级为有条件的具备质量能力；C 级不具备质量能力。

组织的质量能力定级中包括对以下过程及结果的评价，如：①产品审核结果，包括：质量特性（QKZ）、质量能力系数（CAQ）和质量不合格水平（NNQ）的计算结果及定级；②制造过程改进的有效性结果；③物流方案，包括：供货质量水平（NQL）、顾客投诉和满意度。

组织的质量能力评价还应该包括质量绩效的评价结果。质量绩效应包括制造过程的绩效指标（KPI）达成情况，根据产品和服务的复杂程度不同，内容大致包括：

图 6-3　质量能力评价内容示例

（资料来源：大众汽车集团供应商质量能力评审准则，2004 年 6 月版）

项目管理过程绩效指标；样件制造过程绩效指标；样件确认过程绩效指标；批量生产能力、交付质量（PPM）；一次交验合格率、返修率；有效解决问题过程的反应时间；（8D）技术因数，包括：产品和服务功能目标和指标的达成情况；缺陷消除过程的有效性（FAP 故障分析程序）；最终产品和服务的投诉率等。

四、产品和服务的监视和测量

产品和服务的符合性测量，包括产品和服务的有效性、效率目标和指标的测量。通常是指后序检验和试验形成的结果与质量指标的比较，产品和服务不同组织的检验和试验规范也不同，包括进货检验、首件检验（FAI）、过程检验和竣工检验。数字化制造是在制造过程中自动实施检验的，如图 6-4 所示。

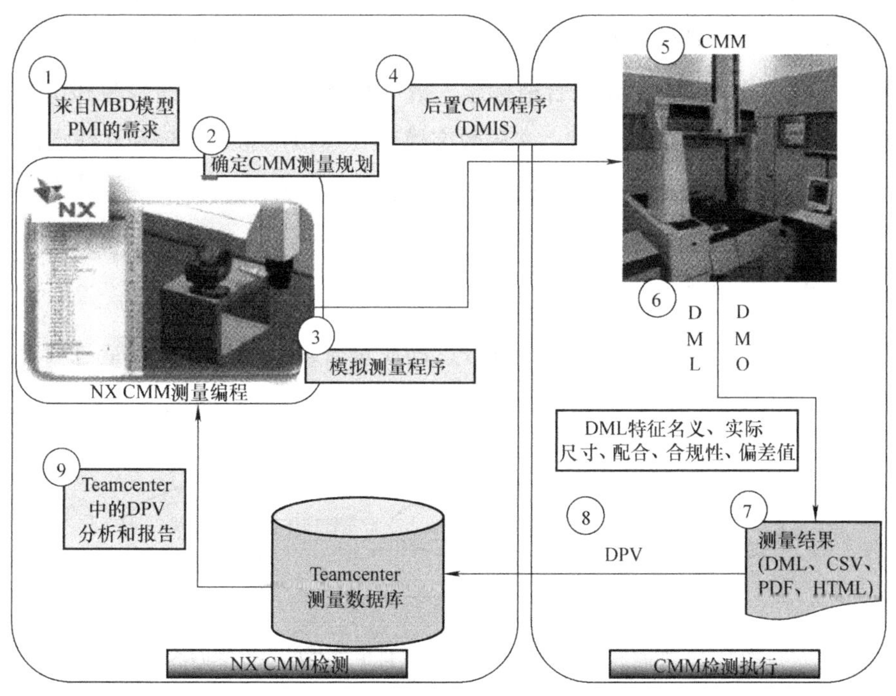

图 6-4　数字化制造的检验流程

注：CMM 为高精度坐标检测机；DMIS 为调度指挥管理信息系统；DPV 为对测量结果分析判断；DML 为通过 3 坐标精密测量实际尺寸结果；DMO 为通过操作测量实际尺寸结果。

基于ISO 9001:2015新版质量管理体系标准将产品监视和测量按放行过程进行控制，具有前瞻性。

组织的产品和服务的监事和测量规范应按如下质量控制梯次规定，即进货检验和试验规范（或标准）应严于过程检验和试验规范（或标准），过程检验和试验规范应严于竣工检验和试验规范（按照检验和试验规定，并满足法规要求），竣工检验和试验规范应严于售后服务检验和试验规范（按照检验和试验规定，并满足法规要求）。反之，必然会在制造过程中或交付后出现不合格品或缺陷产品。质量控制梯次规定不充分或有缺失是组织质量意识差的表现。

产品和服务测量的重要性不仅在于能够确保交付质量（零缺陷），而且在于对产品和服务测量结果的统计分析和数据利用，能用于改进产品和服务的质量。

产品和服务监视和测量在质量管理体系中占有重要的位置，产品和服务是否满足接收准则是质量管理体系有效性的重要标志。若产品和服务不合格则该组织的质量管理体系不合格，应取消认证合格标志。数字化制造过程的产品检验和试验是以前期的“验证解决方案”为基础，实施数字模型（虚拟产品）验证和在线产品（实物件）检验试验的一致性验证，以确保产品质量的一致性。

五、质量管理体系的评价

质量管理体系的评价，包括3个部分，即质量管理体系审核、制造过程审核和产品审核的评价有效性。它们相互关联，如图6-5所示，产品审核的结果是核心。

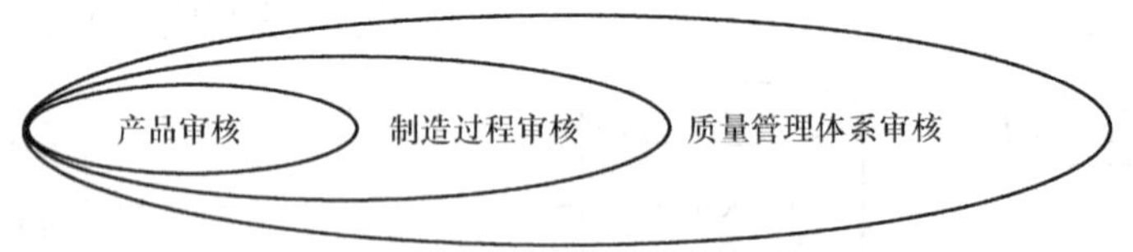

图6-5　质量管理体系审核、制造过程审核和产品审核的关系

（一）质量管理体系审核

质量管理体系审核应按《质量管理体系审核指南》（ISO 19011）实施评价管理体系的有效性。《追求组织的持续成功 质量管理方法》（ISO 9004）给出了成熟度评级的方法。

欧洲铁路行业协会（UNIFE）在《国际铁路工业标准》审核规范（IRIS2.1 版）中给出了体系成熟度评级的具体应用。该标准将成熟度等级分为五级，每一级有相应的得分（0、1、2、3、4 分），第 3 级（2 分）为合格等级。各项累积的得分值形成的阀值为：56.6 分（按 IRIS2.1 版中的提问表赋值计算）。组织的质量管理体系应建立 25 个强制性过程及 31 个推荐性过程。转换后，根据 ISO/TS 22163：2017 标准审核组织建立的强制性过程，包括：①产品和服务的要求过程（8.2）；②项目管理过程（8.1.3）；③外部提供的过程、产品和服务控制的过程（8.4）；④产品和服务的设计和开发过程（8.3）；⑤生产和服务提供过程（8.5）等。在原有的 12 项 K.O 过程基础上进行调整，包括：风险管理过程（6.1.3.1）；管理员工能力的过程（7.2.1.1）；产品和服务的要求过程（8.2.5.1）；外部提供的过程、产品和服务（EPPPS）文件化过程（8.4.1.1.2）；首件检验鉴定文件化过程（8.9.1）；项目管理文件化过程（8.1.3.1）；配置管理文件化过程（8.1.4.1）；变更管理文件化过程（8.1.5.1）；特殊过程管理文件化过程（8.5.1.2.1）；RAM/LCC 文件化过程（8.8.1）。

（二）制造过程审核

德国汽车工业标准（VDA6.3）给出了制造过程审核的标准和评级准则。该标准充分运用过程方法和 PDCA 循环，为组织的供应管理提供了比较适用的制造过程审核方法。

1. 制造过程审核的过程

组织的制造过程审核过程（VDA6.3）分为两个部分，第一部分共 7 个过程，第二部分为服务过程审核。包括：P1 潜在供应商分析；P2 项目管理过程；P3 产品/过程开发策划；P4 产品/过程开发实施；P5 采购过程；P6 过程分析/生产（工序、产品审核）；P7 顾客关怀、顾客满意、服务。制造过程审核的成熟度评价按图 6-6 所示内容实施。

制造过程审核的风险评价如图 6-7 所示。

制造过程审核评价的办法，即对单个过程中的提问点及评分，见表 6-2。

E_{pn}过程要素（P2，P3，…，P7）的计算公式为

$$E_{pn}\ [\%] = \frac{\text{有关问题的总得分}}{\text{有关问题的总的可能得分}}$$

总过程（E_G）成熟度评价得分为

$$E_G[\%] = \frac{\text{所有评价问题的总得分 } E_{P2}, E_{P3}, E_{P4}, E_{P5}, E_{P6} \text{和} E_{P7}}{\text{所有全部问题项的得分}}$$

其中，E_{P2}……E_{P7}分别为各过程的评分。

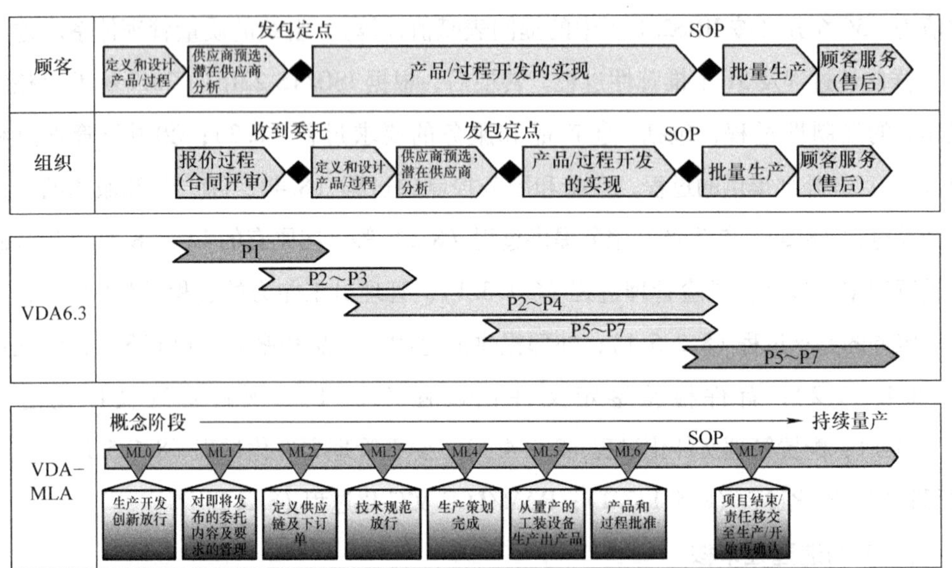

图 6-6　制造过程审核的成熟度评价过程

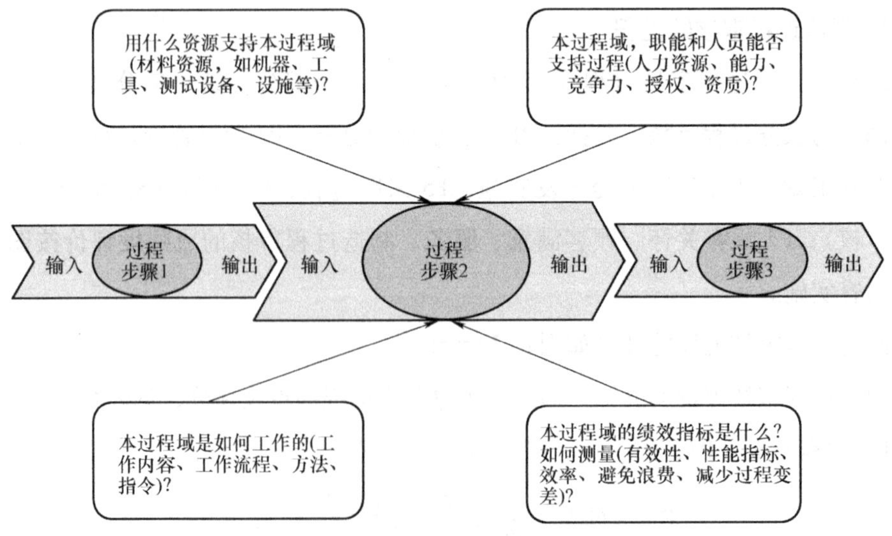

图 6-7　制造过程审核的风险评价（乌龟图）

表 6-2　制造审核的成熟度评价的单项打分尺度

分值	符合要求评价
10	完全符合要求
8	基本上符合要求，要求得到落实，只有轻微不符合
6	要求得到落实，存在明显不符合
4	要求得到落实，存在严重不符合
0	要求没有得到落实

注：表中的“基本上”是指超过四分之三的所有相关要求在实际应用中得到有效落实，并不存在任何特定的风险。

2. 制造过程审核报告

制造过程审核的成熟度评价结果及定级示例如图 6-8 所示，并以报告形式给出，见表 6-3。

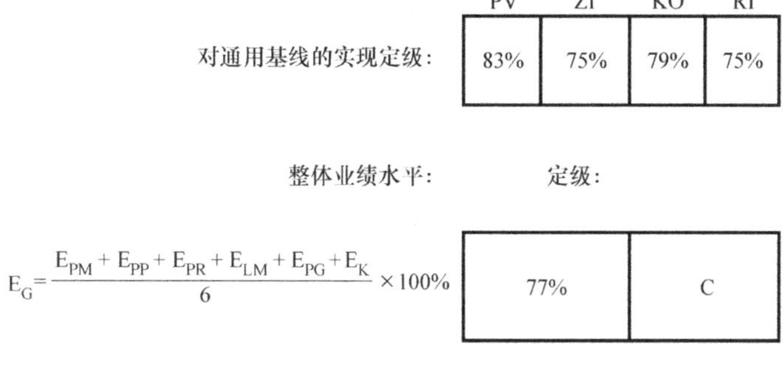

图 6-8　制造过程审核的成熟度评价结果及定级示例

注：图中，PV（Process Responsibility→PR）为过程责任：存在过程拥有者（Process Owner）；

ZI（Target - Oriented→TO）为目标导向：过程定义/目标已经被确定，已经建立过程之间的联系；

KO（Communication→CO）为联络沟通文件化、建立/保存记录（如质量、问题）；

RI（Risk - Oriented→RI）为风险识别和导向：测量目标、监测过程有效性、数据分析、持续改进。

上述基础部分在 VDA6. 3：2016 标准中未采用。

依据制造过程审核成熟度评价的数据信息及评价准则得出组织质量能力等级，见表 6-4。

表6-3　制造过程审核的成熟度评分示意

过程审核VDA6.3评分矩阵

A　开发

P2　项目管理

2.1	2.2	2.3	2.4	2.5*	2.6*	2.7	n.a.	实际	目标	最大	实际
n.a.	n.a.	n.a.	n.a.	n.a.	n.a.	n.a.	7	0	5	0	0

EP2[%]　n.a.

P3　产品和过程开发的策划

	3.1	3.2*	3.3	3.4	3.5	n.a.	实际	目标	最大	实际
产品	n.a.	n.a.	n.a.	n.a.	n.a.	5	0	4	0	0
过程	n.a.	n.a.	n.a.	n.a.	n.a.	5	0	4	0	0
	n.a.	n.a.	n.a.	n.a.	n.a.	5	0	4	0	0

EPdP　n.a.　　EPzP　n.a.　　EP3[%]　n.a.

P4　产品和过程开发实现

	4.1*	4.2	4.3	4.4*	4.5	4.6	4.7	4.8*	n.a.	实际	目标	最大	实际
产品	n.a.	n.a.	n.a.	n.a.	n.a.	n.a.	n.a.	n.a.	8	0	4	0	0

	4.1*	4.2	4.3	4.4	4.5	4.6	4.7	4.8	n.a.	实际	目标	最大	实际
过程	n.a.	n.a.	n.a.	n.a.	n.a.	n.a.	n.a.	n.a.	8	0	6	0	0

	4.1*	4.2	4.3	4.4	4.5	4.6	4.7	4.8*	n.a.	实际	目标	最大	实际
	n.a.	n.a.	n.a.	n.a.	n.a.	n.a.	n.a.	n.a.	8	0	4	0	0

EPdR　n.a.　　EPzR　n.a.　　EP4[%]　n.a.

B　批量生产

P5　供应商管理

5.1	5.2	5.3	5.4*	5.5*	5.6	5.7	n.a.	实际	目标	最大	实际
10	10	10	10	10	10	10	0	7	5	70	70

EP5[%]　100

P6　生产过程分析

1.过程输入（6.1.1–6.1.5*）；2.工艺流程（6.2.1–6.2.5*）；3.人力资源（6.3.1*–6.3.3）；4.物质资源（6.4.1*–6.4.5）；5.效率（6.5.1–6.5.4）；6.过程成果（6.6.1–6.6.4*）

工序	6.1.1	6.1.2	6.1.3	6.1.4	6.1.5*	6.2.1	6.2.2	6.2.3*	6.2.4*	6.2.5*	6.3.1*	6.3.2	6.3.3	6.4.1*	6.4.2	6.4.3*	6.4.4	6.4.5	6.5.1	6.5.2	6.5.3*	6.5.4	6.6.1	6.6.2	6.6.3	6.6.4*	n.a.	实际	目标	最大	实际	E[%]
工序1	n.a.	8	8	8	10	8	10	10	6	10	10	10	10	8	10	6	8	10	10	10	10	8	8	8	10	8		25	17	250	222	E1[%] 89
工序2	n.a.	10	10	10	10	10	10	10	10	8	8	8	10	8	8	8	8	8	8	8	8	8	8	8	8	8		25	17	250	218	E2[%] 87
工序3	n.a.	10	10	10	10	10	10	10	10	8	8	8	10	8	8	8	8	8	8	8	8	10	10	10	10	10		25	17	250	228	E3[%] 91
工序4	n.a.	10	10	10	10	10	n.a.	10	n.a.	10	10	10	10	10	10	10	10	10	10	10	8	10	8	8	8	10	3	23	17	230	222	E4[%] 97
工序5	n.a.	10	10	10	10	10	n.a.	10	n.a.	10	10	10	10	10	10	10	10	10	10	10	8	10	8	8	6	8	3	23	17	230	218	E5[%] 95
工序6	n.a.	n.a.	n.a.	n.a.	n.a.	n.a.	n.a.	n.a.	n.a.	n.a.	n.a.	n.a.	n.a.	n.a.	n.a.	n.a.	n.a.	n.a.	n.a.	n.a.	n.a.	n.a.	n.a.	n.a.	n.a.	n.a.	26	0	17	0	0	E6[%] n.a.
工序7	n.a.	n.a.	n.a.	n.a.	n.a.	n.a.	n.a.	n.a.	n.a.	n.a.	n.a.	n.a.	n.a.	n.a.	n.a.	n.a.	n.a.	n.a.	n.a.	n.a.	n.a.	n.a.	n.a.	n.a.	n.a.	n.a.	26	0	17	0	0	E7[%] n.a.
工序8	n.a.	n.a.	n.a.	n.a.	n.a.	n.a.	n.a.	n.a.	n.a.	n.a.	n.a.	n.a.	n.a.	n.a.	n.a.	n.a.	n.a.	n.a.	n.a.	n.a.	n.a.	n.a.	n.a.	n.a.	n.a.	n.a.	26	0	17	0	0	E8[%] n.a.
工序9	n.a.	n.a.	n.a.	n.a.	n.a.	n.a.	n.a.	n.a.	n.a.	n.a.	n.a.	n.a.	n.a.	n.a.	n.a.	n.a.	n.a.	n.a.	n.a.	n.a.	n.a.	n.a.	n.a.	n.a.	n.a.	n.a.	26	0	17	0	0	E9[%] n.a.
工序10	n.a.	n.a.	n.a.	n.a.	n.a.	n.a.	n.a.	n.a.	n.a.	n.a.	n.a.	n.a.	n.a.	n.a.	n.a.	n.a.	n.a.	n.a.	n.a.	n.a.	n.a.	n.a.	n.a.	n.a.	n.a.	n.a.	26	0	17	0	0	E10[%] n.a.
	n.a.	10	10	10	10	10	10	10	9	9	9	9	10	9	9	8	9	9	9	9	8	9	8	8	8	9	1	25	17	250	228	E_{P6}[%] 91

子要素	实际	目标	最大	实际	E_U[%]
6.1	20	17	200	194	E_{U1}[%] 97
6.2	21	17	210	200	E_{U2}[%] 95
6.3	15	10	150	142	E_{U3}[%] 95
6.4	25	17	250	222	E_{U4}[%] 89
6.5	20	13	200	180	E_{U5}[%] 90
6.6	20	13	200	170	E_{U6}[%] 85

7.零部件搬运

工序	6.1.2	6.1.3	6.1.4	6.2.4	6.2.5	6.6.1	6.6.2	6.6.3
工序1	8	8	8	6	10	8	8	10
工序2	10	10	10	10	8	8	8	8
工序3	10	10	10	10	8	10	10	10
工序4	10	10	10	n.a.	10	8	8	8
工序5	10	10	10	n.a.	10	8	8	6
工序6	n.a.	n.a.	n.a.	n.a.	n.a.	n.a.	n.a.	n.a.
工序7	n.a.	n.a.	n.a.	n.a.	n.a.	n.a.	n.a.	n.a.
工序8	n.a.	n.a.	n.a.	n.a.	n.a.	n.a.	n.a.	n.a.
工序9	n.a.	n.a.	n.a.	n.a.	n.a.	n.a.	n.a.	n.a.
工序10	n.a.	n.a.	n.a.	n.a.	n.a.	n.a.	n.a.	n.a.
	10	10	10	9	9	8	8	8

n.a.	实际	目标	最大	实际	E_{U7}[%]
0	38	11	80	72	90

P7　顾客关怀、顾客满意度、服务

7.1	7.2	7.3*	7.4*	7.5	n.a.	实际	目标	最大	实际
8	10	10	10	10	0	5	4	50	48

E_{P7}[%]　96

降级规则：

使用以下降级并记录在审核报告：

从A降级到B的原因，即使E_G或$E_{G(pn)}$≥90%

1) 至少一个过程要素(P2到P7)或过程步骤的符合性水平(E_1到E_N)E_G或$E_{G(pn)}$或E_n<80%。

2) 至少一个P6子要素的符合性水平小于80%。

3) 至少有一个问题被评为4分。

4) 至少有一个问题，过程审核是0分。

降级到C的原因，即使E_G或$E_{G(Pn)}$≥80%。

1) 至少一个过程要素(P2或P7)或过程步骤的符合性水平(E_1到E_N)E_G或$E_{G(pn)}$或E_n<70%。

2) 至少一个P6的子要素E_{U1}到E_{U2}的符合性水平小于70%。

3) 至少有一个*问题被评为0分。

总体满足度：

$E_G[\%]=\frac{346}{370}=$　E_G[%] 93.5　定级 A

表 6-4　质量能力等级评价准则

评级	E_G 或 E_{GPn}的准则水平	评级说明
A	E_G 或 $E_{GPn}\geqslant 90\%$	具备质量能力
B	$E_G\geqslant 80\%$ 或 $E_{GPn}\geqslant 90\%$	有条件的具备质量能力
C	E_G 或 $E_{GPn}<80\%$	不具备质量能力

3. 服务过程审核

VDA6. 3：2016 中的服务过程审核包括：D1 问卷调查服务概述：D2 项目管理；D3 服务开发策划；D4 服务开发实施；D5 采购管理；D6 服务提供；D7 客户关怀、客户满意度（服务）。

以产品组为基准的满足度 E_{PG}，要素 P6（%）（E_x-E_n 的平均数）服务所支持的生产工序评价结果。评价矩阵，详见 VDA6. 3 中的服务部分“过程审核：评价问题一览表”。由于组织产品的品牌定位不同，因而服务的内容和过程有较大区别。如德国大众奥迪汽车的品牌定位是中高档汽车，对顾客提供的服务要满足“尊贵体验”的理念。“服务标准检查”包括奥迪品牌的服务规范、服务提供规范和服务检查规范。服务检查规范应满足 VDA 服务审核的要求。

（三）产品审核

组织的产品审核是一组正式的、系统的、独立的检查，通过对少量产品或零件进行检验来对质量保证的有效性进行评定，以确认组织的质量能力，评价是否需要采取改进或纠正措施。IATF 16949（第 1 版）标准要求组织进行产品审核。“产品审核”（VDA6. 5）规定了审核方法。组织的产品审核以最终顾客期望和要求为基点，审核结果包括生产过程自制产品和外包产品的质量水平评价。

1. 产品审核的目的和范围

产品审核的目的：对最终产品以顾客观点进行评价、识别和改进，分析、纠正不合格，评审质量管理体系和制造过程的薄弱环节，评价产品或零件的质量水平，长期对其进行跟踪和根据结果预测趋势。

产品审核的范围：应覆盖组织每个生产阶段可发货的中间或最终产品、零件、组合构件和系统。

产品审核的性质：是由组织授权的正式的、系统的、独立的审核。它区别于重复批量生产过程中的检验，能直接对过程进行控制，可作为**质量管理体系有效性的唯一证明**。

2. 产品审核的流程

审核方案→审核计划→产品审核的实施→审核报告→纠正措施。表6-5为产品审核计划示例。

审核方案、审核计划：审核方案应纳入组织的年度审核方案，审核计划应按审核期间覆盖组织生产入库的产品或生产批次进行编制，可按季度编制分部审核计划（按生产排产）。

产品审核准备（文件信息）：顾客认可的最新状态的产品图纸；技术规范、检验规定和标准；供货协议（包装和标识规定）；检验规范、缺陷目录；工艺文件、过程描述、FMEA文件；偏差认可（特别放行）；极限标样/评定尺度；法律、法规（环保、3C等）中的缺陷分级（主要、次要缺陷及评定）；确定的关键特性；顾客抱怨、售后市场缺陷、上一次产品审核结果和改进措施。

确定缺陷等级及评价的方法：缺陷等级有不同的加权系数，例如：A级缺陷=10，为关键缺陷；B级缺陷=5，为主要缺陷；C级缺陷=1，为次要缺陷（见第五章）。

3. 自我评价的方法

$$\text{缺陷点数的总和(FP)} = \sum(\text{缺陷数} \times \text{缺陷等级加权系数})$$

$$\text{产品质量审核得分(QKZ)} = 100 - \text{缺陷点数/样品数量}$$

评分标准：当QKZ超过90分时，评审为合格；当QKZ低于90分时，评审为不合格，必须制定纠正和预防措施。

4. 产品审核实施的流程

×××产品质量审核记录示例见表6-6。

表 6-5　按季度编制的分部审核计划示例

×××			产品质量审核计划 QMS ×× – ×××							××× 股份有限公司	
审核员：				编制日期：				共1页		第1页	
序号	零件名称	次数	计划时间								
			20××年4月			20××年5月			20××年6月		
			上旬	中旬	下旬	上旬	中旬	下旬	上旬	中旬	下旬
1	××1.6连杆										
2	××462连杆	5	√		√		√	√			√
3	××462盖	1								√	
4	×××连杆	3		√		√			√		
5	××480连杆	3	√					√		√	
6	××462连杆	2				√					√
7	488加长连杆	1			√						
8	488盖	1		√							
9	××1.6a	2					√		√		
10	××1.8L										
11	加长××1.6a										
合计		18	2	2	2	2	2	2	2	2	2
注：本计划依据“生产计划”制订，如“生产计划”进行调整，则随“生产计划”相应进行调整。											

表6-6中：抽样量为10件；不合格项为外包装（箱体清洁、捆扎牢固）8项，为C类。

从成品库中随机抽取待发运产品，检查包装是否符合规范。按检验流程检验所抽取的产品，进行编号及标识，并记录所抽取的样件的标记和批次号等。数据分析及结果评定的产品质量审核记录见表6-7。

表 6-6　×××产品质量审核记录示例

×××	产品质量审核记录 QMS 17.3－01	××× 股份有限公司

零件名称：××连杆　　零件号：SMD187×××　　材料炉号：250－2518　　生产日期：

第 1 页　共 3 页

检验顺序	质量特性（技术要求）	检测器具	抽样量	1	2	3	4	5	6	7	8	9	10	不合格项数
205	包装标识清晰	目检	10											
210	箱体整洁，捆扎牢固	目检	10											8
305	无充不满、氧化坑	目检	10											
405	大头厚度为27.3～27.7mm	卡尺	10											
410	小头厚度为27.3～27.7mm	卡尺	10											
415	筋部厚度为13.0～13.5mm	卡尺	10											
420	腹板厚度为3.3～3.9mm	卡尺	10											
425	大头宽度为73.8～74.4mm	卡尺	10											
430	小头宽度＜33mm	卡尺	10											

审核员：　　　　　　　　　　　　　　　　　　日期：

表 6-7　×××产品质量审核记录示例

×××	产品质量审核记录 QMS 17.3－01	××× 股份有限公司

零件名称：××连杆　　零件号：SMD187×××　　材料炉号：250－2518　　生产日期：

第 2 页　共 3 页

检验顺序	质量特性（技术要求）	检测器具	抽样量	1	2	3	4	5	6	7	8	9	10	不合格项数
505	重量为 542～556g	称重仪	10											
510	硬度为 HB269～302 $d=3.5\sim3.7$mm	硬度计	10											
605	$R_e \geq 715\text{N/mm}^2$	拉伸试验机	10	试验报告/合格										
610	$R_m \geq 825\text{N/mm}^2$	拉伸试验机	10	试验报告/合格										
705	钢材质量证明	目检	10	×××股份有限公司产品质量证明书/合格										
710	化学元素化验报告	目检	10	化验报告/合格										

审核员：　　　　　　　　　　　　　　　　　　日期：

产品审核员列出需要检验的项目，确定哪些资料需要记录（检验数据记录）；在检测设备上由检验人员（供应商）对零件进行检验（审核员随同监督），了解检验方法，考核人员素质；检验测试设备的维护、保养状况；确认检测器具的校准状态；实施检验，形成检验记录（略）。

产品审核报告见表6-8。

表6-8　×××产品质量审核结果报告示例

×××	产品质量审核结果报告 QMS 17.3－01						××× 股份有限公司
产品名称：××连杆		产品图号：SMD187×××				材料炉号：250－2518	生产日期：
							第3页　　共3页
序号	主要特性/额定值	抽样量	缺　陷　数			总缺陷数量	缺陷点数
			A	B	C		
200	包装	10	－	－	8（×1）	8	8
300	目检	10	－	－	－		
400	尺寸检验	10	－	－	－		
500	检具检验	10	－	－	－		
600	物理性能	10	－	－	－		
700	化学性能	10	－	－	－		
800	可靠性检验						
缺陷等级系数（*f*）按特性可加权为：10、5或1						Σ＝8	不合格项FP＝8
评分：QKZ＝100－（缺陷点数/样品数量）					产品审核得分QKZ＝ 99.2		
判定： 放行　□ 纠正预防措施　□√ 隔离　□ 技术条件更改　□ 分选　□ 过程更改　□					缺陷原因、纠正措施或拒绝原因： 箱外有非标识性字迹，包装松散，纸箱设计偏高致使中部凹陷。		
审核员：　　　　日期：					姓名：　　　　日期：		
分发人：							

表中：QKZ = 100 − (10 × 0 + 5 × 0 + 1 × 8)/10 = 100 − 0.8 = 99.2。缺陷分析及纠正措施（略）。

单项检验的审核结果，包括：符合或不符合产品特性；不合格地点和种类；不合格特征等记录；经过分类和加权的审核结论可转化为质量特性值，便于比较分析质量特征值（QKZ），可以用来判定产品的质量水平，对其监控。根据 QKZ 曲线的走势分为：

1）稳定：质量特征值曲线在目标值和 100% 之间波动（过程受控）。

2）不规则：质量特征值曲线微微低于目标值。

3）波动太大：质量特征值曲线走势说明不受控。

5. 质量能力分析

审核组在进行过程能力分析时，样件抽样量必须满足要求（SPC 第二版）。在计算 CAQ（质量能力系数）时应采用计量型数据值。CAQ 表示以公差带中心为基准的公差带被占用的百分比。其数值越小则测量值分布在中心线基准附近的越多（见图 6-9）。

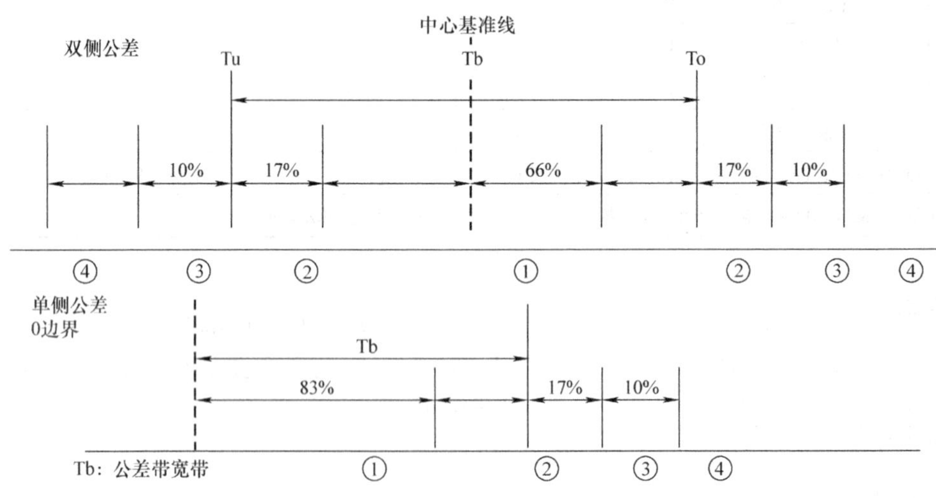

图 6-9　双侧、单侧公差基准分布示意

质量能力评价应结合过程能力和产品审核质量水平，按制造过程审核定级准则进行评价。

第二节　绩效的评价方法

ISO 9001:2015 中的“绩效评价”中写道，组织应确定：①需要监视和测量的对象；②确保有效结果所需要的监视、测量、分析和评价方法；③实施监视和测量的时机；④分析和评价监视和测量结果的时机。

一、绩效管理

组织的绩效管理应以组织战略展开为所有管理系统的准绳（如经营计划），以实现组织愿景。通过组织质量管理体系过程的确认，制定按经营计划展开的过程有效性和效率目标、指标，绩效管理制度与战略计划紧密挂钩，并通过体系文件进行规定和沟通。设定年度预算并与长期计划相挂钩，制订清楚的行动方案，使得职能层、团队和班组接受挑战性目标值。以绩效评价反馈系统检验驱动因素的执行情况，并进行激励，促进组织绩效的持续增长。绩效管理示例如图 6-10 所示。

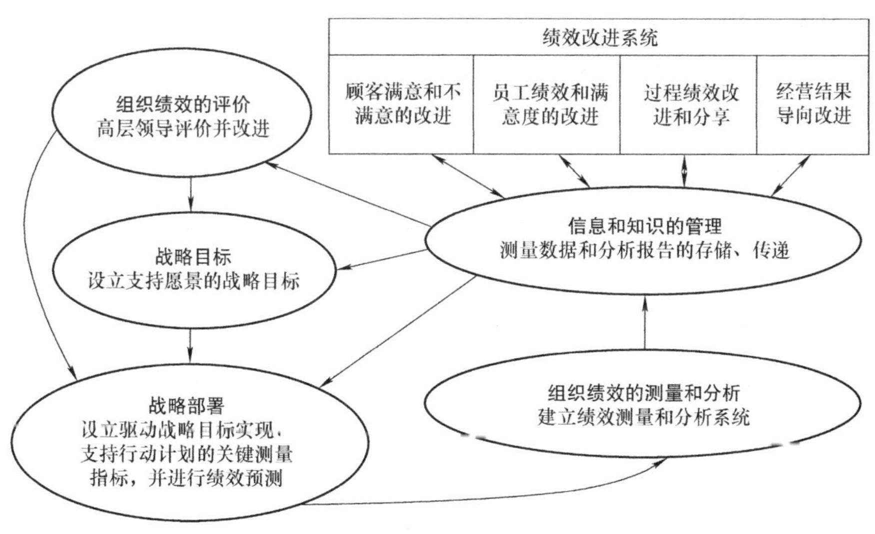

图 6-10　绩效管理示例

二、绩效管理的目的

组织绩效评价是组织绩效目标和指标在组织层面、部门层面、班组和员工个人层面考核评价的结果，包括：传授绩效评价为“优秀”员工的经验；提高绩效评价为“满意及以下”员工的工作能力；淘汰绩效连续多次评价为“不认同”的员工；提升部门间的工作协作，形成良性互动。

三、绩效管理的运行

1）流程。公布绩效评价的KPI；绩效辅导；收集绩效评价信息；评分、反馈评价结果。

2）绩效评价结果的运用。作为确定员工晋升、岗位轮换、薪酬、福利、奖惩等人事决策的客观依据，同时也是员工职业生涯发展规划与教育培训的客观依据。

四、绩效的评价方法

（一）绩效分析方法

绩效分析方法包括以下几种：

1）SWOT分析法。（优势、劣势、机会、威胁）情景分析工具之一，能清晰地把握全局，分析在资源方面的优势与劣势，把握环境提供的机会，防范潜在的风险与威胁。

2）SMART原则。其中，S指绩效考核要切中特定的工作指标；M指绩效指标数量化或数据、信息是可获得的；A指绩效指标在付出努力后才能实现；R指绩效指标是务实性的；T指完成绩效指标的特定期限。组织在制订工作目标或者任务目标时，运用情景分析的方法进行策划，才能指导计划的实施并保证计划得以实现。

3）WBS工作分解法（见第三章第二节）。使得过程或活动的结构清晰，形成一个逻辑集成，将关键因素、里程碑和监控点的活动全部定义清楚。

（二）平衡记分卡

平衡计分卡是一种绩效管理机制，是组织执行、管理和沟通绩效的工具。它通过财务视角保持对短期绩效的关注，揭示保持长期的绩效水平的机会。基于组织战略展开关键绩效指标（KPI），通过组织所处环境的情景分析（SWOT）的研讨结果形成组织战略地图（见第三章），组织价值链形成的垂直向量示意如图6-11所示。

基于组织情景分析（SWOT）的研讨结果，结合组织年度“经营计划”中的目

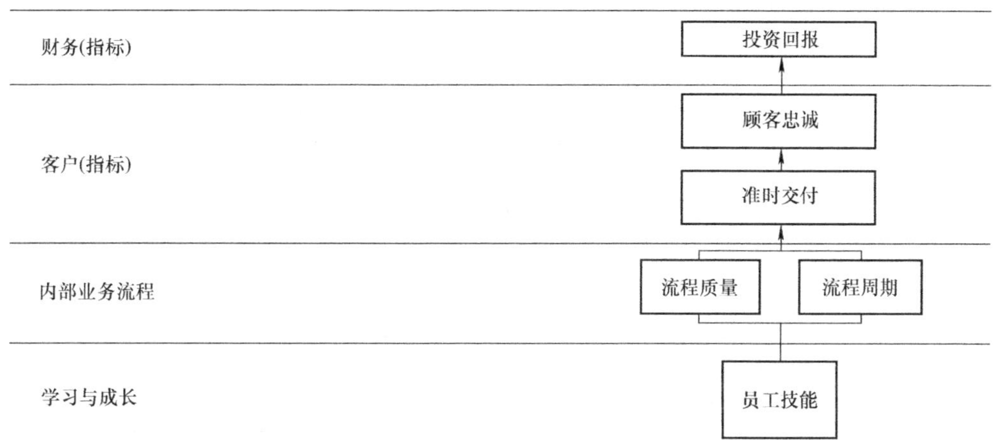

图6-11　组织价值链形成的垂直向量示意

标和指标，形成年度“质量管理体系过程绩效指标一栏表”，这是绩效管理的基础，应结合质量管理体系过程形成文件化信息。组织绩效考核的过程见表6-9～6-11。

表6-9　某品牌汽车经销商组织的绩效指标示例

公司平衡计分卡的关键绩效指标	营业额	净利润	维修产值	人均产值	资金周转率	运营成本达标率	销售计划完成率	（顾客满意度）CSS分值	本区域客户的市场占有率	集客量	外部返修率	客户成交率	预约比率	回访率	培训时数达标率	核心员工流失率
指标属性	财务(%)							客户/市场(%)			内部业务流程(%)				学习与成长(%)	
影响程度	1	1	0	1	1	1	1	1	1	1	0	1	0	1	1	1

组织层面的绩效考核应形成管理规范或制度，结合经营业绩，以平衡积分卡的形式形成公司绩效指标。表6-9界定了各个部门的关键绩效指标，部门责任人应根据本组织的年度“经营计划”在不同时期的不同经营重点，选择合适的绩效指标进行规定和考核。根据部门所制定的指标的及相应权重，形成本部门岗位人员（或班组）的平衡积分卡，表6-11。

（三）绩效管理与激励机制

组织的绩效考核应与所实施的激励机制相结合，以达到追求卓越绩效的目的。在组织内部建立起“以绩效为导向”的激励机制，并形成文件化信息。例如通过“以绩效为导向”的激励机制来提高员工的质量意识和做出的贡献。一般以物质奖励的方式进行激励，如奖金或罚款。激励机制的另一个过程是给以鼓励，如评优、排序等（见图6-12）。

表6-10　组织绩效考核的过程示意

业务战略	关键成功要素		关键绩效指标		2017年目标		实际完成情况	
什么是你关键的业务要点?	要想成功,哪些领域必须做好?		如何确定你是否成功?		目标或绩效标准是什么?		实际完成情况如何?	
2017年经营目标	A	财务结果	A	财务结果	A	财务结果	A	财务结果
销售额								
商品车销售额	B	客户发展	B	客户发展	B	客户发展	B	客户发展
维修服务销售额								
配件销售额	C	内部结果	C	内部结果	C	内部结果	C	内部结果
其他								
—	D	创新学习	D	创新学习	D	创新学习	D	创新学习
—								
⇧ 目标应清晰表达出愿景		⇧ 确定关键成功因素间的逻辑关系		⇧ 超前和滞后指标应该结合在一起		⇧ 每个指标的目标应该清晰设定		⇧ 实际完成情况的评估结果

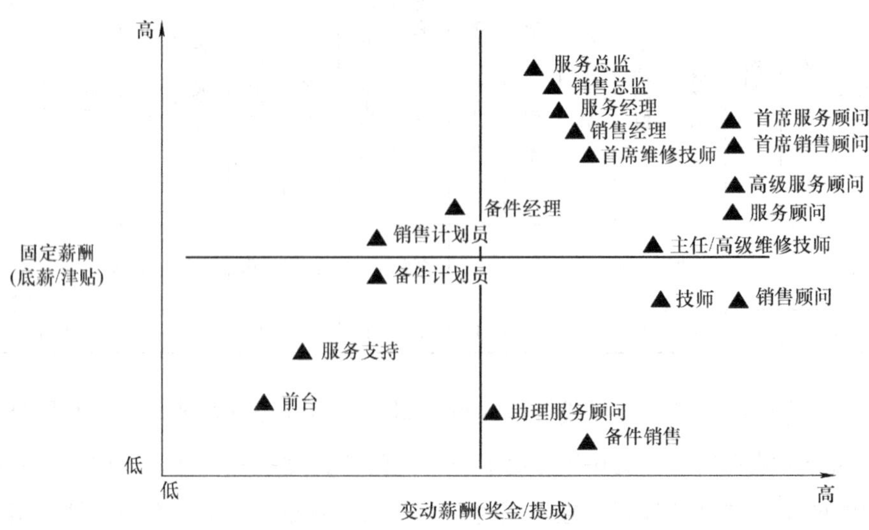

图6-12　某品牌汽车的销售影响力与绩效示意

表 6-11 某品牌汽车销售服务岗位人员的平衡计分卡示例

姓名：李××

指标大类及权重		关键绩效指标（KPI）	初始权重	乘大类权重	调整后权重	最高值/辆（奖金系数=2倍）	目标值/辆（奖金系数=1倍）	门槛值/辆（奖金系数=0.5倍）	斜率1	斜率2	实际绩效/辆	奖金系数	占总奖金比例
财务		销售数量	40%	20%		8	5	3	33%	25%	6	1.33	26%
		置换数量	30%	15%		4	2	1	50%	50%	1	0.5	7.50%
		收购数量	30%	15%		8	5	3	33%	25%	2	0	0%
权重	50%	该类指标权重汇总	100%	50%	0%								33.50%
客户		潜在客户回访率	50%	10%		100%	90%	85%	1000%	1000%	90%	1	10%
		潜在客户数量	50%	10%		40	30	20	10%	5%	30	1	10%
权重	20%	该类指标权重汇总	100%	20%	0%								20%
内部业务流程		业务流程无差错率	50%	10%		100%	95%	90%	2000%	1000%	95%	1	10%
		现场抽查合格率	50%	10%		100%	95%	90%	2000%	1000%	90%	0.5	10%
权重	20%	该类指标权重汇总	100%	20%	0%								20%
学习与成长		考核合格率	50%	5%		100%	90%	80%	1000%	500%	90%	1	5%
		培训时数达标率	50%	5%		100%	90%	80%	1000%	500%	90%	1	5%
权重	10%	该类指标权重汇总	100%	10%	0%								10%
共计													83.50%

第三节　有效解决问题与持续成功

一、有效解决问题的过程

组织的质量管理体系过程应建立有效解决问题的过程，以确保改进质量管理体系、体系过程、产品和服务的有效性和效率。AIAG CQI－10《有效解决问题的指南》中给出了有效解决问题过程的流程和控制要求。

结构图中包括 3 个部分，如图 6-13 所示。文化变革行为和价值观是组织有效解决问题的需求。领导层、问题所有者和问题解决者是本过程的过程所有者。

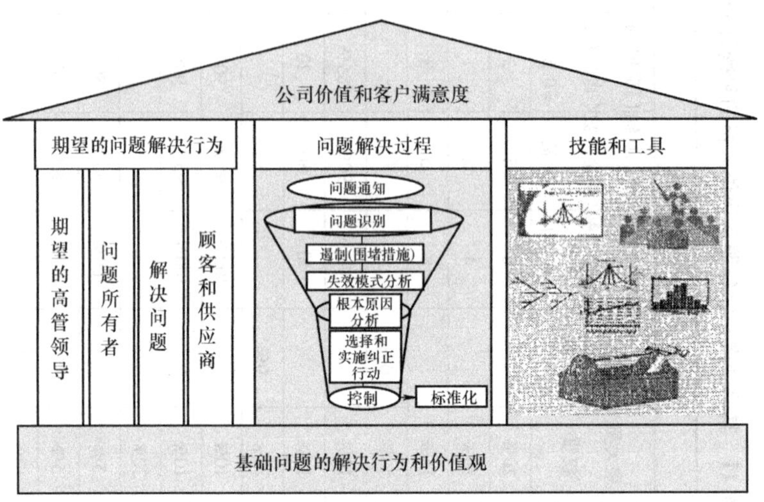

图 6-13　有效解决问题过程的机构示意

解决问题的过程分为推荐的解决问题步骤、推荐的问题咨询和解答等部分。解决问题的 7 个阶段：①问题通知；②问题识别；③遏制（围堵措施）；④失效模式分析；⑤根本原因分析；⑥选择和实施纠正行动；⑦控制和标准化。

AIAG CQI－10 中推荐的工具用于解决问题的每个阶段。自我评价的评级分为基本、中级和高级等，如基本级是根据顾客需求和问题的性质来规定相应的解决问题的水平。应确定管理目标和质量指标，并以此来确定相关人员的能力。实施过程中应保持相对机制和人员的稳定，避免存在解决问题的水平差异或不能按策划安排完成的情况。组织应事先进行员工必备的统计技术培训，分析问题、解决问题的工具应列入基础培训计划中。AIAG CQI－10 中给出了解决问题的工具矩阵。

二、统计工具的识别和知识

组织适用的统计工具（包括计算机软件），包括关联图、柱状图、趋势图、矩阵表、关键路径计算、DFMEA 和 PFMEA 等。识别适用的统计工具应作为先期质量策划的内容和规定，使用时应进行统计工具和相关知识的培训。

统计工具的选用与解决问题的思路相关，不能正确选用统计工具就不能得到有效解决问题的效果。人的认知过程是从感性到理性的过程，接触到问题有一个感知过程，即产生“联想可能”，可称为“发散（F）”；随之想到解决问题，即产生“选择可能”，可称为“集中（E）”，因而形成如图 6-14所示的思维过程。在分析认识问题的过程中所应用的统计工具应与“发散（F）”和“集中（E）”相对应。

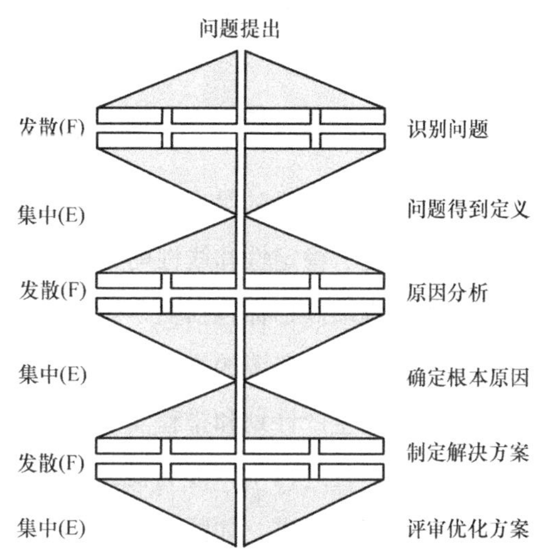

图 6-14　质量统计工具——解决问题的思维过程

对统计知识的掌握是贯彻“询证决策”管理原则的基础。对统计知识的应用应基于统计概念，使得相关人员正确理解和掌握相关的统计知识，包括产品质量先期策划（APQP）、潜在失效模式及后果分析（FMEA）和统计过程控制（SPC）。

使用控制图分析过程或其输出，以便采取必要的措施使过程达到统计控制状态，并改进过程能力。强调学习和理解过程的本质，而不是随意地进行调整（如过度调整）。

图 6-15 所示为随机（计量型）数据的分布与标准差示意。其中，$\pm 1\sigma$ 的区间约占 68%，$\pm 2\sigma$ 区间约占 95%，$\pm 3\sigma$ 区间约占 99%。过程能力研究是统计过程控制的重要内容。σ 的几何意义是曲线的拐点。

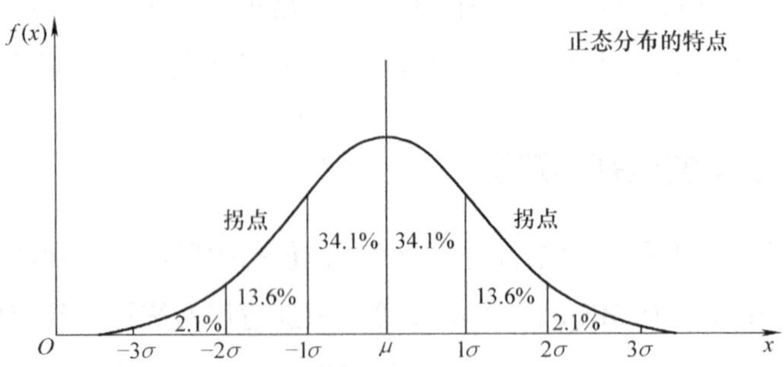

图 6-15　随机（计量型）数据分布与标准差示意

三、测量系统分析（MSA）

测量系统分析的目的是发现哪种因素对测量系统有显著影响，包括：对偏倚、重复性和再现性、稳定性和线性的分析。

组织的过程绩效指标包括生产能力。过程的生产能力是在组织战略和项目管理过程中确定的，涉及资源的投入。在资源投入确定后的生产过程中，对生产能力的测量主要是通过生产计划和排程实现的。数字化制造是用计算机软件制订有效的生产计划和排程。在进行生产能力测量时应识别约束条件（如工序共同载荷），并进行资源优化或工艺改进，如图 6-16 所示。

四、质量管理体系改进和制造过程改进

（一）质量管理体系改进

组织的质量管理体系改进应建立改进机制，并应定义改进过程。组织的质量管理体系改进应建立改进机制，包括：质量方针、质量目标层面；内、外部结果及改进层面（包括过程审核和产品审核）；管理评审层面；日常工作的检查和评价层面，如月度汇总综合分析数据，确定优先顺序，进行原因分析，制定纠正措施，应形成文件化管理标准；组织的专项改进，如资源投入和技术改造项目。上述内容的综合评价结果为质量管理体系改进。

（二）制造过程改进

组织的制造过程改进关注过程参数的控制和改进。制造过程改进是在处于统计

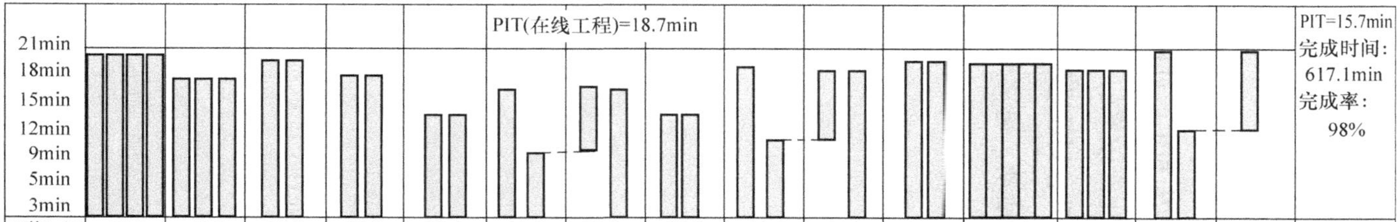

21min 18min 15min 12min 9min 5min 3min						PIT(在线工程)=18.7min										PIT=15.7min 完成时间：617.1min 完成率：98%
工装(min)		73.5	45.7	35.7	32.7	23.6	21.5	21.5	23.7	21.5	21.5	35.2	87.5	51.0	28.4	9.0	533.0
工程名		SUB小件	ROOF TW	ROOF翻转机	BASE TW	BASE SAW	DOOR L. TW	DOOR R. TW	DOOR(L+R)修磨	DOOR FRAVE L.TW	DOOR FRAVE R.TW	DOOR FRAVE 修磨	ASS'Y TW	ASS'Y 变位机	修磨	检查	小计
人员数量		4	3	2	2	2	2	1	2	2	1	2	5	3	2	0	33
工装名称		专用SUB工装	TW组对工装	翻转机	TW组对工装	平台	TW组对工装	TW组对工装	平台	TW翻转机	TW翻转机	平台	ASS′组对工装	CAB变位机	台车	检查工装	小计
工装数量		4	2	2	2	1	1	1	1	1	1	1	2	2	2	1	24
设备数量	焊机	4	3	2	2	1	2	1	1	2	1	1	5	3	1	0	29
	行吊	—	1	1	1	—	—	—	—	1	—	—	1	1	—	—	6
	其他	砂轮机修器10台，行车可考虑用单臂吊替代，投件叉车共通，CAB框架组对后，可考虑ROBOT焊接															

图 6-16　×××焊接过程的测量工序共同载荷分析示意

过程控制的状态中（受控状态）进行的，应包括定义过程改进所使用的方法、测量目标、有效性和记录。制造过程改进的计划，旨在通过控制产品特性和过程参数来减少变差和浪费。

制造过程改进的OEE（全局设备效率）方法，是用实际生产能力对理论生产能力的比率的测量结果，来分析评价OEE中的可用率、表现性和质量指数等影响因素（停机损失、换装调试损失、暂停机损失、减速损失和生产过程次品损失等），确定影响制造过程效率的瓶颈，制定对策以达到提高生产效率的目的，避免不必要的耗费。OEE绩效评价应输入管理评审。**若效率未提升，则改进绩效是空话**。

制造过程改进是组织持之以恒的、经常性的活动，通常列入质量改进的规范或标准中。员工改进意识的提升包括质量意识、问题意识、改进意识和参与意识。

后　　记

我自2016年开始编著本书，那时正值ISO 9001质量管理体系标准换版。我在对选用相关标准的组织进行换版培训和咨询的工作中，得到了英标认证技术培训（北京）有限公司（BSI）和广州汉德工业技术服务有限公司（TÜV）上海分公司等认证机构及老师们提供的新版标准的相关信息及支持。

值得关注的是，以ISO 9001:2015标准推动的质量管理体系标准的换版工作，普遍引起了相关组织最高管理者的重视，并提高了从事质量管理的工程技术人员、质量工程师对于提升本组织质量管理和深入学习相关知识的积极性。

本书引用自2000年以来我进行质量管理体系咨询的部分案例及开发培训教材的内容，例如：一汽大众奥迪汽车经销商服务标准及质量管理体系咨询案例；红星轨道车辆有限公司IRIS质量管理体系咨询案例；金豆座椅有限公司IRIS质量管理体系咨询案例；德克拉克（南昌）汽车齿轮厂TS 16949质量管理体系咨询案例；北京铁道工程机电技术研究所有限公司IRIS质量管理体系咨询案例；贵州红湖机械厂HB 9100质量管理体系咨询案例；中科曙光信息产业（北京）有限公司（含软件设计开发）质量管理体系咨询案例；英标认证技术培训（北京）有限公司TS 16949质量管理体系咨询、培训案例；五大工具培训案例（APQP、FMEA、SPC、MSA、PPAP）；大京（小松）株式会社质量管理体系咨询案例等。

在此，对自1997年以来，特别是2002年以来与我共同走过质量管理提升的路程，并建立起互信关系的组织最高管理者和质量管理工作者表示衷心感谢。并对在中质协质保中心从事认证审核工作的老师们、在国内多家认证机构的老师们，以及与我合作的咨询机构的老师们提供的帮助和支持表示由衷的感谢。

特别是对自2005年以来，支持我将汽车行业质量管理体系的过程方法引入到该组织的ISO 9001质量管理体系中，并且有效保持至今的组织的最高管理者和质量管理人员表示由衷感谢。

在此，愿与为祖国富强而工作50年的科技和工程技术工作者共勉。

戴维新

参考文献

［1］全国质量管理和质量保证标准化技术委员会．质量管理体系 要求：GB/T 19001—2016［S］．北京：中国标准出版社，2017.

［2］全国质量管理和质量保证标准化技术委员会．质量管理体系 基础和术语：GB/T 19000—2016［S］．北京：中国标准出版社，2017.

［3］西门子工业软件公司．工业 4.0 实战：装备制造业数字化之道［M］．北京：机械工业出版社，2015.

［4］全国质量管理和质量保证标准化技术委员会．卓越绩效评价准则：GB/T 19580—2012［S］．北京：中国标准出版社，2014.

［5］全国质量管理和质量保证标准化技术委员会．质量管理体系 质量计划指南：GB/T 19015—2008［S］．北京：中国标准出版社，2009.

［6］全国质量管理和质量保证标准化技术委员会．质量管理体系 项目质量管理指南：GB/T 19016—2005［S］．北京：中国标准出版社，2006.

［7］全国质量管理和质量保证标准化技术委员会．质量管理体系 技术状态管理：GB/T 19017—2008［S］．北京：中国标准出版社，2008.

［8］王君．飞机技术状态（构型）管理研究与分析［J］．电子制作，2014（12）：85－86.

［9］石柱．军用软件能力成熟度模型可重复级实施指南［M］．北京：中国标准出版社，2006.

［10］帕拉斯，豪斯．超级领导力［M］．谢仁明，译．北京：北京大学出版社，2005.

［11］弗洛里迪．第四次革命：人工智能如何重塑人类现实［M］．王文革，译．杭州：浙江人民出版社，2016.

［12］彭俊松．工业 4.0 驱动下的制造业数字化转型［M］．北京：机械工业出版社，2016.

［13］余序江，许志义，陈泽义．技术管理与技术预测［M］．北京：清华大学出版社．2008

［14］全国牵引电气设备与系统标准化技术委员会．轨道交通 可靠性、可用性、可维修性和安全性规范及示例：GB/T21562—2008［S］．北京：中国标准出版社，2008.

［15］泰戈．质量工具箱［M］．柯祯，施亮星，译．2 版．北京：中国标准出版社，2007.